Bau und Raum

1999 Jahrbuch
2000
Building
and Regions
Annual

Hatje Cantz Verlag

Impressum *colophon*

Herausgeber
Bundesamt für Bauwesen und Raumordnung, Bonn
editorial board
Federal Office for Building and Regional Planning, Bonn

Redaktionelle Leitung *edited by*
Annegret Burg, Berlin

Redaktionelle Mitarbeit *editorial assistance*
Peter Dietze, Barbara Finke

Projektleitung im BBR *project management BBR*
Beate Hückelheim-Kaune
Swantje Kuhr

Übersetzungen *translations*
Melissa Thorson Hause, Marburg
John S. Southard, Groß-Umstadt

Graphische Gestaltung *graphic design*
Nicolaus Ott + Bernard Stein, Berlin

Layout *layout*
Fleck · Zimmermann, Berlin

Gesamtherstellung *printed by*
Dr. Cantz'sche Druckerei, Ostfildern bei Stuttgart

© Hatje Cantz Verlag, Bundesamt für Bauwesen und Raumordnung,
und die Autoren *and the authors*

Erschienen im *published by*
Hatje Cantz Verlag
Senefelderstraße 12
73760 Ostfildern-Ruit
Tel. (0)711/44 05 0
Fax (0)711/44 05 220
Internet: www.hatjecantz.de

Distribution in the US
D.A.P., Distributed Art Publishers, Inc.
155 Avenue of the Americas, Second Floor
New York, N. Y. 10013-1507
T. (001) 212-627 19 99
F. (001) 212-627 94 84

ISBN 3-7757-0831-6

Printed in Germany

Die Deutsche Bibliothek - Cip-Einheitsaufnahme

Deutschland / Bundesamt für Bauwesen und Raumordnung:
Jahrbuch... / Bundesamt für Bauwesen und Raumordnung /
Bundesamt für Bauwesen und Raumordnung = Annual. -
Ostfildern-Ruit: Hatje Cantz
1999/2000. Bau und Raum. - 1999
Bau und Raum = Buildings and Regions. - Ostfildern-Ruit Hatje,
1999
(Jahrbuch ... / Bundesamt für Bauwesen und Raumordnung;
1999/2000)
ISBN 3-7757-0831-6

Inhalt
contents

Die Neue Wache von Karl Friedrich Schinkel an Berlins historischer Hauptstraße Unter den Linden gehört zu den bedeutendsten klassizistischen Bauwerken des 19. Jahrhunderts in Deutschland. Wie kaum ein anderes Bauwerk verkörpert sie die wechselhafte deutsche Geschichte der letzten zwei Jahrhunderte, die sich in den unterschiedlichen Nutzungen des Gebäudes widerspiegelt: Der klassizistische Bau wandelte sich vom militärischen Wachgebäude (erst „Königswache", dann „Hauptwache", ab 1840 offiziell „Neue Wache") in der Preußen- und Kaiserzeit

Peter Dörrie

Neue Wache

Bauherr *client*
Bundesrepublik Deutschland
Bundesministerium für Verkehr, Bau- und Wohnungswesen
Bundesamt für Bauwesen und Raumordnung
Nikolaus Mölders, Siegfried Hahn, Claudia Eller
Nutzer *user*
Bundesministerium des Inneren / Deutsches Historisches Museum

Architekten *architects*
Hilmer & Sattler, München – Berlin
Heinz Hilmer, Christoph Sattler,
Thomas Albrecht
Projektleiter *project manager* **Peter Dörrie**
Fachplaner *specialist planners*
Bauphysik *construction physics* **Axel Rahn, Berlin**
Lichttechnik *lighting* **Licht-Kunst-Licht, Berlin**
Künstler *artist* **Harald Haacke, Berlin**
(nach *after* **Käthe Kollwitz)**

Bildgießerei *sculpture casting*
Hermann Noack, Berlin

Planungstermine *project stages*
Entwurfsbeginn *start of design* **1993**
Baubeginn *start of construction* **1993**
Fertigstellung *completion*
1993 (Innenraum *interior***)**
1998 (Fassaden und Dach / *façade and roof***)**

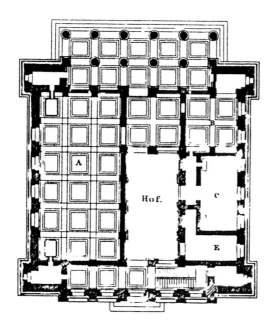

Seite 8
Neugestalteter Innenraum
mit der durch den Berliner
Bildhauer Harald Haacke
geschaffenen Vergröße-
rung der Plastik „Trauern-
de Mutter mit totem Sohn"
von Käthe Kollwitz.
Foto 1999.
Page 8
Newly designed interior
with sculpture "Mother
with her Dead Son" by
Käthe Kollwitz, enlarged
by Berlin sculptor Harald
Haacke. Photo 1999.

Seite 9
Hauptfront der Neuen
Wache Unter den Linden.
Blick von Süden.
Foto 1999.
Page 9
Main facade of the Neue
Wache on Unter den
Linden. View from the
south. Photo 1999.

Karl Friedrich Schinkel:
Grundriß des neuen
Wachtgebäudes und per-
spektivische Ansicht mit
den Standbildern der
Generäle von Bülow (links)
und von Scharnhorst.

Karl Friedrich Schinkel:
Plan of new guard building
and perspective view with
statues of Generals
von Bülow (left) and
von Scharnhorst.

über die „Gedenkstätte für die Gefallenen des Weltkrieges" (später „Reichsehrenmal") in der Weimarer Republik bzw. im Dritten Reich bis zum „Mahnmal für die Opfer des Faschismus und Militarismus" in der DDR. Gegenwärtigen Schlußpunkt bildet die heutige Nutzung als „Zentrale Gedenkstätte der Bundesrepublik Deutschland".

Die Baugeschichte der Neuen Wache bis 1918

Im Jahr 1816 erhält Karl Friedrich Schinkel, Geheimer Oberbaurat des Königreiches Preußen, den Auftrag, ein neues Gebäude für die königliche Wache zu entwerfen. Die Neue Wache soll an der Stelle einer zwischen Festungsgraben und Zeughaus gelegenen sogenannten „Kanonierwache" innerhalb des Kastanienwäldchens errichtet werden. Der Neubau ist notwendig geworden, da König Friedrich Wilhelm III. nicht im Stadtschloß, sondern im Kronprinzenpalais, schräg gegenüber der Wache, residiert und die bestehende Kanonierwache zu klein ist, um die erforderliche Anzahl an Wachsoldaten aufzunehmen. Schinkel legt mehrere Entwürfe vor, einschließlich der städtebaulichen Einbindung der Wache in die preußische „Via triumphalis" für die Befreiungskriege, den Straßenzug Unter den Linden im Abschnitt zwischen Stadtschloß und Schloßbrücke. Inmitten der großen repräsentativen Gebäude der „Linden" und des Forums Fridericianums (heute Bebelplatz), hat Schinkel gewissermaßen den Schlußstein zu setzen. Er

plaziert den Baukörper zwischen dem Universitätsgebäude und dem barocken Zeughaus, etwas hinter der Bauflucht der Universität, um so die architektonische Individualität der Neuen Wache zwischen den zwei mächtigen Bauvolumen zu betonen.

Seinem Entwurf legt Schinkel eine annähernd quadratische Grundrißform zugrunde: „Der Plan dieses ganz freiliegenden Gebäudes ist einem römischen Castrum ungefähr nachgeformt, deshalb die vier festen Ecktürme und der innere Hof", schreibt er in seinen Erläuterungen. Vor die Hauptfassade stellt er einen Portikus mit zehn dorischen Säulen, an der Rückseite greift er dasselbe Motiv in Form von Wandpfeilern mit Gebälk und Dreieckgiebel auf.

Die Ausführung der Hauptfassade erfolgt in Sächsischem Sandstein. Die Seitenfronten mit ihren zwei übereinanderliegenden Fensterreihen jedoch werden aus Kostengründen zwischen den Ecktürmen als unverputztes Mauerwerk aus Rathenower Ziegeln ausgeführt. Die Rückseite zeigt zwischen den Wandpfeilern ebenfalls unverputztes Mauerwerk.

Schinkel hat bei seinem Entwurf den Forderungen und Auflagen der preußischen Militärbehörden für Wachgebäude nachzukommen. Dementsprechend stattet er das Innere der Neuen Wache mit Wachstube, Offiziersstube, Arrestlokal und einem nicht überdachten Innenhof aus. An der Ostseite wird das Gebäude zur Hälfte unterkellert.

Die Einweihung erfolgt am 27. August 1818. Zu diesem Zeitpunkt fehlt jedoch noch ein Teil des

plastischen Schmucks des Gebäudes. Der dorische Portikus am Hauptportal, zu dem drei Stufen hinaufführen, trägt bereits ein Gebälk mit zehn Viktorien aus Zinkguß von Johann Gottfried Schadow. Aber erst 1846 führt August Kiß nach Entwürfen des zu diesem Zeitpunkt bereits verstorbenen Schinkel das Zinkguß-Relief im Giebelfeld aus, das eine Viktoria und Allegorien auf Kampf und Sieg, Flucht und Niederlage darstellt.

Seitlich wird die Neue Wache 1822 durch die beiden von Christian Daniel Rauch ausgeführten Standbilder der Generäle von Scharnhorst und von Bülow flankiert, die auf einen Entwurf Schinkels im Zusammenhang mit der städtebaulichen Gestaltung der „Linden" zurückgehen; Wache und Standbilder sind von Schinkel von vornherein als Einheit konzipiert. Später werden gegenüber der „Neuen Wache" die Denkmäler der Generäle von Blücher (1826) sowie von Gneisenau und von York (1855) aufgestellt. Mit den Skulpturen der Schloßbrücke (1853–57) findet die Via triumphalis ihren Abschluß im Sinne von Schinkels Konzeption.

Umbau zur Gedenkstätte für die Gefallenen des Weltkrieges

Mit dem Ende des Ersten Weltkrieges und dem Ende der Monarchie in Deutschland verliert die Neue Wache ihre Funktion als Wach- und Arrestlokal; das Gebäude steht von 1918 bis 1930 überwiegend leer. Anläßlich des zehnten Jahrestages des Kriegsbeginns fordert Reichs-

The Neue Wache *Peter Dörrie*

Karl Friedrich Schinkel's Neue Wache (New Guard Building), located on Berlin's historic main street Unter den Linden, is one of the most significant neo-classical architectural achievements of nineteenth-century Germany. There is hardly another work of architecture that so eloquently embodies the turbulent history of Germany during the past two hundred years. The neo-classical structure began its existence as a military watch or guard post (first as the "Königswache," later as the "Hauptwache" and finally officially renamed as the "Neue Wache" in 1840) during the years of Prussian rule and empire. It later served as the "Gedenkstätte für die Gefallenen des Weltkriegs" (Memorial to the Soldiers Killed in the World War) during the Weimar Republic before becoming the "Reichsehrenmal" in the Third Reich and later the "Mahnmal für die Opfer des Faschismus und Militarismus" (Memorial to the Victims of Fascism and Militarism) in the GDR. It now serves its most recently assumed function as the "Zentrale Gedenkstätte der Bundesrepublik Deutschland" (National Memorial for the Federal Republic of Germany).

Architectural History of the Neue Wache
to 1918

In 1816 Karl Friedrich Schinkel, Reichsoberbaurat of the Kingdom of Prussia, was commissioned to design a new building for the Royal Guard. The Neue Wache was to be erected at the site of a so-called "Kanonierwache" in the Chestnut Grove between the fortress moat and the Zeughaus (armoury). The need for the new building arose because King Frederick William III did not reside in the Stadtschloß but instead in the Kronprinzenpalais located across from the Wache and because the existing "Kanonierwache" was too small to accommodate the number of soldiers required.

Schinkel presented several different proposals which included the integration of the Wache into the Prussian Via triumphalis dedicated to the wars of liberation, the segment of Unter den Linden between the Stadtschloß and the Schloßbrücke. In the midst of the grand showcase buildings of the "Linden" and the Forum Fridericianum (today's Bebelplatz), Schinkel was to set the final stone, as it were. He positioned the structure between the university building and the baroque Zeughaus and somewhat behind the building line of the university in order to emphasise the architectural individuality of the Neue Wache between these two massive structures.

Schinkel based his design on a nearly square ground plan: "The plan for this entirely detached building is modelled roughly upon that of a Roman castrum, which explains the presence of the four solid corner towers and the inner courtyard," Schinkel wrote in his comments. He placed a portico with ten Doric columns in front of the main facade, taking up the same motif in the form of wall buttresses with beams and a triangular gable on the rear side.

The front facade was built of sandstone from Saxony. The sides of the structure between the corner towers, each featuring two horizontal rows of windows, were constructed with Rathenow bricks and left unfinished in the interest of cutting costs. Unfinished brickwork was also used for the spaces between the buttresses on the rear facade.

Schinkel's design had to meet the requirements and specifications imposed by the Prussian military authorities for guard buildings. Accordingly, he configured the interior of the Neue Wache to include a watch room, an officers' lounge, a jail and an unroofed courtyard. A cellar was built under the eastern half of the building.

The Neue Wache was dedicated on August 27, 1818. At the time, however, some of the decorative sculptural elements

had still not been completed. The Doric portico at the main entrance, to which three steps ascended, had already been fitted with a beam bearing ten statues of Victoria made of cast zinc by Johann Gottfried Schadow. But it was not until 1846 that August Kiß completed the cast zinc relief in the gable space—a Victoria and allegories of battle and victory, flight and defeat—on the basis of the designs drafted by Schinkel, who had died some years before.

In 1822 two statues of Generals von Scharnhorst and von Bülow done by Christian Daniel Rauch and adapted from a plan of Schinkel's for the urban design of the "Linden" were placed at the sides of the Neue Wache. Schinkel conceived the Wache and the statues as a unified whole from the outset. Later, the monuments to Generals von Blücher (1826), von Gneisenau and von York (both 1855) were erected opposite the Neue Wache. The Via triumphalis was completed in the spirit of Schinkel's concept with the addition of the sculptures on the Schloßbrücke (1853-57).

Reconstruction of the Memorial for the Soldiers
Killed in the World War

The end of the First World War and the demise of the monarchy in Germany also marked the end of the Neue Wache's service as a guard building and jail. For the most part, the structure stood empty between 1918 and 1930. In 1924, on the tenth anniversary of the outbreak of World War I, Reichspräsident Friedrich Ebert called for the creation of a "Reichsehrenmal" (National Memorial of Honour) for the victims of the war. The art historian Frida Schottmüller of the Staatliche Museen in Berlin submitted a proposal in November of the same year to have the new memorial erected in Schinkel's Neue Wache. According to her plan, the building would be gutted to make room for a large, square memorial space illuminated from above. She

Der von Heinrich Tessenow gestaltete Innenraum. Blick durch das Eingangsportal auf den Granitmonolithen, die Kandelaber und das ins Dach eingefügte Lichtauge. Foto 1931.

Interior designed by Heinrich Tessenow. View of the granite monolith, candelabras, and skylight through the entrance portal. Photo 1931.

Blick von Unter den Linden auf den Portikus der Neuen Wache. Foto um 1940.

Portico of the Neue Wache. View from Unter den Linden. Photo ca. 1940.

präsident Friedrich Ebert 1924 die Errichtung eines Reichsehrenmals für die Opfer des Weltkrieges. Die an den Berliner Staatlichen Museen tätige Kunsthistorikerin Frida Schottmüller unterbreitet im November 1924 den Vorschlag, dieses Reichsehrenmal in Schinkels Neuer Wache einzurichten. Ihr Vorschlag sieht vor, die Wache zu entkernen und einen großen quadratischen Gedenkraum mit Licht von oben entstehen zu lassen; als einzigen figürlichen Schmuck schlägt sie die Aufstellung einer Pietà vor und greift damit ihrer Zeit um siebzig Jahre voraus. Nachdem sich die Preußische Regierung nach kontrovers geführten Diskussionen schließlich für die Neue Wache als Standort für ein „Gefallenenehrenmal" entschieden hat, wird 1930 ein Wettbewerb zur Umgestaltung des Gebäudes ausgeschrieben. Diesen gewinnt Heinrich Tessenow gegen fünf weitere Mitbewerber: Ludwig Mies van der Rohe (2. Preis), Hans Poelzig (3. Preis), Peter Behrens, Erich Blunck und Hans Grube. Tessenows Entwurf „1914–1918" erfordert die völlige Entkernung des Gebäudes und die anschließende Errichtung eines einzigen Innenraums. Dessen Abmessungen betragen 19 m in der Breite, 16 m in der Tiefe und fast 9 m in der Höhe. Zur Raumbelichtung wird in Anlehnung an das römische Pantheon eine 4 m weite kreisförmige Öffnung in die Decke gebrochen und durch einen 1,80 m hohen Bronzering gefaßt. Unter der Öffnung, als Mittelpunkt des Raumes, wird ein schwarzer monolithischer Granitblock aufgestellt, auf dem ein großer, von Ludwig Gies gestalteter Eichen-

kranz liegt: ein silberner Reifen mit Eichenblättern aus Goldblech. Der Gedenkstein wird seitlich von zwei Kandelabern flankiert, auf denen kleine Kerzenflammen leuchten. Der Boden erhält ein kompliziertes Mosaik aus bleiverfugten Basaltsteinen aus der Eifel, und zum Ableiten des durch das Auge im Dach eindringenden Regenwassers läßt Tessenow im Bereich des Oberlichts leichtes Gefälle zu drei Bodeneinläufen in den Fußboden einarbeiten. Für die Wände wird eine Verkleidung mit fränkischen Muschelkalkplatten gewählt.

Tessenow entkernt bei seinem Umbau nicht nur das Baudenkmal, er greift auch massiv in die originale Bausubstanz des Außenbauwerkes ein. So werden die Fenster der Seitenfassaden zu Blendfenstern, die mit Ziegeln im Rathenower Format zugemauert werden. Von den fünf hohen Wandöffnungen unterhalb des vorderen Portikus, die bis auf die Höhe des Gesimses reichen, mauert Tessenow die beiden äußeren zu und verkleidet sie mit Sandsteinplatten. Die drei mittleren werden auf Dreiviertel ihrer ursprünglichen Höhe reduziert, bleiben offen bzw. sind verschließbar durch Gittertüren aus senkrechten Vierkantstäben mit je zwei Horizontalstreben.

Die Öffentlichkeit reagiert unterschiedlich auf die „Gedenkstätte für die Gefallenen des Weltkrieges", sowohl bei der Entscheidung des Preisgerichts als auch bei der Eröffnung, die 1931 in Anwesenheit des Reichspräsidenten von Hindenburg stattfindet.

Nach der Machtergreifung durch die Nationalsozialisten wird die Neue Wache weiter als

„Ehrenmal" genutzt. Jeweils am „Heldengedenktag" nimmt Hitler vor der Wache eine Parade der Wehrmacht ab, während im Inneren des Gebäudes Kränze niedergelegt werden. 1933 bezieht eine ständige militärische Ehrenwache Stellung vor dem Gebäude. Im gleichen Jahr wird auf Wunsch des preußischen Finanzministers von Popitz vor der Rückwand des Gedenkraumes ein großes Eichenholzkreuz aufgestellt. Tessenow ist zuerst gegen die Aufstellung, fertigt dann aber doch eine Entwurfszeichnung an. Das Holzkreuz als christliches Symbol verhindert die Anbringung eines Hakenkreuzes.

Die Neue Wache nach 1945 und ihre Umgestaltung zum Mahnmal für die Opfer des Faschismus und Militarismus

Im Februar 1945 wird die Neue Wache bei einem Bombenangriff getroffen und brennt aus, auch der Portikus wird beschädigt. Da Sicherungsmaßnahmen unterbleiben, stürzen 1948 weitere Teile des Portikus ein. Die „Freie Deutsche Jugend" (FDJ) fordert den Abriß des Gebäudes. 1951 beginnen jedoch umfangreiche Wiederaufbauarbeiten. Im Zusammenhang mit diesen Arbeiten werden die beiden Standbilder der Generäle von Scharnhorst und von Bülow, die die Wache seitlich flankieren und den Krieg relativ unbeschadet überstanden haben, entfernt.

1956 beschließt der Magistrat von Ostberlin die Wiederherstellung des Gebäudes als „Mahnmal für die Opfer des Faschismus und der bei-

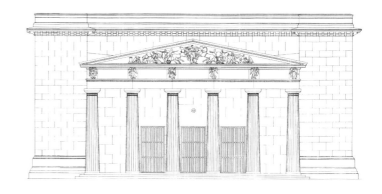

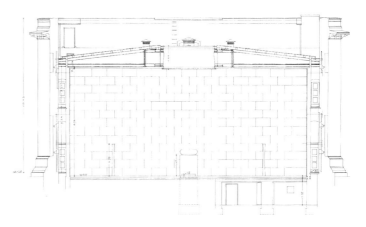

Darstellungen der ausge-
führten Umbauplanung
von Heinrich Tessenow in
Plänen der Preußischen
Bau- und Finanzdirektion
von 1931: Grundriß Erd-
geschoß mit dem nach der
Entkernung entstandenen
großen Gedenkraum.
Heinrich Tessenow's reali-
zed renovation project as
represented in plans from
the Prussian Building and
Financial Direction of
1931: Plan of ground floor
with the large memorial
space created after the
building was gutted.

Der von Heinrich Tessenow
gestaltete Innenraum.
Links der Granitmonolith
mit Eichenlaubkranz und
einer der Kandelaber.
Rechts die Eingangsportale.
Foto 1931.
Interior designed by Hein-
rich Tessenow. To the left
is the granite monolith,
oak-leaf wreath, and one
of the candelabras, with
the entrance portal to the
right. Photo 1931.

Ansicht Unter den Linden
mit neugestalteter Ein-
gangssituation.
Elevation on Unter den
Linden with newly
designed entrance.

Gebäudequerschnitt im
Bereich des Tessenowschen
Lichtauges im Dach über
dem Granitmonolithen.
Cross section showing
Tessenow's skylight above
the granite monolith.

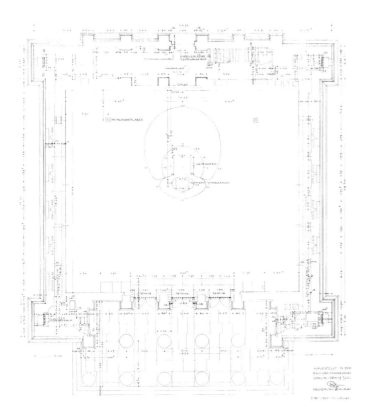

Längsschnitt in der
Gebäudeachse.
Longitudinal section along
the axis of the building.

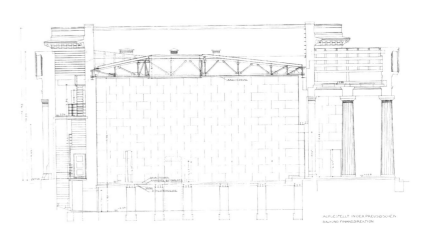

den Weltkriege". Die Restaurierung des Innenraumes hält sich weitgehend an Tessenows Vorgaben. Sie wird von Hans Mehlan geleitet und dauert von 1957 bis 1962. Der vom Krieg gezeichnete Monolith bleibt vorerst an seinem alten Standort. 1960 wird die Neue Wache durch die Regierung der DDR als „Mahnmal für die Opfer des Faschismus und Militarismus", wie die neue Bezeichnung in Abänderung des Magistratsbeschlusses von 1956 lautet, eingeweiht. 1962 beziehen wieder Wachsoldaten – eine Ehrenwache der „Nationalen Volksarmee" (NVA) – Posten vor der Neuen Wache.

In dem durch Heinz Mehlan geschaffenen Zustand, der auf der durch Kriegseinwirkung beschädigten Raumgestaltung Tessenows beruht, bleibt die Neue Wache bis 1969. In diesem Jahr beschließt die DDR-Regierung, den Innenraum der geltenden Ideologie anzupassen. In nur sechs Wochen wird das Innere nach Entwürfen von Lothar Kwasnitza völlig neu gestaltet. Im Zentrum des Raumes steht nunmehr, anstelle des Granitblockes, in einer quadratischen Bodenvertiefung ein prismatisch geschliffener, kubischer Glaswürfel mit der Ewigen Flamme. Um diesen vor Witterungseinflüssen zu schützen, verschließt man das bis dahin offene Oberlicht mit einer lichtdurchlässigen Plexiglaskuppel.

Anderen Gedenkstätten für Unbekannte Soldaten als Vorbild folgend, werden vor dem Glasprisma Gräber des „Unbekannten Soldaten" und des „Unbekannten KZ-Häftlings" angelegt: Neun kleinere Urnen mit Erde aus Schlachtfeldern des Zweiten Weltkrieges umgeben die Urne des „Unbekannten Soldaten", neun Urnen mit Erde aus Konzentrationslagern analog dazu die Urne des „Unbekannten KZ-Häftlings". Zusätzlich werden zwei bronzene Schriftplatten über den Gräbern im Fußboden eingelassen.

Auf dem Tessenowschen Basaltmosaikboden werden Platten aus hellem bulgarischem Marmor verlegt. Für den gastechnischen Anschluß der Ewigen Flamme ist ein neuer Kellerraum erforderlich, der unter dem Mittelpunkt des Innenraumes, neben dem bereits vorhandenen Kellertrakt, entsteht. Für den Bau dieses Raumes werden große Flächen des Mosaikpflasters entfernt. Darüber hinaus werden die steinernen Sitzbänke beiderseits des Eingangs sowie die Kandelaber entfernt. Erst später ersetzt man die noch vorhandenen Muschelkalkplatten von Tessenow durch Travertinplatten. Im Zuge dieser Arbeiten erhält die Rückwand des Gedenkraumes als Blickfang die Steinintarsie des Staatswappens der DDR.

Die Neue Wache
nach der Wiedervereinigung

Mit dem Ende der DDR werden im Herbst 1990 die Wachsoldaten vor dem Gebäude abgezogen

und die Gittertore geschlossen. Die Ewige Flamme brennt weiter und wird erst später erlöschen. Wieder entsteht eine Diskussion um die Nutzung der Neuen Wache. Mehrere Fachverbände schlagen ihre Wiederherstellung als Gedenkstätte im Sinne Tessenows vor.

Anfang 1993 beschließt die Bundesregierung per Kabinettsbeschluß, daß die Neue Wache zur „Zentralen Gedenkstätte der Bundesrepublik Deutschland" umgebaut werden soll. Grundlage der Umgestaltung soll der Entwurf von Heinrich Tessenow sein, den Mittelpunkt des Raumes aber eine auf das Vierfache vergrößerte Fassung von Käthe Kollwitz Skulptur „Mutter mit totem Sohn" bilden. Das Äußere der Wache soll unverändert bleiben; von Ehrenwachen will man Abstand nehmen.

Dieser Kabinettsbeschluß, der vom damaligen Bundeskanzler Helmut Kohl initiiert und gefördert wird, entfacht eine stark kontrovers geführte öffentliche und parlamentarische Diskussion. So werden unter anderem die Aufstellung und Vergrößerung der Skulptur sowie die Bodeninschrift „Den Opfern von Krieg und Gewaltherrschaft" kritisiert. Desweiteren fordert der Denkmalschutz die Erhaltung des Raumzustandes aus der DDR-Zeit und die Wiederaufstellung der Standbilder der Generäle von Scharnhorst und von Bülow an der Neuen Wache. Auch stößt die Form, wie diese Entscheidung von der Bundesregierung getroffen wurde, auf Kritik.

Als am 14. Mai 1993 das Thema „Neue Wache" dann im Bundestag diskutiert wird, sind die Umbauarbeiten im Gebäude bereits im Gange.

Umbau zur Zentralen Gedenkstätte
der Bundesrepublik Deutschland
Rekonstruktion des Innenraumes 1993

Für den 1993 erfolgten Rück- und Umbau des Innenraumes steht an reiner Bauzeit bis zur Einweihung am 14. November (Volkstrauertag) ein knappes halbes Jahr zur Verfügung. Wie sehr der gesamte Bau in den vorangegangenen Jahren unter Witterungseinflüssen gelitten hat, soll sich erst nach Beginn der Arbeiten zeigen. So wird beim Abnehmen der Wandplatten sichtbar, daß durch ungehindertes Eindringen von Regenwasser über zerstörte Fallrohre die Umfassungswände des Gedenkraumes stark geschädigt wurden. Doch nicht nur diese Wandpartien sind betroffen, sondern auch der gesamte rückwärtige Bereich des Gebäudes, in dem sich der Zugang zum Keller und zum Dach sowie Sanitär- und Abstellräume befinden. Die westliche Außenwand wurde durch aufsteigende Feuchtigkeit in Mitleidenschaft gezogen, das Kupferdach über dem Gedenkraum ist undicht. Für die Rekonstruktion werden von der Kunstbibliothek der Staatlichen Museen historische Planunterlagen zur Verfügung gestellt.

suggested the figure of a pieta as the lone sculptural element, thus anticipating what would actually come to be seventy years later.

The Prussian government resolved after considerable debate to accept the Neue Wache as the site of a "war memorial," and a competition for the redesign of the building was initiated. Heinrich Tessenow emerged the winner from a field of six competitors that included Ludwig Mies van der Rohe (2nd prize), Hans Poelzig (3rd prize), Peter Behrens, Erich Blunck and Hans Grube. Tessenow's proposal entitled "1914–1918" called for the complete gutting of the building followed by the creation of a single interior space measuring 19 metres in width, 16 metres in length and almost nine metres in height. In an allusion to the Roman Pantheon, a circular opening with a diameter of four meters was made in the ceiling to admit light and framed with a 1.8-metre-high bronze ring. A black, granite monolith was placed beneath the opening as the midpoint of the room. A large oak-leaf wreath designed by Ludwig Gies was placed upon it: a silver ring with oak leaves of plate gold. The memorial stone was flanked by two candelabras upon which two small candles burned. The floor was laid out in a complicated mosaic consisting of basalt stones from the Eifel region separated by lead joints. Around the centre beneath the skylight, Tessenow had the floor laid on a slight incline toward three floor drains to allow the rain which fell through the opening in the roof to run off. The walls were covered with slabs of Franconian limestone.

Tessenow not only gutted the architectural monument, he also altered the original substance of the outer structure. The windows on the side facades were converted to mock windows and filled with bricks in the Rathenow format. Of the five high wall openings beneath the front portico, which extended to the level of the sill, Tessenow had the two outermost walled in and covered with sandstone slabs. The three middle openings were reduced to three-quarters of their original height. They remained open and were fitted with gridwork doors consisting of square vertical bars joined by two horizontal segments.

Public reaction to the "Gedenkstätte für die Gefallenen des Weltkrieges" varied. Both the jury's decision and the opening ceremony, which took place in the presence of Reichspräsident von Hindenburg, were greeted with controversy.

In the years following the assumption of power by the National Socialists the Neue Wache continued to serve as an "Ehrenmal." Hitler reviewed a Wehrmacht parade every year on "Heldengedenktag" (Heroes' Memorial Day), and wreaths were laid inside the building. A permanent military honour guard was assigned to stand watch in front of the building in 1933. That same year, a large oaken cross was mounted in front of the rear wall of the memorial room in response to a suggestion by the Prussian Finance Minister von Popitz. Although Tessenow objected to the idea at first, he finally agreed to prepare a drawing for the installation. The Christian symbol of wooden cross prevented the National Socialists from placing a swastika on the wall.

The Neue Wache after 1945: Conversion into a Memorial to the Victims of Fascism and Militarism

The Neue Wache was hit during bombing attacks in February 1945. Its interior was entirely destroyed by fire, and the

Der Innenraum nach der ersten Instandsetzung der Nachkriegszeit. Der Granitmonolith steht weiter an seinem Platz. Foto 1968.
Interior after the first restoration following World War II. The granite monolith is still in its place. Photo 1968.

Wachwechsel vor der zum Mahnmal für die Opfer des Faschismus und Militarismus umgestalteten Neuen Wache. Foto 1972.
The changing of the guard in front of the Neue Wache, now converted into a Memorial to the Victims of Fascism an Militarism. Photo 1972

Innenraum nach der vollständigen Umgestaltung zum Mahnmal für die Opfer des Faschismus und Militarismus. Foto 1972.
Interior after its full transformation into a Memorial to the Victims of Fascism and Militarism. Photo 1972.

Seite 14
Kriegsschäden an der Neuen Wache
Page 14
War damage to the Neue Wache

Seite 14 oben
Der Innenraum mit Zerstörungen an Dachkonstruktion, Granitmonolithen und Eichenkranz. Foto 1947.
Page 14 top
The interior with the damaged roof, granite monolith, and oak-leaf wreath. Photo 1947.

Seite 14 Mitte
Beschädigter Portikus Unter den Linden mit fehlenden Säulen. Foto um 1945.
Page 14 middle
Damaged portico with missing columns on Unter den Linden. Photo ca. 1945.

Seite 14 unten
Der aufgrund nicht erfolgter konstruktiver Sicherung auf halber Länge oberhalb der fehlenden Säulen eingestürzte Portikus drei Jahre später. Foto 1948.
Page 14 bottom
Failure to structurally secure the portico with its missing columns led to a collapse three years later. Photo 1948.

Hierunter findet sich jedoch nichts zum Mosaikfußboden, von dem 1993 niemand weiß, ob und in welchem Zustand er noch unter dem Marmorfußboden vorhanden ist. Daher beginnen die Arbeiten mit dem probeweise Öffnen des DDR-Bodens. Die Suche ist von Erfolg gekrönt: Unter der 15 cm dicken Schicht aus Marmor und Mörtel kommt das Original-Pflaster aus den dreißiger Jahren ans Tageslicht. Dabei werden im Wandanschlußbereich auch Reste der originalen Wandverkleidung entdeckt. Diese sollen später als Farb- und Strukturmuster für die neue Wandverkleidung dienen: Wie bei Tessenow werden wiederum 4 cm dicke graue Muschelkalkplatten mit gesandeter Oberfläche aus Kirchheim in Franken gewählt.

Mit dem Abnehmen der Wandplatten aus DDR-Zeiten beginnen die eigentlichen Arbeiten. Scheinwerfer und Lautsprecher sowie der Schriftzug „Den Opfern des Faschismus und Militarismus" werden entfernt. An der Eingangswand wird Tessenows Quaderrahmung der drei Portalöffnungen freigelegt. Diese unterschied sich ursprünglich von der sie umgebenden Wandverkleidung durch einen etwas gröberen Oberflächenschliff, der jedoch nicht erhalten blieb: Bereits 1957 waren Teile der Originalrahmung abgestemmt worden, um die neuen Wandplatten davorsetzen zu können. Dank der Tessenowschen Ausführungspläne weiß man, daß auch das Fugenbild der DDR-Wandverkleidung nicht dem Fugenschnitt von Tessenow entsprach. Die lichte Raumhöhe vom Basaltfußboden bis zur abgehängten Decke weist jedoch genau das Höhenmaß von Tessenow auf. Somit können die dreizehn Plattenschichten in den gleichen Maßen von 1931 wieder ausgeführt werden. Bei den Aufräumungsarbeiten im Gebäude werden die beiden Original-Kandelaber wiederentdeckt, die bisher als verschollen galten. Sie hatten Krieg und DDR-Zeit in einem Nebenraum überdauert.

Nachdem die Wandverkleidung vollständig abgenommen ist, beginnen die Arbeiten am Fußboden: Demontage der Marmorplatten und vorsichtiges Abstemmen der Mörtelschicht, die ohne Trennlage direkt auf den Basaltmosaikboden aufgebracht worden war. Hierbei muß besonders sorgfältig gearbeitet werden, um den Fußboden von Tessenow nicht zu beschädigen, der Stück für Stück wieder freigelegt wird. Bis auf einige Schäden, die von Kriegseinwirkungen herrühren, befindet sich dieser in erstaunlich gutem Zustand. Eine verhältnismäßig große Mosaikfläche fehlt nur im tieferliegenden Bodenbereich um die Ewige Flamme, wo 1969 der erwähnte zusätzliche Kellerraum errichtet worden war. Beleuchtet werden die Abrißarbeiten vom Schein der Ewigen Flamme, die noch immer im Glaskubus aus bestem Jenaer Glas

brennt und erst in den Mittagsstunden des 13. Mai 1993, nach vierundzwanzig Jahren, für immer erlöschen soll.

Parallel zu den Bauarbeiten arbeitet der Berliner Bildhauer Harald Haacke an der Vergrößerung der Kollwitz-Plastik. Millimetergenau und mit großem Feingefühl werden die Maße vom Original-Modell auf ein vierfach größeres Gipsmodell übertragen. Anfang Mai besichtigt der Bundeskanzler das Bildhaueratelier und den Fortgang der Arbeiten in der Neuen Wache. Bei diesem Besuch wird beschlossen, die Skulptur nicht auf einen Sockel, sondern auf eine flächenbündig im Boden verlegte schwarze Granitplatte zu stellen und davor die Inschrift „Den Opfern von Krieg und Gewaltherrschaft" in den Boden einzulassen. Farbgebung und Material der Platte sollen dem Granit von Tessenows Monolithen entsprechen.

Nachdem der gesamte Bodenbelag aufgenommen und die Ewige Flamme erloschen ist, wird der Glaskubus in die Sammlung des Deutschen Historischen Museums gebracht, ebenso die Buchstaben der Wandinschriften und die beiden Kandelaber. Zu diesem Zeitpunkt zeigt sich der Innenraum der Neuen Wache völlig ohne schmückendes Beiwerk: Die Umfassungswände stellen sich als mehrfach geflicktes, gerissenes und durch Kriegseinwirkungen regelrecht ausgebeultes Mauerwerk dar, in dem nebeneinander sowohl die Konsollöcher von Tessenows Wandverkleidung, als auch die der DDR-Zeit sichtbar sind. Am 3. August 1993 werden die ersten neuen Wandplatten angebracht – mit Abstand zur Hintermauerung und gehalten von Konsolankern aus Edelstahl. Als Schutz gegen mechanische Beschädigungen sind die unteren vier Schichten hintermörtelt, darüber beginnt die Luftschicht. Plattenmaße, Fugenbild und Fugenmaße entsprechen millimetergenau dem Tessenowschen Vorbild. Das gilt auch für die Raumabmessungen, die durch den freigelegten Fußboden und die abgehängte Decke wieder auf die Maße von 1931 zurückgeführt werden. Die Einfassungen der drei Tore werden aus 10 cm dicken Muschelkalkplatten, sogenannten Hakensteinen gebildet. Um zusätzliche Fugen, die nicht in das Fugenbild passen, zu vermeiden, werden diese Winkelsteine auf Gehrung geschnitten und miteinander verklebt. Da Oberflächenbehandlung und Farbton mit den umgebenden Wandplatten identisch sind, hebt sich dieser Bereich nicht wie bei Tessenow von der angrenzenden Verkleidung ab.

Auch außerhalb des Gedenkraumes, im rückwärtigen Bereich des Gebäudes, wird gearbeitet: Sämtliche Regenfallrohre müssen entfernt und durch neue, beheizte Rohre ersetzt werden. Bei diesen Arbeiten wird ein zu DDR-Zeiten zugemauerter und seither in Vergessenheit geratener Kellerraum wiederentdeckt, in dem

das Schinkelsche Deckengewölbe im Original erhalten ist. Tessenow hatte in den restlichen Kellerräumen durch das Absenken des Fußbodenniveaus im Gedenkraum die Deckengewölbe entfernen müssen und durch eine flache Stahlsteindecke ersetzt. In diesem Zusammenhang fällt auf, daß jede Epoche ein anderes Höhenniveau des Fußbodens definiert: Schinkel sieht drei Stufen als Zugang zum Portikus vor und führt von dort ebenerdig in den Innenbereich; Tessenow verlegt den Fußboden um zwei Stufen nach unten; die DDR hebt ihn 1969 wieder um eine Stufe an. Heute führen wieder, wie in Tessenows Fassung, zwei Stufen in den Innenraum hinab.

Wie schon erwähnt existieren keinerlei Planunterlagen über das Tessenowsche Fußbodenmosaik. Bekannt war lediglich, daß es aus rheinischem Basalt in vier verschiedenen Steinformaten zusammengesetzt, in Zementestrich verlegt, mit Blei vergossen und verstemmt worden war. Anhand von zwei regelmäßig wiederkehrenden Steinen läßt sich aber schließlich das Geheimnis des Mosaiks entschlüsseln: Die vier Grundsteine bilden zwei verschiedene Mosaike, die sowohl in Längsrichtung, als auch in Querrichtung abwechselnd hintereinander die Halle durchlaufen. Die Steine waren bereits bei Tessenow handgeschlagen; auch jetzt müssen sie in Handarbeit wieder hergestellt werden. Zwei Steinsetzer gehen mit Akribie daran, diese nach den zwischenzeitlich gefertigten Mosaikverlegeplänen exakt in das vorhandene Mosaikgefüge ein- und anzuarbeiten. Für den Ablauf des Regenwassers werden drei Bodeneinläufe in der Abmessung des größten Steinformates handgefertigt und in das Mosaik eingepaßt. Nachdem der Verlegemörtel ausgetrocknet ist, werden die Fugen nach den Vorgaben von Tessenow mit Blei vergossen und verstemmt: der Unterschied zwischen altem und neuem Bodenmosaik ist nicht mehr erkennbar.

Beiderseits der Türöffnungen werden wieder die Granitblöcke gesetzt, die von Tessenow als Stufenbegrenzung und Sitzmöglichkeit gedacht waren. Auch hier muß das Fußbodenmosaik angearbeitet werden. Zwischenzeitlich ist die schwarze Granitplatte aus Schweden angeliefert worden. Bevor sie verlegt werden kann, sind Vorarbeiten erforderlich: Der Schriftzug „Den Opfern von Krieg und Gewaltherrschaft" wird durch Laserstrahl aus dem Stein gefräst und mit den vom Bildhauer Fritz Becker geschaffenen Messinggußbuchstaben versehen. Die im Depot des Deutschen Historischen Museums zwischengelagerten Urnen der beiden Gräber werden wieder zurück in die überarbeiteten Vertiefungen versenkt und mit einer Natursteinplatte verschlossen. Darüber wird anschließend die schwarze Granitplatte verlegt und zwar so, daß der Schriftzug genau über den

portico was damaged. As no preventive measures were taken at the time, other segments of the portico also collapsed in 1948. The "Freie Deutsche Jugend" (Free German Youth) called for demolition of the building. Extensive reconstruction work was initiated in 1951, however. In the course of reconstruction the two statues of Generals von Scharnhorst and von Bülow flanking the sides of the Wache, which had survived the war in relatively good condition, were removed.

In 1956 the city government of East Berlin passed a resolution to restore the building as a "Memorial to the Victims of Fascism and the Two World Wars." For the most part, restoration work on the building interior was carried out in keeping with Tessenow's original specifications. Work was done under the supervision of Hans Mehlan between 1957 and 1962. Bearing the unmistakable marks of war, the monolith was left for the time being at its old location. In an amendment to the original city government resolution, the government of the GDR rededicated the Neue Wache as the "Memorial to the Victims of Fascism and Militarism" in 1960. Soldiers—members of the honour guard of the "Nationale Volksarmee" (NVA)—once again took positions outside the Neue Wache in 1962.

The Neue Wache remained in the state achieved by Hans Mehlan, which was based upon Tessenow's war-damaged interior spatial design, until 1969. In that year the government of the GDR decided to modify the interior in order to reflect the ruling ideology more clearly. The inside of the building was completely redesigned according to plans developed by Lothar Kwasnitza within a period of only six weeks. The granite block in the centre of the room was now replaced by a polished, prismatic glass cube set in a square depression in the floor and bearing the Eternal Flame. The formerly open skylight was sealed with a translucent Plexiglas dome to protect the object against the influences of weather. In imitation of other memorials for unknown soldiers, the tombs of an "Unknown Soldier" and an "Unknown Concentration Camp Victim" were placed in front of the glass prism. The urn bearing the remains of the "Unknown Soldier" was surrounded by nine urns containing soil from World War II battlefields, while nine urns containing earth from different concentration camps were arranged around that of the "Unknown Concentration Camp Victim." Two inscribed bronze plaques were also set in the floor above the graves.

Slabs of light-coloured Bulgarian marble were laid over Tessenow's basalt floor. A new basement room had to be constructed beneath the centre of the room and adjacent to the existing cellar area to accommodate the gas-supply unit for the Eternal Flame. Substantial portions of the basalt floor were removed in the process. The candelabras and the stone benches on each side of the entrance were also taken out. It was not until somewhat later that the existing limestone slabs put in place by Tessenow were replaced with travertine slabs. Restoration work also included the installation of the state seal of the GDR in stone inlay as an eye-catching focal point on the rear wall of the memorial room.

The Neue Wache after Reunification

After the fall of the GDR regime in the autumn of 1990, the guards were removed from outside the building and the gates closed. The Eternal Flame was left burning and was not extinguished until some time later. Once again, the use of the Neue Wache became the subject of extensive discussion. A number of groups proposed that it be restored as a memorial in the spirit of Tessenow's concept.

In 1993 the cabinet of the German Federal Government passed a resolution calling for the reconstruction of the Neue Wache as a "Zentrale Gendenkstätte der Bundesrepublik Deutschland" (National Memorial for the Federal Republic of Germany). Although Heinrich Tessenow's original plan was to provide the basis of the new design, the new central focus in the middle of the room was to be a replica of Käthe Kollwitz's sculpture "Mutter mit totem Sohn" (Mother with her Dead Son), a version four times as large as the original. The exterior of the Wache was to be left as it was, and no honour guard would be posted. This cabinet resolution, initiated and promoted by the governing Federal Chancellor Helmut Kohl, triggered a highly emotional public and parliamentary debate. Criticism was focused, among other things, upon the placement and enlargement of the sculpture and upon the floor inscription "To the Victims of War and the Rule of Force." Monument preservation advocates called for the conservation of the room as it was during the GDR years and demanded the return of the statues of Generals von Scharnhorst and von Bülow to their original positions flanking the Neue Wache. The federal government's decision-making process was also the subject of criticism.

By the time the issue of the Neue Wache was finally presented for discussion in the German Bundestag, the renovation of the building had already begun.

Renovation as the National Memorial for the
Interior Federal Republic of Germany Reconstruction, 1993

Barely a year's time was allowed for the actual work of redesign and reconstruction of the interior before the new memorial was to be dedicated on November 14 (National Day of Mourning). It was not until work had already begun that the full extent of damage caused by the influences of weather over the years became evident. During removal of the old walls workers discovered that rainwater seeping through defective drainpipes had severely damaged the enclosing walls of the memorial room. In addition to these wall sections, the entire rear area of the building, where the stairways to the cellar and the roof as well as the sanitary facilities and storage rooms were located, was affected as well. The western exterior wall was damaged by ascending ground moisture, and the copper roof above the memorial room leaked. The art library of the Staatliche Museen provided historical planning documents in support of the reconstruction measures. No information was available about the mosaic floor, however, and in 1993 no one knew whether—and in what condition—it still lay beneath the marble floor. Thus work began with the exploratory opening of the GDR floor. The search was crowned with success: the original stone floor laid during the 1930s had survived, concealed beneath fifteen centimetres of marble and mortar. Segments of the original wall covering were also found in the areas adjacent to the walls. These were to be used later as colour and structure patterns for the new wall covering. As in Tessenow's day, grey limestone slabs from Kirchheim in Franconia with a thickness of four centimetres and sanded surfaces were once again selected.

The real work began with the removal of the wall panels mounted during the GDR years. The spotlights, the loudspeakers and the inscription "Den Opfern des Faschismus und Militarismus" were removed. Tessenow's square frame around the three portal openings was exposed. Originally, the frame stood out against the adjacent wall covering by virtue of its rougher surface texture, but that had been worn down over time. Segments of the original frame had been chiselled out in 1957 to allow for placement of the new wall panels. Thanks to Tessenow's blueprints, it became clear that the joint scheme for the GDR wall covering did not match Tessenow's arrangement. However, the clear height of the room from the basalt floor to the suspended ceiling revealed the exact height used by Tessenow. Thus it was possible to shape the thirteen new panels to match the dimensions of 1931. The two original candelabras assumed to have been lost were discovered in the course of clean-up work in the building. They had survived the war years and the GDR regime in a utility room.

Once the wall covering had been entirely removed, work began on the floor. The marble slabs were pulled up and the mortar layer carefully chiselled away, as it had been applied without a buffer layer directly to the basalt mosaic floor. This required extreme care in order to avoid damaging Tessenow's original floor, which was eventually exposed piece by piece. Except for a few war-damaged areas, the floor was found to be in astoundingly good condition. A relatively large area of mosaic was missing only in the deeper section of the floor around the Eternal Flame, where the new basement room had been constructed in 1969. The demolition work was carried out under the light of the Eternal Flame, which was still burning inside the cube of excellent Jena glass and was not extinguished forever until the noon hours of May 13, 1993, 24 years after it had been ignited.

While construction was still in progress, sculptor Harald Haacke began work on the enlarged version of the Käthe Kollwitz sculpture. With painstaking precision and a fine sense of detail, he converted the dimensions of the original to a plaster model four times its size. The Federal Chancellor visited the sculptor's studio and observed the work in progress at the Neue Wache in early May. On this occasion the decision was made not to place the sculpture on a pedestal but instead on a black granite slab set flush into the floor and to position the inscription "Den Opfern von Krieg und Gewaltherrschaft" (To the Victims of War and Despotism) in the floor in front of it. The colour and material characteristics of the stone were to match those of Tessenow's granite monolith.

Once the entire floor covering had been removed and the Eternal Flame extinguished, the glass cube was introduced to the collection of the Deutsches Historisches Museum (German Museum of History) along with the letters composing the wall inscription and the two candelabras. At this point the interior of the Neue Wache was devoid of decorative adornments. The enclosing walls were cracked, showed multiple patches and repairs and had the general appearance of war-ravaged masonry in which both the mounting holes for Tessenow's wall covering and those of the GDR

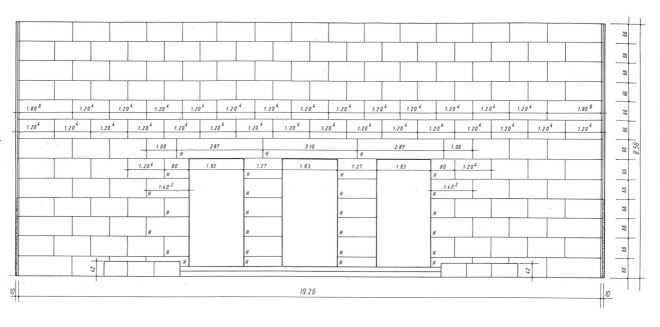

Umgestaltung zur Zentralen Gedenkstätte der Bundesrepublik Deutschland. Rekonstruktionszeichnung mit Innenansicht der Eingangswand. Architekten Hilmer & Sattler, München – Berlin.
Conversion into the National Memorial for the Federal Republic of Germany. Reconstruction drawing with interior elevation of entrance wall. Architects Hilmer & Sattler, Munich/Berlin.

Gräbern verläuft. Mittlerweile ist auch das Gipsmodell von Harald Haacke fertiggestellt, von Professor Arne Kollwitz, einem Enkel von Käthe Kollwitz, begutachtet und für den Bronzeguß freigegeben worden. Dieser wird in der traditionsreichen Berliner Bildgießerei Noack ausgeführt, in der schon 1931 der Oberlicht-Bronzering der Neuen Wache entstand. Das Gipsmodell muß für diesen Zweck in fünf Einzelteile zerlegt werden. Im Sandgußverfahren werden die einzelnen Teile von Hand abgeformt, um dann gegossen zu werden. Danach werden die Einzelteile zusammengeschweißt, und die feinen Ziselierarbeiten können vorgenommen werden.

Ein wichtiges Thema bei der Neuen Wache ist die Beleuchtung des Innenraumes mit Kunstlicht. Das durch Gittertore und Oberlicht einfallende Tageslicht schafft eine so beeindruckende Lichtstimmung im Raum, daß das Hinzufügen von künstlichem Licht sich nur auf die Abendstunden beschränken soll. Einerseits erlaubt der schlichte Raum keine Installationen, auf der anderen Seite ist jedoch eine Skulptur- und Raumbeleuchtung für die Dunkelheit notwendig. Die zur Raumbeleuchtung fest installierten Scheinwerfer sind an der Innenseite der Eingangswand auf Stromschienenstangen befestigt, die Platz für zusätzliche Fernsehscheinwerfer bieten. Im Zuge dieser Installationen werden sämtliche Elektroleitungen im Gebäude erneuert. Im Vordach über dem Portikus werden die DDR-Beleuchtungskörper durch neue, gerichtete Strahler (Downlights) in der Kassettendecke ersetzt. Nachdem die Decke im Originalfarbton der Tessenowschen Fassung gestrichen und der Oberlichtring überarbeitet worden ist, kann die Plexiglashaube aus DDR-Zeiten über dem Oberlicht entfernt werden: ein schöner Augenblick, als nach langen Jahren das Tageslicht wieder ungehindert in die Halle fallen kann.

Als Konsequenz aus der leidenschaftlich und öffentlich geführten Diskussion um die umstrittene Inschrift „Den Opfern von Krieg und Gewaltherrschaft" werden beiderseits des Eingangs zum Gedenkraum zwei Bronzetafeln angebracht. Eine Tafel – deren Text aus der berühmten Rede Richard von Weizsäckers zum vierzigsten Jahrestag der Kapitulation am 8. Mai 1985 entwickelt wurde – erinnert sowohl an die Opfer der Weltkriege als auch an die von Nationalsozialisten verfolgten Bevölkerungsgruppen; die zweite Tafel erläutert Bau und Geschichte der Neuen Wache.

Am 4. November 1993 wird die vierhundert Kilogramm schwere Kollwitz-Skulptur in der Neuen Wache aufgestellt und auf der Granitplatte festgedübelt. Die Arbeiten im großen Innenraum und in den rückwärtigen Bereichen sind damit abgeschlossen; das Gebäude wird an das Deutsche Historische Museum übergeben, das als Hausherr das Innenministerium vertritt. 175 Jahre nach ihrer Fertigstellung als Wachgebäude wird die Neue Wache als Zentrale Gedenkstätte der Bundesrepublik Deutschland eingeweiht: Am 14. November 1993 legen die fünf Repräsentanten der höchsten Verfassungsorgane des Staates – Bundespräsident von Weizsäcker, Bundeskanzler Kohl, Bundestagspräsidentin Süßmuth, Bundesratsvizepräsident Voscherau, Verfassungsgerichtspräsident Herzog – bei naßkaltem Wetter unter den Klängen eines einsamen Trompeters Kränze nieder. Überschattet wird die Zeremonie von lautstarken Sprechchören und Störversuchen einiger Dutzend Gegner der Gedenkstätte. Diese wird daher aus Sicherheitsgründen erst einen Tag später für die Öffentlichkeit zugänglich gemacht. Raumeindruck und Skulptur verfehlen bei den Besuchern ihre Wirkung nicht; die Menschen kommen und werden still.

Die Sanierung der Fassaden und des Daches
Mit dem Anlegen einer „Musterachse" beginnen im Sommer 1994 die vorbereitenden Arbeiten für die Sanierung der Natursteinfassaden: Auf der Fläche des Nordost-Risalits wird die Beschaffenheit des Sächsischen Sandsteins im Wand- und Sockelbereich untersucht und auf seine Verträglichkeit mit unterschiedlichen Fabrikaten von Steinergänzungsmörteln geprüft. Gleichzeitig erfolgt die Kartierung der Schäden aus dem Zweiten Weltkrieg und die Dokumentation der nicht fachgerecht ausgeführte Steinsanierung aus DDR-Zeiten. Begleitet werden die Arbeiten vom Landesdenkmalamt Berlin. Gemeinsam wird festgelegt, wo Antragungen vorzunehmen sind bzw. zu stark geschädigte Steine durch Vierungen aus Sandstein ersetzt werden müssen. Die so gewonne-

Blick auf die freigelegten Innenwände und den Fußboden Tessenows während der Umgestaltung. In der Mitte des Fußbodens die Fehlstelle in dem unter dem Fußboden der DDR-Zeit wiedergefundenen Mosaikpflaster. Foto 1993.
View of the exposed interior walls and Tessenow's floor during renovation. In the center of the floor is the gap in the mosaic pavement discovered under the GDR floor. Photo 1993.

period were clearly visible. The first new wall segments were mounted on August 3, 1993, fixed in place at an interval from the back walls with stainless steel anchors. Mortar was applied behind the lower four layers to provide protection against damage from mechanical stress, and an air space was left above it. Slab dimensions, joint pattern and joint thickness corresponded precisely to Tessenow's specifications. And that applied as well to the room dimensions, which were brought in line once again with those of 1931 by virtue of the exposed floor and the suspended ceiling. The frames for the three doors were made of 10-centimetre-thick limestone slabs known as "Hakensteine." In order to avoid additional joints that would deviate from the joint pattern, these cornered stones were cut on a bias and glued together. Since the surface appearance and colour match those of the adjacent wall segments exactly, this area does not stand out against the surrounding wall covering (nor had it in Tessenow's time, either).

Work was also performed outside the memorial room in the rear area of the building. All existing drain pipes had to be removed and replaced with new, heated pipes. A cellar room sealed off during the GDR years and since forgotten was rediscovered in the course of this work. There, Schinkel's original vaulted ceiling was found to have been preserved. Tessenow had been forced to remove the vaulted ceiling in the other areas of the cellar in order to allow for the lowering of the floor level in the memorial room, replacing it with a flat ribbed ceiling with hollow stone fillers. One notes in this context that every era defines floor level differently. Schinkel planned three steps for access to the portico and then proceeded at ground level into the interior. Tessenow laid the floor two steps lower; GDR architects raised it one step again. Today, in keeping with Tessenow's concept, two steps lead into the interior.

As mentioned above, no planning documents relating to Tessenow's floor mosaic could be found. All that was known was that it was composed of Rhine basalt in stones of four basic shapes, laid in cement, filled with lead and packed. The appearance of two regularly recurring stone shapes ultimately led to the solution of the mystery of the mosaic. The four basic stones form two different mosaic patterns which run through the room one behind the other in alternating lengthwise and crosswise directions. The stones were shaped by hand even in Tessenow's time, and they had to be reproduced manually once again. Two stone masons began the painstaking work of shaping and fitting the stones precisely into the existing mosaic structure. Three drains with the dimensions of the largest stone format were hand made and inserted into the mosaic to allow for rainwater drainage. Once the bedding mortar had dried, the joints were cast with lead according to Tessenow's specifications and packed. The difference between the old and the new mosaic floor is no longer recognisable.

The blocks of granite conceived by Tessenow as step borders and seats were set once again at both sides of the door openings. The floor mosaic had to be restored in this area as well. A slab of black granite was delivered from Sweden. There was preparatory work to do before it could be put in place, however: the inscription "Den Opfern von Krieg und Gewaltherrschaft" had to be cut with a laser into the stone and fitted with the cast brass letters made by sculptor Fritz Becker. The grave urns stored temporarily at the Deutsches Historisches Museum were replaced in their reworked cavities and covered with a natural stone slab. The black granite was then laid in place in such a way that the inscription runs precisely over the graves.

Harald Haacke's plaster model was completed, examined by Professor Arne Kollwitz, a grandson of Käthe Kollwitz, and approved for casting in bronze. This operation was performed by the long-established Noack statue-casting company in Berlin, which had produced the bronze ring for the skylight of the Neue Wache in 1931. The plaster model had to be cut into five pieces for casting. Each separate part was hand-moulded in a sand casting process for final casting. Finally, the parts were welded together and the fine work of engraving began.

An important aspect of the Neue Wache is the use of artificial interior lighting. The daylight entering the room through the gridwork gates and the skylight creates such an impressive light atmosphere that the addition of artificial light should ideally be restricted to the evening hours. While the plain, unpretentious room does not permit the presence of technical installations, lighting is needed for the sculptures and the room itself in the absence of daylight. The stationary spotlights installed in the room are mounted on electrical rails on the inside entrance wall, which also provide space for additional TV spotlights. The entire electrical wiring system in the building was replaced in the course of this installation work. The old GDR lighting elements in the canopy roof above the portico were replaced with new downlights installed in the coffered ceiling. The ceiling was painted in the original colour chosen by Tessenow, and the skylight ring was refinished, after which the Plexiglas dome left over from the GDR period was removed. It was wonderful to see daylight streaming freely into the room after so many years.

In response to the impassioned public discussion regarding the controversial inscription "To the Victims of War and Despotism," two bronze plaques were affixed to the left and right of the entrance to the memorial room. One of these—which bears a passage from Richard von Weiszäcker's famous speech presented on the 40th anniversary of the

Verlegen des
Mosaikpflasters.
Foto 1993.
*Laying of the
mosaic pavement.
Photo 1993.*

Ausgießen der Fugen
des Mosaikpflasters mit
Blei. Foto 1993.
*Lead casting of the joints
in the mosaic pavement.
Photo 1993.*

nen Erkenntnisse werden in einem Gutachten festgehalten, das in den nächsten vier Jahren die Arbeitsgrundlage für sämtliche Natursteinarbeiten am Gebäude bildet.

1995 wird als erstes die Nordfassade restauriert. Die Natursteinflächen werden mit Mikrotrockenstrahl gereinigt, ehe die umfangreichen Einzelarbeiten des Plombenentfernens, des Nachbearbeitens der alten Ergänzungen, des Neuantragens von Steinersatzmasse und die abschließende Retusche erfolgen.

Das Sichtmauerwerk war von Schinkel bewußt nicht verfugt worden, um die Plastizität der Wände zu wahren. Dadurch wurde jedoch das Mauerwerk erheblichen Witterungseinflüssen ausgesetzt. Die Fugen werden nun zurückliegend verfugt, so daß Schlagregen das Mauerwerk nicht mehr schädigen kann. 1996 wird die Ostfassade und 1997 die Westfassade saniert.

Das „Filetstück", die Südfassade als schönste – aber auch schwierigste – Außenwand, wird 1998 als letztes saniert. Hier fließen sämtliche Erkenntnisse und Erfahrungen der drei bereits fertiggestellten Fassaden ein. Im selben Jahr werden auch die Sanierungsarbeiten am Gründungsbauwerk durchgeführt. Die Abdichtung des Mauerwerks erfolgt durch chemische Injektion. An der Ost-, Nord- und Westfassade wird eine Horizontalabdichtung gegen aufsteigende Feuchtigkeit durch Verpressen eines Injektionsgels ausgeführt. Im Zuge dieser Maßnahmen werden im Außenbereich der Ost- und Westfassade Bodenleuchten zum Anstrahlen der Fassaden installiert. Durch die Anstrahlung wird das Bauwerk nachts aus dem dunklen Bereich des Kastanienwäldchens hervorgehoben.

Da am Kupferblechdach über dem Gedenkraum seit 1993 durch Materialermüdung erneut Undichtigkeiten aufgetreten waren, erhält das ganze Dach eine neue Kupferblecheindeckung. Auch der Blitzschutz wird von Grund auf erneuert und im Fassadenbereich so verlegt, daß Ansichtsflächen nicht beeinträchtigt sind.

1999 wartet lediglich das geschädigte Tympanonrelief noch auf die bevorstehende Restaurierung. Wenn auch diese erfolgt ist, entspricht das Gebäude sowohl innen als auch außen wieder den Ansprüchen an ein Architekturdenkmal von hohem Rang.

Die Neue Wache ist nicht nur Schinkels erstes bedeutendes Bauwerk. Sie war auch das erste Gebäude des preußischen Staates nach den gewonnenen Befreiungskriegen und ist nun – nach der Wiedervereinigung – das erste repräsentative Gebäude der Bundesrepublik Deutschland in der Hauptstadt Berlin.

capitulation on May 8, 1985—commemorates not only the victims of the Second World War but those segments of the population persecuted by the National Socialists as well. The second plaque explains the architecture and the history of the Neue Wache.

On November 4, 1993, the Kollwitz sculpture, weighing 400 kilograms, was erected in the Neue Wache and anchored firmly to the granite slab. This event marked the completion of work in the large interior room and the areas in the rear section of the building. The Neue Wache was officially placed under the care of the Historisches Museum, which represents the Ministry of the Interior as building custodian. One hundred and seventy-five years after its completion as a guard building, the Neue Wache was dedicated as the "Zentrale Gedenkstätte der Bundesrepublik Deutschland." On November 14, 1993, five representatives of the highest constitutional organs of the state—Federal President Richard von Weiszäcker, Federal Chancellor Kohl, Bundestag President Rita Süßmuth, Bundesrat Vice-President Voscherau and Chief Supreme Court Judge Roman Herzog—laid wreaths at the site on a cold, wet day to the accompaniment of tones from a single trumpet. The ceremony was overshadowed by loud choruses of protest and attempts by several dozen opponents of the memorial to disrupt the proceedings. Thus, for security reasons, the site was not opened to the public until the following day. The room and the sculpture have a profound effect upon visitors. People enter the room and become silent immediately.

Renovation of the Facades and the Roof

Work in preparation for the renovation of the natural stone facades began in the summer of 1994 with the placement of a "model axis." The characteristics of the sandstone from Saxony in the walls and foundation were tested in the area on the north-east projection for compatibility with various stone restoration products. At the same time, charts were made detailing the damage incurred during the war and documenting the inadequate stone repair work done during the GDR years. These tasks were performed under the guidance of the Berlin State Monument Preservation Bureau. The co-operating specialists determined where material needed to be applied and at which points severely damaged stones were to be replaced with sandstone quadratures. The results of this assessment process were documented in a report which would serve as the basis for all of the natural stone work done during the ensuing four years.

The north facade was restored first in 1995. The natural stone surfaces were cleaned using a micro-sandblasting process, after which the extensive tasks of removing fillings, repairing old restorations, reapplying stone-substitute compound and final retouching were carried out.

Schinkel had deliberately chosen not to grout the joints in the visible masonry in order to preserve the rough plasticity of the walls. As a result, however, the brickwork was exposed to substantial weathering. The joints were refilled and grouted so as to prevent further damage from heavy rains. The east facade was renovated in 1996, followed by the west facade in 1997.

The "tenderloin" of the building, the south facade as the most attractive—and the most difficult—exterior wall, was renovated last in 1998. All of the experience and insights gained in work on the other three facades went into this project segment. Renovation work began on the building foundation the same year. Chemicals were injected to seal the masonry. A horizontal sealing layer designed to block ascending moisture was introduced along the east, north and west facades using a compacted injection jelly. While this work was being performed, ground lights were installed for illumination of the facades. The illuminated structure now stands out clearly amidst the dark surroundings of the Chestnut Grove at night.

Leaks caused by material fatigue appeared in the sheet-copper roof above the memorial room again after 1993, and it became necessary to install a complete new sheet-copper shield over the entire roof. The lightning rods were replaced from the ground up and installed in such a way as to avoid detracting from the appearance of prominently visible surfaces.

All that remains to be renovated in 1999 is the tympanon relief. After completion of this task, the building will once again be able to assert its claim as an architectural monument of the highest order.

The Neue Wache is more than Schinkel's most important architectural work. It was the first building erected by the state of Prussia following its triumph in the wars of liberation and is today—in the post-reunification period—the first official building representing the Federal Republic of Germany in the capital city of Berlin.

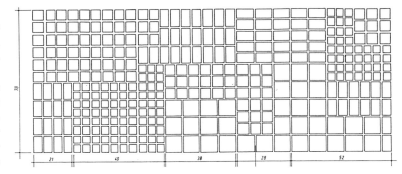

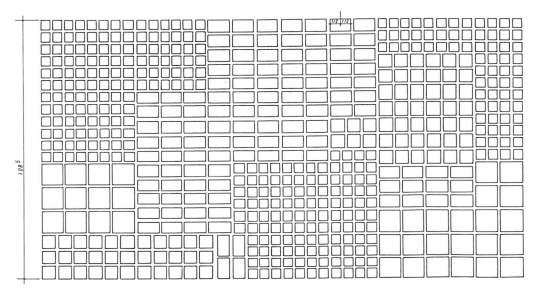

Rekonstruktionszeichnungen der zwei Mosaikmuster des Fußbodens von Tessenow. Hilmer & Sattler, München – Berlin.
Reconstruction drawings of the two mosaic patterns of Tessenow's floor. Hilmer & Sattler, Munich/Berlin.

Generäle Unter den Linden

Tilmann Buddensieg

Die Statuen der Generäle von Bülow und von Scharnhorst wurden am 18. Juni 1822 vor der neuen Wache „ohne jede Feierlichkeit" enthüllt; es gab nur kirchlichen Segen und Volksbelustigung. Die Aufstellung der beiden Marmorstandbilder von Christian Daniel Rauch zu beiden Seiten der Neuen Wache entsprach dem städtebaulichen Vorschlag Karl Friedrich Schinkels ebenso wie die Aufstellung der Bronzestandbilder Rauchs auf der gegenüberliegenden Straßenseite der „Linden" in der Folgezeit: 1826 von Blücher und 1855 von Gneisenau und Yorck von Wartenburg. Die symbolische Ambivalenz in der Darstellung der Zeitereignisse – die ganz in ein persönliches Temperament verlegte Darstellung der Tatkraft von Bülows und von Blüchers, das Philosophisch-Kontemplative des Denkers von Scharnhorst – läßt jeglichen vaterländischen Überschwang oder gar nationalistische Aufwallungen bei Denkmalsweihen vor der Neuen Wache gänzlich fehlen.

Die Schinkelsche Umwandlung des feudalen in ein bürgerliches Berlin an den „Linden" setzt die Bauplastik und die Monumentalskulptur in eine öffentlich wirksame Rolle ein, die sie vermutlich seit der Antike und der Renaissance nicht mehr besessen hat. Jenseits der Baudekoration und des mythischen Herrscherlobes des Barock hat es Schinkel vermocht, mit der kunstpolitischen Einsicht Friedrich Wilhelms III. und dem Genie von Christian Daniel Rauch eine Bilderwelt vaterländischen Gedenkens und Dankens für die Taten und Opfer der Befreiungskriege zu schaffen, die als Konzept eines Jahrzehnts in Europa ihresgleichen sucht. Goethe hat diese Leistungen im persönlichen Verkehr mit Schinkel und Rauch bewundernd verfolgt und von der „grenzenlosen Marmortätigkeit in der Preußischen Hauptstadt" gesprochen.

Läßt sich ohne Kurzschluß eine Lehre aus Schinkels polemischem Dialog mit den absolutistischen „Linden" gewinnen? Keine absoluten Gestaltungssatzungen, keine Uniformität durch Aus-Gleichung und An-Wandlung der alten Bauten, keine „Vermeidung" fremd- und sonderbarer Formgebung in der Straßenwand. Zu bauen wie man wolle – „nicht nur in den Innenraum zwingen, sondern auch an der Straße zulassen" – sofern das Formkonzept sich mit der historischen und zeitgenössischen Umgebung der „Linden" auseinandersetzt.

Wie kolossale Gartenzwerge im Grünen stehen heute drei der Rauchschen Generäle am Opern-Café. Sie sind für den Blick der Cafébesucher bei Käsekuchen und Sahnetorte oder beim Spa-

ziergang im Garten ein kleines bißchen „Erbe". Dieses Abstellgleis am Opern-Café für die bedeutendsten Denkmalstatuen ihrer Zeit, denen Schadow ohne Neid „Eminentz in ganz Europa" zuerkannte, dieses Gartenarrangement – nicht Rauchs Statuen – wird heute vom Ostberliner Schriftsteller Friedrich Dieckmann zum „historischen" und unantastbaren Monument der DDR-Geschichte erklärt, nur weil es gerade mal dreißig Jahre unbeachtet blieb. Dies ist offenbar die letzte Station in einer künstlerischen Leidensgeschichte der bedeutendsten europäischen Denkmalstatuen der ersten Hälfte des 19. Jahrhunderts. Sie belegt den traumatischen Umgang auch mit edelsten Zeugnissen der deutschen Geschichte.

Niemand wird die Entfernung der Statuen nach der Erfahrung von 1945 heute ernsthaft kritisieren oder gar bedauern wollen, daß der ruinöse Zustand des „Wache"-Ensembles damals nicht Gegenstand liebevoller Denkmalpflege sein konnte: „… der, dem eine gegenwärtige Noth die Brust beklemmt und der um jeden Preis die Last (der Geschichte) von sich abwerfen will, hat ein Bedürfnis zur kritischen, das heisst richtenden und verurteilenden Historie", schrieb Friedrich Nietzsche. Wann hätte dies mehr gegolten als nach 1945? Man muß froh sein, daß die Statuen nicht, wie viele andere, als Zeugnisse des preußischen Militarismus in einem säkularen Bildersturm sondergleichen vernichtet wurden, gemäß dem Berliner Magistratsbeschluß vom 30. Oktober 1945, solche Werke „ohne Rücksicht auf den Kunstwert" zu zerschlagen. Schuld- und Schamgefühle arbeiteten sich an materieller Zerstörung von Bauten und Bildern ab; die Neue Wache verdankte ihr Überleben dem Eingriff des russischen Stadtkommandanten.

Unantastbare, authentische, desinfizierte deutsche Geschichte gab es vermeintlich nur nach der „Stunde Null" – 1945 – während ihrer staatssozialistischen Fortsetzung. Nur wenige handverlesene „fortschrittliche" Elemente wurden aus dem vermeintlichen Weg zu Hitler herausgenommen. Selbst wenn so rundherum noble Erscheinungen wie von Scharnhorst nur „lügenhaft" mißbraucht wurden, seien sie unrettbar „verraten und zugrunde gerichtet". Darum gehen sie als Gartenzierat gerade noch an – eine nette Geste.

Mit einem solchen keimfreien „Erbebewußtsein" muß man auch heute noch „vermeiden", so Friedrich Dieckmann am 9. Februar 1999 in der Frankfurter Allgemeinen Zeitung, das von

Schinkel und Rauch stadtöffentlich gestaltete Denkmalskonzept der Neuen Wache und ihrer Statuen wiederherzustellen. Dieses „Vermeiden" wird „sinnvoll" genannt, denn – so das entscheidende Argument – die Feldherrenstandbilder der Befreiungskriege seien „unvereinbar" mit der Funktion der Neuen Wache als Zentraler Gedenkstätte für die Opfer eines Krieges und einer Gewaltherrschaft, in die diese Generäle und auch ihre Bildwerke unrettbar hineingezogen worden seien. Natürlich haben Friedrich Dieckmann und die Kollwitz-Erben darin recht, daß die von Goethe gewürdigte Dankbarkeit der Nation für die Rettung des Volkes aus der „Gewaltherrschaft" Napoleons – die eine Fremdherrschaft war – in einem urbanen Gedenkraum der Neuen Wache „unvereinbar" ist mit den Vernichtungskriegen des Nazi-Regimes. Es muß aber die Frage erlaubt sein, ob diese Unvereinbarkeit nicht das innerste Wesen der deutschen Geschichte des 20. Jahrhunderts bezeichnet. Sie kann und darf auch nicht durch „Vermeiden" oder ins Abseits drängen, durch Unterdrücken, Wegsehen oder Verlesen in Gut und Böse harmonisiert werden. All diese manipulativen Reinigungen, die sich besonders gern auf Kunstwerke und auch nur kurzfristig mißbrauchte Bauwerke, wie Schinkels Prinz-Carl-Palais niederschlugen und austobten, können nicht „vermeiden", daß Berlin mehr als jeder andere Ort in Deutschland, der Schauplatz dieser „Unvereinbarkeiten" ist und für seine Identität sein muß. Das eigentliche Thema von Peter Eisenmans erstem Holocaust-Mahnmal ist seine „Unvereinbarkeit" mit dem Brandenburger Tor als Monument der Aufklärung und mit dem Reichstag als Ursprung der parlamentarischen Demokratie im Deutschen Reich – Orte der Hoffnung auf das „Nie-Wieder".

Einem solchen Auftakt der „Linden" entspricht die „Unvereinbarkeit" einer geschichtlichen Glanzzeit und ihrer Statuen mit der Tragödie der deutschen Geschichte, die die Plastik von Käthe Kollwitz auch als ein „Nie-Wieder" betrauert. Es ist das unbestreitbare Verdienst der Kollwitz-Mutter, die doppelte „Unvereinbarkeit" der Nazi-Greuel und der bürgerlich-heroischen Welt einer preußischen Bürgerarmee mit dem Mittel konventioneller Trauer zum Ausdruck zu bringen.

Siegfried Kracauer schrieb in bezug auf Heinrich Tessenows Mahnmal in der Neuen Wache am 23. Juli 1930 in der Frankfurter Zeitung, wir seien „viel zu uneins, um uns in einer Erkenntnis, die alle verbände, wiederzufinden",

The Generals

Tilmann Buddensieg

Unter den Linden

Standbild des Generals
Gerhard von Scharnhorst.
Ausschnitt aus
Karl Friedrich Schinkels
Zeichnung „Perspektivische
Ansicht des neuen
Wacht-Gebäudes in Berlin".

*Statue of General
Gerhard von Scharnhorst.
Detail from Karl Friedrich
Schinkel's drawing
"Perspective View of
the New Guardhouse in
Berlin."*

The statues of Generals von Bülow and von Scharnhorst were unveiled in front of the Neue Wache on June 18, 1822 "with no ceremony whatsoever." The placement of the two marble figures sculpted by Christian Daniel Rauch at each side of the Neue Wache was in keeping with a proposal by Karl Friedrich Schinkel, as was the erection of Rauch's bronze statues on the opposite side of the "Linden" in later years: that of von Blücher in 1826 followed by those of von Gneisenau and Yorck von Wartenburg in 1855. The symbolic ambivalence in the representation of contemporary historical phenomena—the depiction of the aggressive vitality of von Bülow and von Blücher as an expression of personal temperament and the philosophical, contemplative attitude of the thinker von Scharnhorst—gave no occasion for patriotic exuberance or outpourings of nationalist sentiment at the monument dedication ceremonies outside the Neue Wache.

Schinkels's transformation of feudal Berlin into bourgeois Berlin along Unter den Linden assigned to architectural and monumental sculpture a public function they had presumably not served since ancient times and the Renaissance. Beyond the spheres of baroque architectural decoration and the mythical veneration of rulers, Schinkel succeeded, aided by the receptive art policy of Frederick William III and the genius of Christian Daniel Rauch, in creating a world of images dedicated to memorialising the Fatherland and expressing thanks for the deeds and sacrifices of the Wars of Liberation that remains unparalleled as a concept for a decade in Europe. Goethe observed these achievements with admiration in his personal contact with Schinkel and Rauch and spoke of the "boundless marble work going on in the Prussian capital."

Is there a lesson to be learned, without drawing hasty conclusions, from Schinkel's polemical dialogue with the absolutism of the "Linden"? No absolute principles of design, no uniformity achieved through adaptation and conversion of the old structures, no "avoidance" of unusual and strange forms in the street facade. To build as one wished—"not only forcing things into the interior but allowing them to appear on the street as well"—provided the formal concept that took the historical and contemporary setting of the "Linden" into account.

Today, three of Rauch's generals stand like colossal garden gnomes outside the Opera Café. They are a bit of "cultural heritage" exposed to the gaze of café guests as they eat their cheesecake or whipped-cream cake or to those of people strolling through the park. This resting place for the most important monumental statues of their era, which Schadow recognised without a trace of envy as an "eminence in all of Europe," at the Opera Café, this garden ensemble—not Rauch's statues themselves—has been proclaimed a "historic" and inalienable monument to the history of the GDR by the East Berlin writer Friedrich Dieckmann simply because it went unnoticed for some thirty years. This is obviously the last stage of the artistic history

of suffering of the most significant European monumental statues of the first half of the nineteenth century. It bears witness to the traumas to which even the noblest of the legacies of German history have been subjected.

Today, no one would venture to criticise the removal of the statues after the experience of 1945 or even to express regret that the desolate condition of the "Wache" ensemble was not made the focus of loving monument conservation efforts at the time. ". . . he, whose breast is constricted by a present misery and who seeks to rid himself of the burden (of history) at any price, is in need of critical, that is, corrective and condemning history," wrote Friedrich Nietzsche. When were these words ever more applicable than after 1945? We can be glad that the statues were not destroyed, like many others, as memorials to Prussian militarism in an unparalleled wave of secular iconoclasm in accordance with the Berlin government's order of October 30, 1945, calling for the destruction of such works "without regard for their artistic value." Guilt and feelings of shame were dissipated in acts of material destruction directed at buildings and images. The Neue Wache survived thanks to the intervention of the Russian commandant.

Inalienable, authentic, disinfected German history allegedly began only after the "Zero Hour"—1945—and continued under state socialism. Only a few hand-picked "progressive" elements were excluded from what was regarded as the road to Hitler. Even though such thoroughly noble manifestations as von Scharnhorst had been abused "mendaciously," they were considered irreparably "betrayed and destroyed." And thus they were tolerated as garden adornments—a nice gesture.

From the vantage point of such a sterilised "historical consciousness," we must still "avoid," wrote Friedrich Dieckmann in the "Frankfurter Allgemeine Zeitung" on February

9, 1999, the restoration of the monument concept of the Neue Wache and its statues designed by Schinkel and Rauch for display in public space. This "avoidance" is referred to as "reasonable," for—as the decisive argument goes—the statues of the field marshals of the Wars of Liberation are "incompatible" with the function of the Neue Wache as the National Memorial for the Victims of War and the Despotism, into which the generals and their statues had been irretrievably drawn.

Of course Friedrich Dieckmann and the Kollwitz heirs are right in claiming that the nation's gratitude, so highly praised by Goethe, for the liberation of the people from Napoleon's "despotism"—which was rule by a foreign power—as expressed in an urban memorial room at the Neue Wache is "incompatible" with the wars of destruction pursued by the Nazi regime. Yet one must be permitted to ask whether this incompatibility is not an expression of the innermost essence of German history in the twentieth century. It cannot and must not be harmonised through "avoidance" or displacement, through suppression, denial or reinterpretation in the context of good and evil. All of these manipulative attempts at purification, most often focused with vehemence upon works of art and even temporarily misappropriated architectural works such as Schinkel's Prinz-Carl-Palais, cannot "avoid" the fact that Berlin, more than any other city in Germany, is the scene of these "incompatibilities" and must remain so for the sake of its own identity. The real subject of Peter Eisenman's first Holocaust Memorial is its "incompatibility" with the Brandenburg Gate as a monument to the Enlightenment and with the Reichstag as the wellspring of parliamentary democracy in the German Empire—places of hope for "never again." Such a beginning on the "Linden" accords with the "incompatibility" of a historical period of bloom and its

die Gedächtnisstätte dürfe „nicht viel mehr als ein leerer Raum sein", das sei „der Anstand des Tessenowschen Entwurfs", er habe „den Schmuggel mit metaphysischer Kontrabande zu vermeiden gewußt". Man mag bezweifeln, daß Kracauer eine solche Zustimmung auch der Kollwitz-Mutter ausgesprochen hätte. Auch Tessenows Denkmal nahm den unausweichlichen Konflikt mit Schinkels und Rauchs idealistischem Gedenkraum hin und nutzte ihn als geschichtlichen Kontrast. Die DDR hat diesen Konflikt des historischen Umfeldes mit Tessenow und den beiden eigenen Gedenkräumen nicht als solchen ausgehalten, sondern alles abgeräumt, im Laufe der Jahre einiges wieder aufgestellt und kurz vor der Wende, zum dreißigsten Jahrestag der DDR und zum 175jährigen Jubiläum der Befreiungskriege, alles wieder aufstellen wollen – auf Wunsch Honeckers sogar die Statue von Bülows.

Am 1. Oktober 1991 schrieb auch der Berliner Oberbürgermeister Diepgen in einem Schreiben an die Bülow-Erben, es sei „vom Senat beabsichtigt, den städtebaulich und inhaltlich außerordentlich klaren und eindrucksvollen Gedanken Schinkels aufzugreifen und die Standbilder der preußischen Generäle an ihrem ursprünglichen Ort ... wieder aufzustellen". Damit wird die deutsche Geschichte an diesem Ort wieder ablesbar, von der Zeit der Befreiungskriege bis heute". Dieser unglaubliche Slalomlauf hin zu dem richtigen Ziel wurde unterbrochen durch das Urheberrecht der Kollwitz-Erben. Jetzt wurde das „Unvereinbare" der deutschen Geschichte an diesem Ort nicht mehr „ablesbar" öffentlicher Reflexion ausgesetzt, sondern die korrekte Gesinnung gegen mißbrauchte Geschichte eingeklagt.

Schon Schinkels dorische Neue Wache war, wie sein Museum, in ihrem politisch-utopischen Bezug auf „Griechenlands Größe" ganz „unvereinbar" mit den absolutistischen Prachtbauten an ihrer Seite und gegenüber. Für Schinkel „korrespondierte kein einziges Gebäude mit dem andern in irgendeiner Weise". Für ihn stand „der ideale Styl der Griechen mit vielen neuen Lebensverhältnissen ganz direkt im Widerspruch". Zu diesen rechnete er „das entsetzliche Uniformwesen" und „politische Satzungen". Die Hoffnung, mit dem „Volk der Griechen zu leben ... in all seinen menschlichen und politischen Verhältnissen", so Wolzogen, brachte Schinkel nur in einem idealisierten Erinnerungslied zum Ausdruck: dem Gemälde „Blick in Griechenlands Blüte". Deutlicher durfte man die bürgerlichen Hoffnungen nach den Befreiungskriegen im Medium einer Königlichen Auftragsarchitektur und -plastik nicht formulieren. Das waffenstarrende, in mythologischer Kampf- und Opferbereitschaft überströmende Zeughaus ist nicht weniger „vereinbar" mit Schinkels Neuer Wache

wie mit der Kollwitzbronze. Und was macht man mit den Kampfesgruppen der Giebelfiguren der „Wache" und mit den Skulpturen der Schloßbrücke? Empfiehlt sich auch hier das „Wegsehen"?

Schinkels Botschaft ist ganz einfach und verständlich, am ersten Tag wie heute: Eine Nation braucht das Volk und die Bürger für seinen Bestand. Sie braucht bürgerliche und demokratische Verhältnisse auch in ihrer Armee. Die in Schinkels Werk enthaltene Hoffnung einer Generation, nicht nur für die militärische Befreiung zu kämpfen, sondern auch in einem verfaßten Staat mitzuwirken, ist als gescheiterte Hoffnung auch im Programm der Neuen Wache präsent.

Mit seiner noblen Siegesfeier über die Franzosen stand Schinkel seinerzeit allein. Als sich Caspar David Friedrich, Kleist, Arndt, das Militär und die Bevölkerung in einem hemmungslosen Franzosenhaß ergingen, hat Schinkel die frischen Zeitereignisse in die Sprache der Griechen übersetzt. Damit vermied er rigoros jeden zeitgeschichtlichen Bezug und entzog die kriegerischen Handlungen der konventionellen Ikonographie der Militärs. Weder der König noch seine Generäle, kein preußischer, kein russischer und kein französischer Soldat betreten mit Fahnen, Uniform und Gewehr den Giebel der Neuen Wache. Erst 1828 bildet Rauch auf dem Sockel des Standbildes von Blüchers einen biedermeierlich kleinen und kühlen Einmarsch in Paris ab, eigentlich nur, um die Heimkehr der geraubten Quadriga des Brandenburger Tores darzustellen. Das sollte wenig später mit der phallischen Kanonenorgie der Siegessäule gründlich anders werden.

Von Anfang an wollte Schinkel die Neue Wache mit einem halben Dutzend Ehrenstatuen „verdienter Männer" umgeben, später dachte er an weitere am Alten Museum. Das wären mit Sicherheit nicht ausschließlich Generäle gewesen. Heinrich Heine im Kastanienwäldchen wäre eine schöne Erinnerung. In Köln hat man auch noch zu unseren Zeiten die Verdienten der Stadt zu ehren vermocht. Hätten auch Schinkel und Rauch für ihre Generäle eine mythologisierende Verfremdung wie am barocken Zeughaus gewählt oder hätten sie ihre Generäle wie Antonio Canova seinen Napoleon und wie der englische Bildhauer Sir Richard Westmacott seinen Wellington als splitternackte Heroen dargestellt, sie stünden vermutlich immer noch mit Feigenblatt am Straßenrand.

Schinkel und Rauch entschieden sich statt mythologisierender Heroisierung für die „Weimarer" Persönlichkeit des Denkens und Planens in von Scharnhorst und von Gneisenau, die Tatkraft in von Bülow und von Blücher. Das schlug sich auch in der „griechischen" Verallgemeinerung der Uniform-Details zum antikischen

„Mantel", fast ohne Orden und Rangabzeichen, nieder. Während die Londoner ihren nackten Achill-Wellington belachten, versammelte sich in Franz Krügers Paradebildern die bürgerliche Elite Berlins aus Wissenschaft und Künsten um von Scharnhorst an der „Neuen Wache". Der „mathematische Soldatenprofessor, ... bedeutende Dinge deutend", so Rauch, war einer der Ihren, ebenso wie einer der einfachen Leute: Er hatte sich „für die große Sache des Volkes" gegen die „Fürstenknechte" eingesetzt, so sah Caspar David Friedrich schon 1814 die Verdienste Scharnhorsts. Sein Kollege Yorck spottete über die „demokratische Vorliebe" des „Kosmopoliten".

Friedrich Dieckmann und die Kollwitz-Erben schlagen sich mit ihrem Veto auf die Seite der konservativen Feinde von Scharnhorsts. Wurde Kleists „Prinz Friedrich von Homburg" von der Zensur verfolgt, weil „sein Bild nicht den herkömmlichen Heldenbildern" entsprach, so steht Dieckmanns Zensur in einer vergleichbaren selbstgerechten Tradition: Die Generäle entsprechen weder dem Bild zukunftsfroher Staatssozialisten noch dem Vernichtungsmilitaristen des Zweiten Weltkrieges, den Adolf Judejahns in Wolfgang Koeppens „Tod in Rom". Darum wäre das Ende der Stunde Null für dieses Stadtkunstwerk in der Mitte Berlins kein „roll back" und kein „Schlußstrich", keine Kriegsästhetik und keine Schützengrabenkultur. Hier könnte irgendwann vielleicht sogar ein widerspruchsvolles Zusammenwirken von Schinkel, Rauch und Kollwitz möglich werden.

In diesem Gesamtkunstwerk von Schinkel und Rauch gelang EINMAL in Deutschland ein Bündnis des Bürgertums mit einer Bürgerarmee im Medium öffentlicher Kunst von europäischem Rang.

statues with the tragedy of German history, which Käthe Kollwitz's statue also mourns as a "never again." The undeniable achievement of the Kollwitz Mother is the expression of the dual "incompatibility" of the Nazi horrors and the bourgeois-heroic world of a Prussian citizens' army with conventional forms of mourning.

With reference to Heinrich Tessenow's memorial in the Neue Wache, Siegfried Kracauer wrote in the Frankfurter Zeitung of July 23, 1930, that the German people were "much too disunited to be able to rediscover ourselves in the knowledge of something that would unite us all." The memorial, he wrote, should be "little more than an empty room." That was the "decency of Tessenow's design." Tessenow "was able to avoid the smuggling of metaphysical contraband." There is reason to doubt whether Kracauer would have expressed similar approval of the Kollwitz Mother. Tessenow's memorial also accepted the inevitable conflict with Schinkel's and Rauch's idealistic memorial space and used it for the purpose of historical contrast. The GDR was unable to tolerate this conflict between Tessenow and its own two memorial rooms as such. Instead, it swept everything away at first, later replacing some things and eventually—on the occasion of the 30th anniversary of the founding of the GDR and the 175th anniversary celebration in commemoration of the Wars of Liberation, shortly before the collapse of the regime—planning to put everything back in its place, even the statue of von Bülow (at the special request of Chairman Honecker).

On January 1, 1991, Berlin Mayor Diepgen wrote to von Bülow's heirs, stating that "the Senate intends to take up Schinkel's extraordinarily clear and impressive substantive and urban architectural concept and return the statues of the Prussian generals to their original locations. Thus German history will once again be in evidence at the site, from the Wars of Liberation to this day." This incredible slalom run towards a worthy goal was interrupted by the copyright claims of the Kollwitz heirs. Now the "incompatibilities" of German history were no longer exposed "evidently" to public reflection. Instead, political correctness in dealing with misappropriated history was demanded. Even Schinkel's Doric Neue Wache was, like his museum, entirely "incompatible" in its utopian-political allusion to the "Glory of Greece" with the splendid absolutist structures in whose midst it stood. In Schinkel's view, "not one of the buildings corresponded in any way with another." He felt that "the ideal style of the Greeks was in direct opposition to many of the new circumstances of life," among which he counted "this abominable culture of uniforms" and "political regulations." According to Wolzogen, Schinkel expressed this hope of "living with the Greek people ... in all of their human and political circumstances" only in a single, idealised memorial hymn: the painting entitled "Blick in Griechenlands Blüte." Bourgeois hopes could not be articulated with greater clarity in the medium of royal commissioned architecture in the period following the Wars of Liberation. The weapon-rustling Zeughaus (Armoury), overflowing with expressions of mythological heroism and self-sacrifice, is no less "incompatible" with Schinkel's Neue Wache than with the bronze Kollwitz statue. And what about the groups of combatants on the gables of the "Wache" and the sculptures on the Schloßbrücke? Should we "just look the other

Die Neue Wache Unter den Linden mit den Marmorstandbildern von Bülows und von Scharnhorsts. Im Vordergrund rechts zwei der drei Bronzestandbilder auf der Südseite der Linden. Blick von Südwesten. Foto um 1940.
The Neue Wache on Unter den Linden with the marble statues of von Bülow and von Scharnhorst. In the right foreground are two of the three bronze statues on the south side of Unter den Linden. View from the southwest. Photo ca. 1940.

way" with respect to them as well? Schinkel's message is quite simple and understandable, then and now: a nation needs its people and its citizens in order to survive. It needs civil order and democratic relationships in its army as well. Schinkel's work expresses the hope of a generation not only to fight for military liberation but to participate in a constitutional state as well. It is also evident as a failed hope in the program of the Neue Wache.

In his own time, Schinkel stood alone with his noble celebration of triumph over the French. While Caspar David Friedrich, Kleist, Arndt, the military and the populace were engaged in an uninhibited outpouring of anti-French sentiment, Schinkel translated the recent events into the language of the Greeks. In doing so, he rigorously avoided references to contemporary history and removed the actions of war from the conventional iconography of military art. Neither the king nor his generals and no soldiers—Prussian, Russian or French—appear with flags, uniforms and arms on the gables of the Neue Wache. It was not until 1828 that Rauch depicted a small, subdued, Biedermeier-style march into Paris on the base of the statue of von Bülow and actually only for the purpose of memorialising the return of the "Quadriga" chariot that had been stolen from the Brandenburg Gate. The appearance of the phallic cannon orgy of the Victory Column somewhat later was a different matter entirely.

Schinkel planned from the outset to surround the Neue Wache with a half dozen statues in honour of "worthy men." He later considered placing others at the Altes Museum. These figures would surely not all have been generals. A statue of Heinrich Heine in the Chestnut Grove would have been an appealing memory. Cologne honours the achievements of great servants of the city even in our day.

Had Schinkel and Rauch opted for the kind of mythological alienation of their generals that is evident in the baroque Zeughaus or had they represented their generals as nude heroes, like Antonio Canova did his Napoleon and the English sculptor Sir Richard Westmacott his Wellington, we would presumably still find them standing with their fig leaves along the street today. Instead of mythological heroism, Schinkel and Rauch chose to present the "Weimar" personalities of thought and action in von Scharnhorst and von Gneisenau, the decisive vitality of von Bülow and von Blücher. This also found expression in the "Greek"-style generalisation of the uniform details in a kind of "toga" with very few medals and badges of rank. While the residents of London laughed at their naked Achilles-Wellington, the bourgeois intellectual and artistic elite of Berlin were shown gathered around von Scharnhorst at the "Neue Wache" in Franz Krüger's exemplary paintings. The "mathematical soldier-professor, . . . interpreting things of great significance," as Rauch expressed it, was one of their own and a man of the common people as well. He had taken up the "great cause of the people" against the "vassals of the Prince," as Caspar David Friedrich described Scharnhorst's achievements as early as 1814. His colleague Yorck had nothing but scorn for the "democratic leanings" of the "cosmopolitan."

With their veto, Friedrich Dieckmann and the Kollwitz heirs have joined the ranks of Scharnhorst's conservative opponents. Kleist's Prinz Friedrich von Homburg was censured because "his painting" did not correspond to "traditional images of heroes," and Dieckmann's censure has its place in much the same self-righteous tradition. The generals correspond neither to the image of optimistic state socialists nor to that of the military engineer of destruction of the Second World War as personified by Adolf Judejahn in Wolfgang Koeppen's "Tod in Rom." Thus the end of the Zero Hour for this urban work of art in the centre of Berlin is not a "roll back" and not a "bottom line"; it is neither war aesthetics nor trench culture. Some day, perhaps, even a richly contradictory interaction between Schinkel, Rauch and Kollwitz might become possible.

This total work of art by Schinkel and Rauch represents the ONLY alliance ever achieved in Germany between the citizenry and a citizens' army in the medium of European-class public art.

Als vor noch nicht einmal sieben Jahren in Bonn der neue Plenarbereich des Deutschen Bundestages eingeweiht wurde, da bemerkte ein Beobachter über diesen fragilen Kreissaal des Stuttgarter Architekten Günter Behnisch, der durchsichtige Parlamentspavillon sei die definitive Absage an die Möglichkeit des Ernstfalls. Daß dieser nun eingetreten ist, daß der Umzug aus dem Bonner Glashaus in das Berliner

Heinrich Wefing

Abschied vom Glashaus

In Berlin entsteht die Architektur für die Zeit
nach der Nachkriegszeit

Reichstagsgebäude just in eine Zeit fällt, da sich Deutschland zum ersten Mal nach der bedingungslosen Kapitulation 1945 wieder im Krieg befindet, ist eine drastische Pointe. Denkbar plakativ illustriert sie, wie sich das Land verändert und mit ihm das Bild, das es in seinen Bauten von sich entwirft. Der Austausch der steinernen Verpackung macht nur den Wandel im politischen Inhalt anschaulich.

Daß sich mit dem Umzug von Bonn nach Berlin etwas verschieben würde in der architektonischen Selbstdarstellung der Republik, das war nicht schwer vorherzusehen. Die Indizien sind schnell genannt: Aus dem Regierungsviertel am Rheinufer, das zwischen Obstgärten und den Bootshäusern akademischer Ruderclubs buchstäblich auf der grünen Wiese wuchs, ziehen Parlament und Exekutive in den innersten Kern einer Millionenstadt. Statt in mehr oder weniger ansehnlichen Nachkriegsbauten residieren Ministerien und Verwaltungen künftig ganz überwiegend in Gemäuern, die im Kaiserreich, in der Weimarer Republik oder im „Dritten Reich" entstanden sind. Während die Rheinaue weitgehend eine geschichtsfreie Zone war, wurzelt in Berlin alles Neue tief im Alten.

Am deutlichsten wird die Veränderung der gewohnten Bilder im Vergleich zwischen dem alten und dem neuen Sitz des Bundestages. Behnischs hinreißender Bau, hell, offen und ein wenig schräg, ist der architektonische Ausdruck eines Lebensgefühls, das sich komfortabel in der „posthistoire" eingerichtet hatte und dem alle traditionellen Würdeformeln, alle Achsen,

Symmetrien, alle Natursteinwände suspekt waren. Paul Wallots Berliner Reichstagsgebäude hingegen, 1894 in einem synthetischen Nationalstil vollendet, jetzt von Sir Norman Foster aufwendig umgestaltet, schwelgt geradezu in kolossalen Säulenordnungen, stemmt schwer lastende Giebel über schattenreiche Pfeiler, imponiert mit breiten Freitreppen.

Ebendeshalb hat Günter Behnisch das Reichstagsgebäude einmal „überheblich, anmaßend und scheußlich" genannt – und damit eine verbreitete Auffassung formuliert, die zuletzt den überflüssigen Streit um den Namen des Parlamentssitzes grundierte. Behnisch wünschte sich und der Volksvertretung statt des abweisenden Solitärs, der für ganz andere Werte stehe als das Grundgesetz, ein „neues, offenes, heiteres Gebäude". Natürlich klang in diesen Worten auch Enttäuschung über die Entwertung des eigenen Werkes mit, Frustration darüber, mehr als zwanzig Jahre lang ein Parlament für Bonn geplant und gebaut zu haben, das bereits im Augenblick seiner Fertigstellung durch den Berlin-Beschluß des Bundestages überflüssig geworden war. Aber es wäre falsch, in Behnischs Polemik wider den Reichstag allein persönliche Verbitterung zu sehen. Er formulierte vielmehr noch einmal – in aller Kürze – das Programm der Bonner Staatsarchitektur.

Seit der Architekt Hans Schwippert 1948 die Mauern der Pädagogischen Akademie in Bonn aufgerissen und den am Rheinufer entstehenden Plenarsaal mit zwei deckenhohen Fensterwänden versehen hatte, präsentierte sich die

Bundesrepublik vor aller Augen im Glashaus. Weit öffneten sich die hellen Räume der Zukunft, um die Vergangenheit in Bunkern, Erdlöchern und Luftschutzkellern vergessen zu machen. Aber Schwipperts „Haus der Offenheit und des Gesprächs" sollte nicht nur ein massenpsychologisches Trauma lindern helfen. Seine Architektur war mehr als eine bloße Lichttherapie für die Volksseele.

Schwippert wollte aufklären, das Dasein ganz im Sinne des klassischen „enlightenment" erhellen: „Die Politik ist eine dunkle Sache; schauen wir zu, daß wir etwas Licht hineinbringen", notierte Schwippert, von der Nähe der Begriffe „Einblick" und „Einsicht" verführt, dem Charme der traditionellen Konnotation von Licht und Wahrheit erlegen. Fortan gehörte die gläserne Transparenz politischer Bauwerke in der Bundesrepublik zum guten architektonischen Ton. Kaum ein Bau, der ihrer Repräsentation diente, der nicht als Schaufenster der Demokratie konzipiert worden wäre: die Pavillongruppe auf der Weltausstellung 1958 in Brüssel, das Kanzleigebäude der Botschaft in Washington, der Kanzlerbungalow im Park des Palais Schaumburg, das Bundesverfassungsgericht in Karlsruhe. Stets galt: „Wer transparent baut, baut demokratisch."

Neubeginn aus der Negation

Daß diese sehr schlichte Gleichung durchaus ernst genommen wurde, daß sie eine alltagstaugliche Konsensformel bot, gleichsam den kleinsten symbolischen Nenner der Republik,

Farewell to the Glass House

*The Emergence of Post-Postwar Architecture
in Berlin*

Heinrich Wefing

Less than seven years ago, at the inauguration of the new plenary hall of the German Bundestag in Bonn—a fragile glass circle by the Stuttgart architect Günter Behnisch—an observer remarked that this transparent parliamentary pavilion constituted the definitive rejection of the possibility of war. How ironic that the transfer of the Bundestag from the glass house in Bonn to the Reichstag building in Berlin should fall just at a moment when—for the first time since its unconditional capitulation in 1945—Germany once again finds itself at war. As simplistically as imaginable, this coincidence illustrates how much the country has changed, and with it the image it presents of itself in its buildings. The change of stone packaging only manifests the shift of political content.

It was not hard to predict that the move from Bonn to Berlin would bring a change in architectural self-representation. Leaving behind the government district on the banks of the Rhine—a quarter that literally sprang up on the green meadow between orchards and the boathouses of academic rowing clubs—the parliament and the executive branch are moving into the innermost core of a metropolis of millions. In the future, ministries and bureaus will no longer reside in more or less handsome buildings from the postwar era, but primarily within walls that were erected in the imperial age, the Weimar Republic, or the Third Reich. For the most part, the Rhine valley was a history-free zone; in Berlin, everything new is deeply rooted in the old.

The change of accustomed images is most visible in the comparison between the old and new seat of the Bundestag. Behnisch's breathtaking building—light, open, and a little offbeat—is the architectural expression of a way of life that had settled comfortably into "posthistoire" and for which all traditional dignities—axes, symmetries, natural stone masonry—were suspect. Paul Wallot's Reichstag building in

Berlin, on the other hand, completed in 1894 in a synthetic national style and now elaborately renovated by Sir Norman Foster, revels in colossal orders, heaves ponderous pediments aloft on deeply shadowed pillars, commands respect with broad exterior stairways.

It was for this very reason that Günter Behnisch once described the Reichstag building as "arrogant, presumptuous, and hideous"—giving vent to a widespread view that has most recently manifested itself in the pointless battle over a name for the parliamentary seat. Instead of this standoffish solitaire, which supposedly stood for quite different values than constitutional ones, Behnisch wished for a "new, open, bright building" for himself and the representatives of the people. Naturally these words also reflected his disappointment at the devaluation of his own work, his

frustration at having spent more than twenty years planning and building a parliament hall for Bonn that became superfluous the very moment of its completion through the Bundestag's decision to move to Berlin. But it would be wrong to reduce Behnisch's polemic against the Reichstag to mere personal bitterness. Rather, with all possible brevity, he once again formulated the aim of state architecture in postwar Germany.

From the moment the architect Hans Schwippert tore open the walls of the Pedagogical Academy in Bonn in 1948 and installed two ceiling-high walls of windows in the plenary hall on the banks of the Rhine, the Federal Republic of Germany staged its self-representation in a glass house accessible to the eyes of all. The light-filled spaces opened themselves up wide to the future, banishing the memory of

zeigte sich nicht zuletzt darin, daß sich immer wieder Kritiker berufen fühlten, sie ad absurdum zu führen. Die Fachzeitschrift „Bauwelt" etwa schrieb 1992 anläßlich der Einweihung des Bonner Plenarbereichs: „Politik wird nicht dadurch transparenter, daß man sie im Glashaus präsentiert." Wohl wahr. Freilich nahmen manche Kritiker auch ihrerseits die Metapher wohl allzu wörtlich und übersahen dabei deren eigentlichen Reiz. Der lag nicht im Inhalt der Transparenz-Formel, sondern in ihrer Trennschärfe. Mag die Bonner Republik in den vierzig Jahren ihrer Existenz meist auch nur eine diffuse Vorstellung davon gehabt haben, welches positive Bild ihrer selbst sie entwerfen sollte, so wußten doch alle Beteiligten stets ganz genau, wie sie nicht sein und bauen wollten: wie das „Dritte Reich".

Als in Bonn die ersten Provisorien für Parlamentarier und Beamte hergerichtet wurden, da ging es nicht nur darum, das Vorläufige, auf kurze Frist Bemessene der Unterkünfte zu demonstrieren, sondern mindestens ebensosehr um die Inszenierung eines Neubeginns. Es galt, sich vom vorangegangenen Regime abzusetzen. Bis in die Details der Möblierung formulierte der weiße Kubus des Parlamentssitzes in der Pädagogischen Akademie eine Antithese: Seine Offenheit und Helligkeit, seine Bescheidenheit und Zurückhaltung waren das genaue Gegenteil des wuchtigen Neoklassizismus repräsentativer NS-Bauten. Zumindest sahen und verstanden Schwipperts Zeitgenossen das so. Ihnen dröhnten noch die Ohren von der Propaganda der

Nationalsozialisten. Mit der Behauptung, Architektur sei steingewordene Weltanschauung, war es Hitlers Baufunktionären gelungen, bestimmte Formen derart für sich in Anspruch zu nehmen, daß nach 1945 jede Säule kontaminiert schien, jede Natursteinwand verdächtig wirkte. Kubus, Pfeiler, Reihung und Axialität wurden – und werden bis heute – vielfach mit Machtherrlichkeit und Menschenverachtung assoziiert. Zumal der Neoklassizismus in Speerscher Spielart galt nach Kriegsende und bis weit in die achtziger und frühen neunziger Jahre hinein als ideologisch durchsäuert und gefährlich. Der architektonische Feind stand in der Bundesrepublik immer rechts, in der steinernen Ecke. Schwipperts Glashaus für den Bundestag in den Formen einer aus dem Exil reimportierten Moderne verkündete dagegen den republikanischen Konsens des „Nie wieder!": Nie wieder sollte staatliche Architektur einschüchtern, nie wieder sollten Worte aus Stein von Macht und Herrschaft dröhnen. Der erste Bonner Plenarsaal war damit – ebenso wie all die Glashäuser der Republik, die ihm bald folgen sollten – eben das, was der Hamburger Kunsthistoriker Martin Warnke einen „Gegenbau" genannt hat: ein polemischer Entwurf, dessen Wesen die Negation ist.

Tatsächlich verhalf die Inszenierung des Bruchs, in dem Verdrängung und Neubeginn verschmolzen, Westdeutschland rasch zu neuem Ansehen im Ausland. Über die von Egon Eiermann und Sep Ruf entworfenen Bauten für die Weltausstellung 1958 etwa schrieb der Pariser „Figaro",

die Deutschen seien „zurückgekehrt vom Kolossalen in den ruhigen Garten der klugen Kinder Europas". Anknüpfend an den kristallinen Barcelona-Pavillon von Ludwig Mies van der Rohe, entwarfen die beiden Architekten acht Glaswürfel, die Haltung und Verhaltenheit im Schatten einer schwer erträglichen Vergangenheit signalisierten.

Diese Selbstdarstellung auf Zehenspitzen regierte offiziell bis zuletzt. Gegen die nationalsozialistische „Überwältigungsarchitektur" glaubte Behnisch auch vierzig Jahre nach Kriegsende noch anbauen zu müssen. Seine Bonner Architektur bezog ihren Antrieb wesentlich aus der Vergangenheit und wurde vom Imperativ ihrer Überwindung gelenkt. Der Schlußstrich, den dieses Glashaus ganz wie seine Nachkriegs-Vorgänger mit großer Delikatesse zelebriert, zeugt natürlich von nobler Gesinnung, aber auch von einer merkwürdigen Fixierung.

Daß bauhistorische Untersuchungen spätestens seit den achtziger Jahren neben dem berüchtigten Neoklassizismus eine verwirrende Vielzahl weiterer Strömungen innerhalb der Architektur unter dem Hakenkreuz ausgemacht hatten, daß der Blick über die Grenzen zeigt, daß in den dreißiger Jahren auch anderswo neoklassizistische Fassaden die Bauten von Staat und Behörden zierten, daß die amerikanische Historikerin Barbara Miller Lane in ihrem Buch „Architektur und Politik in Deutschland 1918-1945" sogar ausdrücklich resümierte, die „offiziellen Bauten des Nazi-Regimes" hätten „keine Abweichung

Reichstagsgebäude in Berlin. Blick ins Innere der Kuppel mit dem verspiegelten Kegel über dem Plenarsaal und den beiden spiralförmigen Rampen für Auf- und Abstieg beim Besuch der Aussichtsplattform. *The Reichstag building in Berlin. View into the interior of the dome with the mirrored cone above the plenary hall and the two spiral ramps for ascending and descending the observation platform.*

the past spent in bunkers, holes in the ground, and air-raid shelters. But Schwippert's "house of openness and dialogue" was more than just relief for a mass-psychological trauma, more than mere light therapy for the national soul.

What Schwippert was trying to do was to illumine, to shed light on existence in the classical sense of "enlightenment": "Politics is a dark business; let's see that we bring some light into it," he noted, seduced by the related concepts of "perspicacity" and "insight," charmed by the traditional connotations of light and truth. From that point on, glass transparency was considered politically and architecturally correct for state buildings in the Federal Republic of Germany. Hardly an official structure was not conceived as a display window of democracy—the pavilion group at the 1958 world exposition in Brussels, the embassy building in Washington, D.C., the chancellor's bungalow in the park of Schaumburg palace, the Federal Supreme Court building in Karlsruhe. And always the maxim held sway: "To build transparently is to build democratically."

Negation as New Beginning

This simple comparison was taken very seriously, offering a formula for real-life consensus, the lowest common symbolic denominator, as it were. Its pervasiveness showed itself not least of all in the fact that over and over again, critics felt compelled to take it to the point of absurdity. In 1992, for example, on the occasion of the inauguration of the plenary hall in Bonn, the architectural journal "Bauwelt" noted: "Politics does not become more transparent by being presented in a glass house." No doubt true. To be sure, many critics also took the metaphor too literally and so overlooked its true charm. For its power lay not in the content of the transparency formula, but in its power of distinction. During most of the forty years of its existence, the

Bonn republic may have had only a vague notion of the positive image it wanted to present of itself; yet there was never a doubt in anyone's mind as to what they didn't want to resemble, either politically or architecturally: the Third Reich.

When the first provisional quarters for parliamentarians and officials were set up in Bonn after the war, the aim was not only to demonstrate the temporary nature of the accommodations—intended only for the short term—but to stage a new beginning. The concern was to distance oneself from the previous regime. Down to the details of the furnishings, the white box of the seat of parliament in the Pedagogical Academy formulated an antithesis: its openness and lightness, modesty and reserve were the exact opposite of the massive neoclassicism of monumental Nazi buildings.

Or at least that's how Schwippert's contemporaries saw and understood it. Their heads were still ringing with National Socialist propaganda. Asserting architecture as a worldview in stone, Hitler's architectural functionaries had so thoroughly succeeded in appropriating particular forms that after 1945, every column seemed contaminated, every stone wall suspect. Cubes, pillars, rows, and axiality were—and still are—often associated with despotism and disdain for human rights. Furthermore, from the postwar years until well into the 1980s and early 90s, neoclassicism of Speerian stamp was considered ideologically tainted and dangerous. In the Federal Republic of Germany, the architectural enemy always stood to the right, in the stone corner.

Schwippert's glass house for the Bundestag, on the other hand—based on modernist forms re-imported from exile—announced the republican consensus of the "never again!": never again should state architecture be intimidating, never

again should words of stone proclaim power and domination. Thus the first plenary hall in Bonn—like all the glass houses of the republic that would soon follow—was what Hamburg art historian Martin Warnke called a "Gegenbau" (counter-building): a polemical design whose essence is negation.

And in fact this staging of the break—a mixture of repression and turning over a new leaf—helped West Germany quickly attain new respect abroad. The buildings designed by Egon Eiermann and Sep Ruf for the world exposition in 1958, for example, prompted the Parisian newspaper "Figaro" to write that the Germans had "returned from the colossal to the quiet garden of the prudent children of Europe." Inspired by the crystalline Barcelona Pavilion of Ludwig Mies van der Rohe, the two architects designed eight glass boxes that signaled poise and restraint in the shadow of an almost unbearable past.

This self-representation on eggshells dominated official architecture until only recently. Even forty years after the end of the war, Behnisch still felt compelled to build against the Nazi "architecture of subjugation." His Bonn architecture essentially defined itself in relation to the past and was guided by the necessity of overcoming it. Like its postwar predecessors, this glass house celebrates its rejection of the past with great delicacy; yet it bears witness not only to noble-mindedness, but also to a strange fixation.

For at the same time, studies in architectural history since the 1980s at the latest have identified a confusing plethora of architectural currents associated with the swastika, above and beyond the infamous neoclassicism, while a look beyond national boundaries shows that in the 1930s, neoclassicist facades adorned buildings of state in other countries as well. Furthermore, in her book "Architecture and Politics in Germany 1918-1945," the American historian

von der allgemeinen Entwicklung der europäischen Architektur" jener Zeit dargestellt – all das wurde kaum zur Kenntnis genommen. Im Gegenteil, die außerordentliche ideologische Bedeutung, die führende Nationalsozialisten der Architektur zumaßen, und die intensive politische Propaganda, die mit ihr betrieben wurde – laut Miller Lane der entscheidende Unterschied zwischen der Entwicklung der NS-Architektur und der übrigen europäischen Baugeschichte – diese intensive Architekturpropaganda wirkt in den Bilderverboten, die sich die bundesdeutsche Staatsarchitektur auferlegte, untergründig fort.

Zumindest anfangs war dieser Verzicht auf alle großen Gesten weder Lüge noch Täuschung. Niemand vermißte etwas. Eine Architektur der geräuschlosen und nahezu unsichtbaren Verwaltung genügte allen Repräsentationsbedürfnissen. Die Bonner Republik ist lange ohne prägnante Form und ohne gesteigerte Gefühle ausgekommen. Man darf darin mit dem Soziologen Heinz Bude eine „tiefe Übereinstimmung mit den Lebensweisen des westdeutschen Wahlvolks sehen". Behnischs Plenarsaal für den Deutschen Bundestag ist geradezu das Symbol der den Deutschen höchst erwünschten Diskontinuität der deutschen Geschichte – ganz so, wie es die historisch voraussetzungslose Hauptstadt Bonn von Anfang an war. Noch einmal schuf Behnisch mit seinen Mitteln – Stahlträgern, Glasscheiben, Lochblechen – jenes „Transitorium" neu, das nach Theodor Heuss das Wesen der Bonner Republik ausmachte.

Zurück zu Kuppel und Säule

Ganz gewiß war auch nichts falsch an der Bescheidenheit, solange sie, wie bei Hans Schwippert, bei Egon Eiermann, Sep Ruf, Paul Baumgarten und wohl auch noch bei Behnisch, tief empfundene moralische Notwendigkeit war, gleichsam eine Karenzzeit nach den Exzessen des Symbolischen im „Dritten Reich". Der bewußte Verzicht auf alles Repräsentative aber verkam im Laufe der Zeit weithin zur bürokratisch exekutierten Floskel, fand seine Gestalt in einer „ewigen Verlegenheit", einem „an den Straßenrand gewürfelten Kisten-Allerlei", das schon vor Jahren ein Beobachter beklagte. Gelegentlich nahm die verordnete Unauffälligkeit gar Züge von Verfolgungswahn an: Jede Natursteinwand, jede Freitreppe standen sofort und permanent unter Verdacht, so daß sogar ein buntschillernder, vielfach ironisch gebrochener Bau wie James Stirlings Stuttgarter Staatsgalerie gleich als faschistoid gelten konnte.

Doch dieser Reflex beginnt nicht erst seit dem Mauerfall zu erlahmen. Spätestens seit Mitte der achtziger Jahre ist an die Stelle des entsetzten Starrens auf das Erbe der NS-Architektur dessen differenzierte Erforschung durch Kunsthistoriker getreten. Die Distanz zur „Stunde Null" wächst, die von Behnisch noch ein letztes Mal leichthändig inszeniert wurde. Und es ist nicht einmal mehr völlig undenkbar, daß mit der Staatsarchitektur auch wieder Staat zu machen sei. Sogar in Bonn wurden erste entsprechende Versuche unternommen,

aber sie wurden kaum registriert, weil Behnischs glänzendes Finale, der Plenarsaal, alle Aufmerksamkeit auf sich zog.

Das Gästehaus der Bundesregierung auf dem Petersberg beispielsweise markiert den definitiven Abschied vom Provisorium. In der Wahl der Mittel nicht immer geschmackssicher, aber von einem neuen Willen zur Repräsentation beflügelt, entstand da zwischen 1985 und 1990 ein marmorsattes Stilkompositum, das von der üblichen Bonner Bescheidenheit nichts mehr wissen wollte. Auch die neue Residenz des deutschen Botschafters in Washington, von dem Kölner Architekten Oswald Mathias Ungers von 1988 bis 1994 als strahlend weißer Kubus auf einem terrassierten Hügel oberhalb des Potomac errichtet, führte eine Haltung in die bundesrepublikanische Offizialarchitektur ein, die ihr lange fremd war. Die beherrschende Lage oberhalb der Stadt, die dramatische Geste der kantigen Pfeilerreihe zitierten ohne jede Ironie traditionelle Architekturmetaphern, die als Zeichen von Selbstbewußtsein und Macht in der Baugeschichte eindeutig besetzt sind.

Der Wandel in der architektonischen Selbstdarstellung, der nun in den Berliner Bauten vollends offenbar wird, ist natürlich nie zentral geplant worden. In der offenen Gesellschaft ist er notwendig das Produkt komplexer artistischer und wissenschaftlicher Reflexionen, Resultante historisch-politischer Entscheidungen, die meist unter Zeitdruck gefällt oder schlicht vom Zufall bestimmt werden – „architecture by discussion". Auch die Gestaltfindung

Blick von Invalidenstraße und Invalidenpark auf den künftigen Gesamtkomplex des Bundesministeriums für Verkehr, Bau- und Wohnungswesen in Berlin. Computersimulation.
The future complex of the Federal Ministry of Transport, Building and Housing in Berlin. View from Invalidenstraße and Invalidenpark. Computer simulation.

Barbara Miller Lane expressly stated that the "official buildings of the Nazi regime" constituted "no departure from the general development of European architecture" of the time. Yet all of this was hardly noticed. On the contrary, the extraordinary ideological significance attributed to architecture by leading National Socialists, as well as the intensive propagandistic uses to which it was put—according to Miller Lane the key difference between the development of Nazi architecture and the rest of European architectural history—continued to exert its subliminal influence in the self-imposed iconoclasm of West German state architecture.

In the beginning, at least, this rejection of grand gesture was neither a lie nor a delusion. No one missed anything. An architecture of noiseless and nearly invisible administration sufficed for all representational needs. For a long time, the Germany of the Bonn years managed quite well without monumental form or exaggerated feelings, an attitude that may in fact—to quote the sociologist Heinz Bude—manifest "deep-seated conformity to the way of life of West German voters." Behnisch's plenary hall for the Bundestag is the veritable symbol of that discontinuity of German history so ardently wished for by Germans—like the historically untainted capital of Bonn itself. Using his own means—steel girders, glass, perforated plate—Behnisch recreated that "transitorium" which, according to Theodor Heuss, constituted the essence of the Bonn republic.

The Return to Dome and Column

There was nothing wrong with modesty, as long as it sprung—as was the case with Schwippert, Eiermann and Ruf, Paul Baumgarten, and probably also with Behnisch—from a deeply felt moral necessity, a sort of waiting period after the symbolic excesses of the Third Reich. Over the course of time, however, the conscious rejection of everything monumental degenerated into a bureaucratic formula, coming to expression in an "eternal embarrassment," a "jumble of boxes stacked up at the edge of the street," as an observer complained years ago. Occasionally, this programmatic inconspicuousness even verged on paranoia: every natural stone wall, every exterior stairway stood under immediate and permanent suspicion, so that even a colorful, shimmering, largely ironic building like James Stirling's Staatsgalerie in Stuttgart was immediately accused of fascist leanings.

Yet this reflex has begun to fade, and not merely since the fall of the Berlin Wall. Since the mid-1980s at the latest, the horrified gaping at the legacy of Nazi architecture has been replaced by more differentiated art historical investigation. The distance to the "zero hour"—staged one last time by Behnisch—is increasing. Nor is the idea of parading state architecture even unthinkable any more. The first attempts in that direction were made even in Bonn, though they were hardly noticed, overshadowed as they were by Behnisch's shining finale, the plenary hall.

The guest house of the federal government on the Petersberg, for example, marks the definitive farewell to the makeshift. Not always foolproof in its choice of means, but inspired by a new will to monumentality, a marble-rich composite of styles was built there between 1985 and 1990, a structure that wanted to have nothing more to do with the traditional Bonn modesty. In a similar way, the new residence of the German ambassador in Washington—a glowing white cube on a terraced hill above the Potomac, built from 1988 to 1994 by the Cologne architect Oswald Mathias Ungers—introduced a long-foreign posture into German official architecture. Without irony, the commanding site above the city and the dramatic gesture of the angular row of piers invoke traditional architectural metaphors historically associated with self-assertion and power.

Naturally this change in architectural self-representation—now more fully revealed in the buildings in Berlin—was never centrally planned. In an open society, it necessarily constitutes the product of complex artistic and scholarly reflections, the result of historical-political decisions made under pressure or simply determined by chance—"architecture by discussion." The architecture for the capital city of Berlin has likewise emerged from this kind of continuous discourse, tending toward the middle and enforcing compromises. Rather than succumbing to the occasional call for a radical new beginning, the building patrons felt their way along step by step, always mindful of the reactions their decisions would provoke abroad. Vacillating between the poles of rupture and continuity, flight from history and nostalgia, the republic in Berlin has finally embraced a somewhat greater consciousness of architectural history and performed a few stretching exercises, though without completely abandoning the Bonn tradition of traditionlessness. The American journalist Michael Wise fittingly characterized this tentative, considered approach—the tension between "Neo-Teutonia" and the administrative village—with the phrase "Capital Dilemma."

To be sure, many of the debates seemed at first only to prolong familiar battles. Conservatives such as the historian and journalist Michael Stürmer decried Bonn as the "ashamed capital of an ashamed state" and called for the recovery in Berlin of "symbols, style, and architecture that evoke something of a sense of state that appeared superfluous for forty years in light of the German past and the European future." Others, such as the architectural historian Heinrich Klotz, issued resounding warnings against a "Berlin of national self-aggrandizement." In the gentle light of nostalgia that set in immediately after the decision

Bundesministerium für Verkehr, Bau- und Wohnungswesen im Altbau der ehemaligen Geologischen Landesanstalt und Bergakademie und Erweiterungsbau des Architekten Max Dudler. *The Federal Ministry of Transport, Building and Housing, located in the old building of the former Geologische Landesanstalt and Bergakademie with the extension by architect Max Dudler.*

der Berliner Hauptstadtarchitektur war solch ein ununterbrochener Diskurs, der zur Mitte zielte und zu Kompromissen zwang. Statt dem Ruf nach einem radikalen Neubeginn nachzugeben, der hier und da erhoben wurde, tasteten sich die Bauherren Schritt für Schritt voran, immer besorgt, wie das Ausland auf die Entscheidungen reagieren werde. Zwischen den Polen Bruch und Kontinuität, Geschichtsflucht und Vergangenheitsseligkeit schwankend, hat sich die Republik in Berlin schließlich etwas mehr bauhistorisches Bewußtsein verordnet und einige Lockerungsübungen absolviert, ohne die Bonner Tradition der Traditionslosigkeit gänzlich aufzugeben. Der amerikanische Publizist Michael Wise hat dieses Tasten und Wägen, den Zwiespalt zwischen „Neuteutonia" und Verwaltungsdorf mit dem unübersetzbaren Wortspiel vom „Capital Dilemma" auf den Punkt gebracht. Viele der Debatten schienen dabei zunächst nur vertraute Schlachtreihen zu verlängern. Während Konservative wie etwa der Historiker und Publizist Michael Stürmer Bonn als die „verschämte Hauptstadt eines verschämten Staates" schmähten und forderten, in Berlin endlich „auch in den Symbolen, in Stil und Architektur etwas von jener Staatsbildung nachzuholen, die wegen der deutschen Vergangenheit und europäischen Zukunft vierzig Jahre überflüssig schien", warnten andere, der Bauhistoriker Heinrich Klotz beispielsweise, ziemlich dröhnend vor einem „Berlin der nationalen Selbstüberhebung". Im milden Licht der sogleich nach dem Umzugsbeschluß einsetzenden No-

stalgie verklärten sie die Bonner Bauten zum genuinen Ausdruck von Heiterkeit und Zivilität. So weit, so wenig überraschend. Das Erstaunliche, das Neue aber war der Ausgang der Diskussionen. Anders als in früheren Jahren nämlich gewannen immer häufiger eben die Positionen die Oberhand, die in Bonn nie eine Chance gehabt hätten.

Im langen, quälenden Streit um die Reichstagskuppel konnten sich die Historisten zwar nicht vollends durchsetzen und eine Rekonstruktion des gesprengten Originals erzwingen. Immerhin aber brachten sie den als spröden Modernisten ausgewiesenen Architekten Sir Norman Foster dazu, überhaupt eine Kuppel zu errichten und damit ein uraltes Hoheitszeichen, wenn auch in zeitgenössisch verwandelter und ökologisch korrekter Gestalt. Auch im Wettbewerb für den Neubau eines Bundespräsidialamtes nahe Schloß Bellevue wurde nicht irgendein schwebend-transparenter Pavillon oder eine weiße Villenarchitektur prämiert, obwohl auch die zur Auswahl standen, sondern ein selbstbewußter Solitär aus schwarzpoliertem Stein, der so offensichtlich für die relative Ewigkeit gebaut ist, daß ihm Bundespräsident Roman Herzog höchstselbst größere Fenster und eine etwas hellere Außenhaut verordnen mußte. Im Wettbewerb für das neue Bundeskanzleramt schließlich standen sich zwei Entwürfe in der engsten Wahl gegenüber, in denen sich gewissermaßen der altbundesrepublikanische Gottseibeiuns materialisierte. Das eine Projekt, verfaßt von dem Berliner Büro Krüger, Schuberth, Van-

dreike, präsentierte einen kaum verhüllten Neoklassizismus samt Ehrenhof und doppelstöckiger Kolonnadenreihe, deren Wucht von den hingetuschten Freihandzeichnungen nur mühsam kaschiert wurde. Und der andere Vorschlag, von Axel Schultes vorgelegt, sollte nach dem Willen des Architekten mit seinen fast völlig geschlossenen Mauern ausdrücklich „dem Volk Staat zeigen". Mittlerweile hat der am Ende siegreiche Schultes zwar die strenge Grafik seines Entwurfes kleingearbeitet und die abweisenden Wände in Bürotrakte mit Klimagärten aufgelöst. Gleichwohl behalten seine Räume – das zeigt sich schon beim Gang über die Baustelle – Kraft und Wucht, ja Pathos, während die Hauptfassade schlicht opernreif daherkommt. Von dem bronzierten Tripelkatafalk des Bonner Kanzleramtes ist sein Berliner Pendant denkbar weit entfernt.

Dieser Wandel in der deutschen Selbstdarstellung ist die Frucht einer komplizierten Gemengelage. Eine neue, durchaus nicht nur konservative Sehnsucht nach Symbolen verschmilzt da mit dem in Berlin ohnehin dominanten Mißtrauen gegenüber der funktionalistischen Moderne in der Architektur. Vor allem aber, ist der entscheidende Motor des Umbruchs, erlebt die Bundesrepublik den zweiten großen Generationswechsel nach 1945. Nicht zufällig haben mit Gesine Weinmiller, Thomas Müller und Ivan Reimann, mit Martin Gruber und Helmut Kleine-Kraneburg, Max Dudler, den Eller-Brüdern sowie Krüger, Schuberth, Vandreike – die Reihe ließe sich fortsetzen – viele junge

Eckdetail des
Erweiterungsbaus des
Bundesministeriums für
Verkehr, Bau- und Woh-
nungswesen des Archi-
tekten Max Dudler.
*Corner of the extension
of the Federal Ministry
of Transport, Building and
Housing by the architect
Max Dudler.*

near Bellevue palace, the prize was won not by a hovering, transparent pavilion or a white villa—though such were also available for selection—but by a self-confident solitaire of black polished stone, so obviously built for relative eternity that Federal President Herzog himself had to request larger windows and a somewhat lighter exterior skin. Finally, in the competition for the new Federal Chancellery, two front runners emerged, both of whose designs embodied, as it were, the old political Beelzebub.

The one project, designed by the Berlin office of Krüger, Schuberth, Vandreike, presented a scarcely veiled neoclassicism complete with cour d'honneur and two-story colonnade, its weight poorly camouflaged in the freehand ink drawings. The other proposal, a structure with almost completely closed walls designed by Axel Schultes, was, in the architect's own words, expressly intended to "show the people the state." In the meantime, Schultes—who emerged victorious in the end—has toned down the strict graphics of his design and dissolved the forbidding walls into office wings punctuated by planted atriums. Nonetheless, as a visit to the construction site shows, his spaces preserve their power and weight, even pathos, while the main facade is straight from the opera. The Berlin chancellery is as far removed from the bronzed triple catafalque of its pendant in Bonn as could be imagined.

This change in German self-representation is the fruit of a complicated and ambiguous position. A new longing for symbols—not only on the conservative side—is fused with a mistrust of functional modernism, an attitude already prevalent in Berlin. But above all—and this is the decisive motor of the revolution—the Federal Republic of Germany is experiencing the second great change of generation since 1945. It is no coincidence that a number of young architects, all in their mid-thirties or early forties—Gesine Weinmiller, Thomas Müller and Ivan Reimann, Martin Gruber and Helmut Kleine-Kraneburg, Max Dudler, the Eller brothers, and Krüger, Schuberth, Vandreike, to name only a few—have received important and symbolic commissions in Berlin or at least have won important competitions: for the Office of the Federal President, the expansion of the Foreign Office, the Federal Chancellery, the Reichstag building, the Monument to the Murdered Jews of Europe. The urge to laugh in front of columns, as Günter Eich once described it years ago, no longer tickles these architects.

Not even Gesine Weinmiller. Her project for the controversial Berlin Holocaust memorial, which made it to the final round, called for a row of supports on the front wall of a stone garden. Critics promptly identified this element of the design as a monumental pillared hall, a quotation of Speer's architecture of intimidation. Even a few years ago, this objection alone would have been enough to ensure the rejection of the proposal. Now, however, Gesine Weinmiller was able to interpret the row of supports as a neutral "filter" between the memorial space and an ascending stairway, without destroying her chances; in a podium discussion, moreover, she was even able to advance the thesis that architectural forms are inherently neutral, that what matters is how they are used—a position that elicited not enraged opposition, but only irritated murmuring.

Young architects are once again admitting the possibility of forms that for decades were considered taboo, rediscover-

to move the capital, the Bonn buildings were declared the genuine expression of serenity and civility. So far, hardly surprising. What was new and astonishing, however, was the outcome of the discussion. Unlike earlier years, positions increasingly won the upper hand that would never have had a chance in Bonn.

In the long, tortuous struggle over the dome of the Reichstag, the historicists did not entirely succeed in forcing a reconstruction of the destroyed original; yet they did manage to bring the architect Sir Norman Foster—heretofore known as a terse modernist—to the point of erecting a dome at all and therewith an ancient symbol of power, if in a contemporary, ecologically correct form. Similarly, in the competition for the new Office of the Federal President

Architekten, alle Mitte Dreißig, Anfang Vierzig, einige der symbolträchtigen Berliner Bauaufträge erhalten oder zumindest wichtige Wettbewerbe gewonnen: für das Bundespräsidialamt, den Erweiterungsbau des Außenministeriums, das Kanzleramt, das Reichstagsgebäude, für das „Denkmal für die ermordeten Juden Europas". Der Lachreiz vor Säulen, von dem Günter Eich vor Jahren einmal schrieb, kitzelt diese Architekten nicht mehr.

Auch Gesine Weinmiller nicht. In ihrem Projekt für das umstrittene Berliner Holocaust-Mahnmal, das bis in die letzte Auswahlrunde gelangte, sah sie an der Stirnwand ihres Steingartens eine Stützenreihe vor. Prompt identifizierten Kritiker diesen Entwurfsbestandteil als monumentale Pfeilerhalle und wollten darin ein Zitat Speerscher Imponier-Architektur erkennen. Noch vor wenigen Jahren wäre der Vorschlag allein aufgrund dieses Einwandes erledigt gewesen. Nunmehr aber konnte Gesine Weinmiller die Stützenreihe als neutralen „Filter" zwischen Gedenkraum und einer aufwärts führenden Treppe deuten, ohne sich ihrer Chancen zu berauben. Mehr noch, sie konnte während einer Podiumsdiskussion sogar die These vertreten, architektonische Formen seien per se unschuldig, entscheidend sei der Umgang mit ihnen – und stieß damit nicht auf wütenden Widerstand, sondern nur auf irritiertes Gemurmel.

Die jungen Architekten halten Formen wieder für möglich, die jahrzehntelang tabu waren, und sie entdecken jene Geschichte als Inspirationsquelle neu, die den Alten stets suspekt war. Günter Behnisch, Jahrgang 1922, zählt sich längst selbst zu den Letzten, „die die Geschichte von der Weimarer Republik an noch mit sich schleppen. Ich merke schon, daß diejenigen, die diese Geschichte nicht durchlebt haben, mit geschichtlichen Ereignissen, mit visuellen Erscheinungen sorgloser umgehen." Aber was bei Behnisch unterschwellig noch ein wenig nach Leichtfertigkeit klingt, ist wohl eher eine gewisse Entkrampfung.

„Jetzt, da wir die Chance haben, eine neue Hauptstadt zu bauen, wäre es ein Fehler, nicht auch Zuversicht und Selbstvertrauen zu demonstrieren", sagt Helmut Kleine-Kraneburg, der Architekt des neuen Bundespräsidialamtes, und sein Partner Martin Gruber erklärt ihren dunkel-geheimnisvoll schimmernden Idealbau neben Schloß Bellevue gar zur „Befreiung von all den Lasten, die der Architekturdebatte aufgebürdet wurden, einschließlich der Fiktion einer ‚demokratischen Architektur'". Auch Walter Karschies, im Bundespräsidialamt zuständig für den Neubau des ovalen Solitärs von Gruber und Kleine-Kraneburg, registriert die Veränderungen. Der Beamte berichtet, er nehme in der Zusammenarbeit mit den Architekten „immer

Bundespräsidialamt Berlin. Ansicht des Neubaus vom Spreeweg. Architekten Gruber & Kleine-Kraneburg, Frankfurt am Main.

Office of the Federal President in Berlin. View of the new building from the Spreeweg. Architects Gruber & Kleine-Kraneburg, Frankfurt/Main.

wieder deren Erstaunen über die Skrupel wahr, die ich mit mir herumtrage. Ich bin älter als sie, und die Erfahrungen meiner Generation haben auch mich geprägt. Unsere Gespräche sind sehr fruchtbar, aber gelegentlich schlagen sie eine architektonische Lösung vor, die ihnen selbstverständlich erscheint, und ich muß dann vor diesem oder jenem Fettnäpfchen warnen."

Tatsächlich kehren hier und da traditionelle Pathosformeln in die deutsche Repräsentationsarchitektur zurück, auf die Bonn stets allergisch reagierte: ein quasibarocker Cour d'honneur vor Axel Schultes Kanzleramt beispielsweise, die helle hohe Halle des Bundespräsidialamtes – und natürlich die Reichstagskuppel. Aber darin zeigt sich weder neuerwachte Großmannssucht noch gar totalitäres Gedankengut. Selbst den etwas größer geratenen Bundesadler im Reichstagsgebäude stellte Bundestagspräsident Wolfgang Thierse mit der Bemerkung vor, es sei das denkbar zahmste Wappentier.

Die preisgekrönten Entwürfe und ausgeführten Berliner Bauten verbindet kein heikler Wille zur Macht, sondern allenfalls eine neue Unbefangenheit gegenüber der Vergangenheit. Zum ersten Mal seit 1945 trauen sich Bauherren und Baumeister wieder, steingewordene Geschichte nicht mehr nur zu leugnen, sie hinter Rabitz zu verstecken oder gar abzureißen, wie bei Paul Baumgartens Umbau des Reichstagsgebäudes in den sechziger Jahren. Sie unterscheiden vielmehr, gewiß gelegentlich ein wenig forsch und selbstherrlich, zwischen guter und schlechter Architektur, statt Pfeilerreihen und Sandstein-

fassaden rundweg zu verdammen. Das Verhältnis der Gegenwart zur übrigen Zeit – das ist der Kern der Veränderungen – hat sich gewandelt, Vergangenheitswahrnehmung und Zukunftserwartung wurden gegenläufig neu codiert: Die Zukunft ist kein Fluchtpunkt mehr wie noch in Bonn, die Vergangenheit keine Tabuzone mehr. Der Abschied vom Glashaus markiert das Ende der Angst vor der Baugeschichte.

Überarbeitete Fassung eines Vortrages, den der Autor am 17. März 1999 in der Bonner Bundeskunsthalle anläßlich der Ausstellung „Umzug – Zug um Zug" des Bundesamtes für Bauwesen und Raumordnung gehalten hat. Veröffentlicht in der Frankfurter Allgemeinen Zeitung vom 17. April 1999.

ing a source of inspiration in history, ever-suspect to an older generation. Günter Behnisch, born in 1922, has long characterized himself as one of the last "who still carry around the baggage of history since the Weimar Republic. I notice that those who did not experience that history are more uninhibited in their treatment of historical events and visual appearances." The frivolity that Behnisch's words almost seem to imply, however, is probably really only a certain relaxation.

"Now that we have the chance to build a new capital, it would be a mistake not to show confidence and self-assurance," says Helmut Kleine-Kraneburg, architect of the new Office of the Federal President. His partner, Martin Gruber, goes so far as to describe their dark, mysteriously shimmering ideal building next to Bellevue palace as a "liberation from all the burdens imposed upon the architectural debate, including the fiction of a 'democratic architecture.'" Walter Karschies, the official in the Federal President's Office in charge of the building of Gruber and Kleine-Kraneburg's new oval solitaire, likewise senses the change. Regarding his work with the architects, he notes: "I constantly perceive their amazement at the scruples I carry around with me. I am older than they are, and the experiences of my generation have had an effect on me as well. Our discussions are very fruitful, but occasionally they will suggest an architectural solution that seems self-evident to them, and I have to warn them against this or that gaffe."

Here and there, elements of a traditional pathos are returning to German monumental architecture, motifs to which Bonn always reacted allergically: a quasi-Baroque cour d'honneur in front of Axel Schultes' Chancellery, for example, or the light, high hall of the Office of the Federal President—and of course the dome of the Reichstag. But such elements manifest neither newly awakened megalomania nor even totalitarian ideology. Even the somewhat larger federal eagle in the Reichstag building was introduced by Bundestag president Thierse with the remark that it was the tamest imaginable heraldic animal.

What the prizewinning designs and executed buildings in Berlin share is not a dubious will to power, but at the most a new lack of inhibition with respect to the past. For the first time since 1945, clients and architects are no longer denying history in stone, plastering over it, or even tearing it down, as with Paul Baumgarten's renovation of the Reichstag building in the 1960s. Instead, they are drawing distinctions—if occasionally a bit bluntly and highhandedly—between good and bad architecture, rather than subjecting rows of pillars and sandstone facades to blanket condemnation.

The relation of the present to the rest of time—it is here that the essence of the change lies—has been transformed, the perception of the past and the expectation for the future recoded in contrary directions: unlike in Bonn, the future is no longer a vanishing point, the past no longer a taboo. The farewell to the glass house marks the end of the fear of architectural history.

Revised version of a lecture given by the author on March 17, 1999, in the Bundeskunsthalle in Bonn on the occasion of the exhibition "Umzug – Zug um Zug" ("Moving – Move by Move") of the Federal Office for Building and Regional Planning. Published in the Frankfurter Allgemeine Zeitung on Saturday, April 17, 1999.

Bundespräsidialamt in Berlin. Blick in die Innenhalle.

Office of the Federal President in Berlin. View of interior hall.

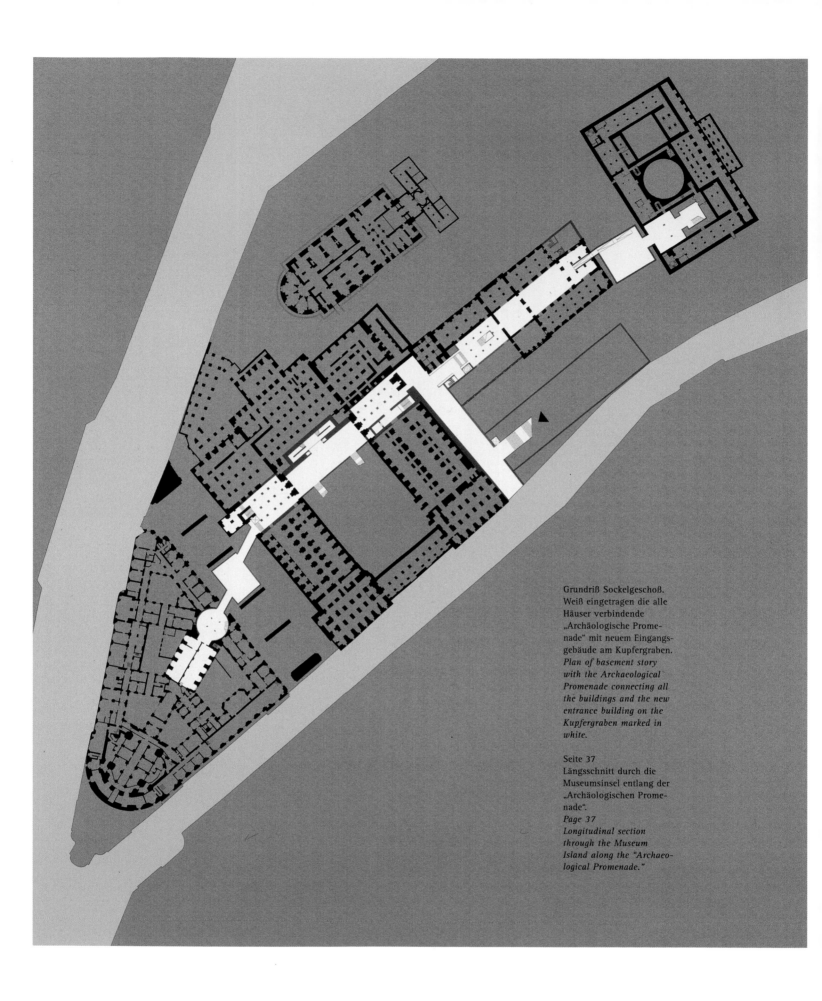

Grundriß Sockelgeschoß.
Weiß eingetragen die alle
Häuser verbindende
„Archäologische Prome-
nade" mit neuem Eingangs-
gebäude am Kupfergraben.
*Plan of basement story
with the Archaeological
Promenade connecting all
the buildings and the new
entrance building on the
Kupfergraben marked in
white.*

Seite 37
Längsschnitt durch die
Museumsinsel entlang der
„Archäologischen Prome-
nade".
*Page 37
Longitudinal section
through the Museum
Island along the "Archaeo-
logical Promenade."*

Die mehrjährige Diskussion um einen angemessenen Umgang mit der Museumsinsel unter Berücksichtigung denkmalpflegerischer und museumsfunktionaler Anforderungen, führte zu der Notwendigkeit, sich im Anschluß an die Wettbewerbsplanungen der Jahre 1994 und 1997 noch einmal mit den übergeordneten Fragestellungen des Gesamtensembles auseinanderzusetzen. Im Spannungsfeld einer intensiven Beschäftigung mit der Sicherung der einzelnen Baudenkmäler einerseits und den An-

Planungsgruppe Museumsinsel

Gesamtkonzept

Museumsinsel

Bauherr *client*
Stiftung Preußischer Kulturbesitz, Berlin
Bundesamt für Bauwesen und Raumordnung
Hans-Peter Misol, Barbara Grosse-Rhode,
Lothar Fehn
Nutzer *user*
Stiftung Preußischer Kulturbesitz, Berlin /
Staatliche Museen zu Berlin

Architekten *architects*
Planungsgruppe Museumsinsel
David Chipperfield Architects, London,
Hilmer & Sattler, München – Berlin,
Heinz Tesar, Wien

Planungstermine *project stages*
Entwurfsbeginn *start of design* **1998**
Baubeginn *start of construction* **2000**
Voraussichtliche Fertigstellung
expected completion **2010**

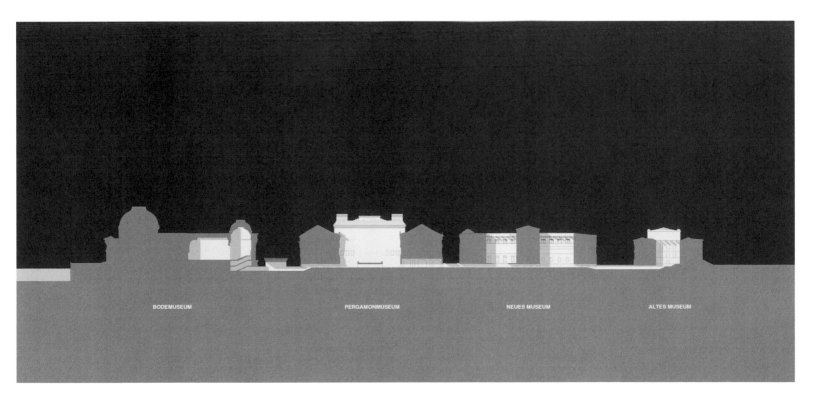

BODEMUSEUM   PERGAMONMUSEUM   NEUES MUSEUM   ALTES MUSEUM

forderungen an einen zeitgemäßen Museumskomplex andererseits entstand das vorliegende
„Gesamtkonzept Museumsinsel".

Der Bauherr beschloß 1998 unter Zustimmung
aller an der Planung Beteiligten, die auf der
Insel bereits planerisch tätigen Architekturbüros David Chipperfield Architects, Hilmer &
Sattler und Heinz Tesar mit der gemeinsamen
Gesamtplanung zu beauftragen und somit die
vertieften Kenntnisse über die Einzelgebäude in
die Gesamtplanung einfließen zu lassen. Unter
der Federführung von David Chipperfield
Architects wird seit Juli 1998 daran gearbeitet.
Die offene Arbeitsatmosphäre und die zahlreichen Workshops mit allen Entscheidungsträ-
gern und Planern ermöglichten eine positive
Entwicklung der Planung, die hier als Grobkon-
zept veröffentlicht ist.

Seit 1990 haben sich für die Gesamtplanung
wesentliche Rahmenbedingungen auf und im
Umfeld der Insel verändert. So steht den Staatlichen Museen heute der südliche Teil des
Kasernengeländes am Kupfergraben zur Verfügung. Erst durch eine intensive Nutzung dieser
Liegenschaft wird die dringend notwendige und
schon vor 1989 in Teilen vorgesehene Entla-
stung der Museumsinsel von Sekundärfunktionen zugunsten von Ausstellungsfunktionen
möglich. Aus den Ergebnissen der Wettbewerbe
der Jahre 1994 und 1997 wurden von allen
Beteiligten wesentliche Erkenntnisse nicht nur
zu den eingeschränkten Möglichkeiten der
funktionalen Verflechtungen, sondern auch zu
den Grenzen der vertretbaren Eingriffe und
Veränderungen in der Gesamtanlage gewonnen.
So konnten im Rahmen der nun vorliegenden
Gesamtplanung das Neue Museum von zentralen Eingangsfunktionen entlastet und der
geplante Neubau am Kupfergraben auf wenige,
übergeordnete Funktionsbereiche beschränkt
werden.

Städtebau und Denkmalpflege

Die Bauten auf der Museumsinsel lassen sich in
zwei Gebäudegruppen mit unterschiedlichen
Orientierungen unterteilen. Das Alte Museum,
als Gegenüber zum ehemaligen Stadtschloß
geplant, bildet zusammen mit der Alten Nationalgalerie und dem Neuen Museum ein nach
Süden hin orientiertes Ensemble. Neues
Museum und Alte Nationalgalerie verkörpern
einen Teil des 1841 von Friedrich August Stüler
entworfenen Gesamtplanes, eines Forums der
Künste und Wissenschaften am nördlichen
Ende der Spreeinsel. Das Pergamonmuseum und
das Bodemuseum hingegen sind nach Nordwesten zum Kupfergraben hin ausgerichtet. Der
durch die Zerstörung des Packhofgebäudes von
Karl Friedrich Schinkel entstandene Platz im
Westen des Neuen Museums hat keine klare
stadträumliche Zugehörigkeit zu den bestehen-

Blick von Norden über die
Museumsinsel zum Schloß-
platz mit der während des
Sommers 1993 installierten
Attrappe der historischen
Schloßfassade.

*View of the Museum Island
from the north, looking
toward the Schloßplatz with
the simulation of the Schloß
facade installed during the
summer of 1993.*

Master Plan Museum Island *Planungsgruppe Museumsinsel*

After the competitions of 1994 and 1997, the several year-long discussion about an appropriate treatment of the Museum Island, taking into account the restorational and functional requirements, led to the necessity of retackling the overriding questions concerning the whole ensemble. The existing "Master Plan Museum Island" was developed in the realm of conflict between the intensive consideration of the restoration of the individual building monuments and the requirements of a contemporary museum complex.

In 1998, the client and all parties involved in the planning decided to commission the architects' offices already undertaking planning work on the island—David Chipperfield Architects, Hilmer & Sattler and Heinz Tesar—for the overall planning. In this way the acquired in-depth knowledge of the individual buildings could be used. Work has been undertaken since July 1998, headed by David Chipperfield Architects. The open working atmosphere and the numerous workshops with all decision-making parties and planners enabled a positive development of the planning, here published as a rough concept.

Since 1990 essential terms have changed for the overall planning on and around the Museum Island. The southern part of the barracks grounds on the Kupfergraben is now available to the Staatliche Museen. Only through an intensive usage of this property will it be possible to relieve the Museum Island of auxiliary functions in favour of exhibition purposes, as is urgently required and has been planned in part since before 1989. From the competition results in 1994 and 1997, essential knowledge was gained by all participants, not only concerning the restrictions to functional relationships, but also the limits of tenable structural changes to the overall complex. Within the framework of the current master plan, the Neues Museum could be relieved of the central entrance functions and the new building on Kupfergraben could be restricted to a few comprehensive function areas.

Urban Development
and Restoration:

The buildings on the Museum Island can be divided into two groups with differing orientations. Together with the Old National Gallery and the Neues Museum, the Altes Museum planned opposite the former Stadtschloß forms an ensemble facing south. The Neues Museum and the Old National Gallery embody a section of the overall plan designed by Friedrich August Stüler in 1841, a forum of the arts and sciences at the northern end of the island. The Pergamon Museum and the Bode Museum, on the other hand, face north-west towards the Kupfergraben. The space exposed to the west of the Neues Museum by the demolition of the former "Packhof" building by Karl Friedrich Schinkel has no urban sense of belonging to the existing buildings. It is located at the back of the Neues Museum and to the side of the Pergamon Museum. Its orientation to the south and west access points, however, make it a pivotal central point of the Museum Island. The Museum Island consists of a group of solitary buildings, which originally, with the exception of the Old National Gallery, were connected to one another for functional reasons via bridges. From the point of view of the Planungsgruppe, the idea of link constructions between the individual buildings negates the original free-standing character of the buildings. The Planungsgruppe has therefore tried to regain the urbanistic character of the Museum Island and at the same time fulfil the museum requirements of a structural linking of the collection areas. Each building should remain autonomous and maintain the significance of its historic entrance.

The Programme:

The exhibition concept of the Staatliche Museen, already in existence since 1990 to a large degree, calls for the unification of the archaeological collections of the Stiftung Preußischer Kulturbesitz in a joint museum complex for the first time in its history. The Pre- and Early History Museum, the Museum of Near Eastern Antiquities, the Egyptian Museum, the Antiquities Collection, the Museum of Late Antiquity and Byzantine Art and the Islamic Collection will be brought together on the Museum Island. They are to be interpreted not merely as a summation of separate collection areas, but also as elements of a Museum of Antiquity. Historical, geographical and thematic points of contact are the object of collectively designed exhibition areas. Within the collection areas, cross-subject complexes should refer to the neighbouring collections. A new collectively used temporary exhibition area rounds off the concept.

On different tours the visitor should be given the opportunity of experiencing one or several of the collections to a differing degree. A main tour should create access to the most-visited exhibits. On this tour, groups will above all be led to the large pieces of architecture in the Pergamon Museum, without disturbing other individual visitors. The structural link of the collection areas is an integral component of this concept.

The large numbers of visitors expected require the planning of up-to-date central infrastructural facilities on the Museum Island. These areas and additional exhibition spaces require above all the relocation of storage and administration areas.

den Bauten. Er liegt an der Rückseite des Neuen Museums und seitlich des Pergamonmuseums. Seine Orientierung zur südlichen und westlichen Erschließung jedoch macht ihn zum Dreh- und Angelpunkt der Museumsinsel.

Die Museumsinsel besteht aus einer Gruppe von Solitärbauten, die, mit Ausnahme der Alten Nationalgalerie, aus funktionalen Gründen über Brücken miteinander verbunden waren. Diese Idee der Verbindungsbauten zwischen den einzelnen Gebäuden negiert nach Ansicht der Planungsgruppe den ursprünglichen Charakter freistehender Gebäude. Daher hat die Planungsgruppe versucht, diesen städtebaulichen Charakter der Museumsinsel wiederzugewinnen und gleichzeitig den musealen Anforderungen nach einer baulichen Verbindung der Sammlungsbereiche gerecht zu werden. Jedes Gebäude soll weiterhin autark bleiben und die Bedeutung seines historischen Eingangs beibehalten.

Das Programm

Die weitgehend schon seit 1990 vorliegende Ausstellungskonzeption der Staatlichen Museen sieht vor, die Archäologischen Sammlungen der Stiftung Preußischer Kulturbesitz erstmals in ihrer Geschichte zu einem gemeinsamen Museumskomplex zusammenzuschließen. Das Museum für Vor- und Frühgeschichte, das Vorderasiatische Museum, das Ägyptische Museum, die Antikensammlung, das Museum für Spätantike und Byzantinische Kunst und die Islamische Sammlung werden auf der Museumsinsel zusammengeführt. Sie verstehen sich nicht nur als eine Summierung getrennter Sammlungsbereiche, sondern auch als Elemente eines Museums für Antike. Historische, geographische und thematische Berührungsfelder sind Gegenstand gemeinsam gestalteter und beschickter Ausstellungsteile. Innerhalb der einzelnen Sammlungsbereiche sollen themenübergreifende Komplexe auf Nachbarsammlungen verweisen. Ein neuer gemeinsam genutzter Wechselausstellungsbereich rundet die Konzeption ab.

Durch unterschiedliche Rundgänge soll dem Besucher die Möglichkeit geboten werden, eine oder mehrere Sammlungen in der von ihm gewünschten Tiefe zu erfahren. Ein Hauptrundgang soll die meistbesuchten Ausstellungsstücke erschließen; auf ihm werden vor allem Gruppen zu den Großarchitekturen im Pergamonmuseum geführt, ohne den normalen Museumsbetrieb zu stören. Die bauliche Verbindung der Sammlungsbereiche ist integraler Bestandteil dieser Konzeption.

Die zu erwartenden hohen Besucherzahlen erfordern die Planung von zeitgemäßen zentralen Infrastruktureinrichtungen auf der Museumsinsel. Diese Bereiche und zusätzliche Ausstellungsflächen verlangen nach der Auslagerung vor allem von Depot- und Verwaltungsbereichen.

Das Gesamtkonzept

Das vorliegende Gesamtkonzept Museumsinsel sieht im Wesentlichen vier bauliche Eingriffe vor:
• erstens, die Einführung einer Verbindung der Baukörper auf der heutigen Ebene 0 der Museumsinsel ("Archäologische Promenade");
• zweitens, den Bau eines neuen zentralen Eingangsbauwerks mit Wechselausstellungsbereich auf der Freifläche am Kupfergraben;
• drittens, die Verbindung des Nord- und Südflügels des Pergamonmuseums am Kupfergraben zur Verbesserung des hausinternen Rundgangs und Nutzung des Ehrenhofes für die Ägyptische Großarchitektur;
• viertens, Neubauten auf dem Gelände der ehemaligen Friedrich-Engels-Kaserne zur Schaffung von Verwaltungs-, Depot- und Werkstattflächen.

Die "Archäologische Promenade" verbindet die Innenhöfe des Alten Museums, des Neuen Museums, des Pergamonmuseums und die kleine Kuppel des Bodemuseums miteinander. Sie schafft einen neuen Ausstellungsbereich auf der bislang für Depots genutzten Ebene 0 der Museen, der mit fächer- und sammlungsübergreifenden Themen bestückt wird. In die vorhandenen Gebäude muß nur geringfügig eingegriffen werden, da sich die Promenade weitgehend auf vorhandenen Flächen bewegt. Neu gebaut werden müssen nur drei Verbindungsstücke. Die unterschiedlich ausgerichteten Erschließungssysteme der Einzelgebäude werden so miteinander verbunden ohne in sie einzugreifen. Die Promenade wird zu einer spannenden Raumsequenz hoher und niedriger Räume. Sie kann über jedes Museum und über das neue Eingangsgebäude westlich des Neuen Museums am Kupfergraben betreten werden. Dieses Gebäude hat die Aufgabe, infrastrukturelle Einrichtungen für die große Zahl der zukünftig zu erwartenden Besucher zu bieten. Geführte Besuchergruppen gelangen über das neue Eingangsgebäude in die Archäologische Promenade und von dort zu den wichtigsten Ausstellungsstücken im Pergamonmuseum. Der Besucher erhält einen kurzen Einblick in die Sammlungen. Die historischen Eingänge der Museen bleiben erhalten und bewahren ihre ursprüngliche Bedeutung für den Individualbesucher. Im Pergamonmuseum werden die antiken Großarchitekturen unter anderem um die Aufstellung des Ägyptischen Tempels und des Kalabschators ergänzt. Die Verbindung des Nord- und Südflügels im Westen verbessert wesentlich die hausinternen Rundgänge und schafft Raum für eine neue öffentlich zugängliche Eingangshalle. Von hier aus kann der Besucher auch das neue Eingangsgebäude und die bislang weitgehend nicht öffentlich betretbaren Außenräume der Museumsinsel erreichen.

Das Sockelgeschoß wird für Ausstellungsflächen und Servicefunktionen umgenutzt. Die zur Zeit dort untergebrachten Sekundärfunktionen wandern auf das Gelände der ehemaligen Friedrich-Engels-Kaserne, wo die neuen "Museumshöfe" mit der wissenschaftlichen Verwaltung, Restaurierungswerkstätten und Studiendepots entstehen. Hier soll eine neue Adresse für ein nationales und internationales Fachpublikum geschaffen werden.

Das direkte städtebauliche Umfeld der Museumsinsel ist in die weitergehenden Planungen einbezogen. Vor allem die Straße am Kupfergraben und die Bodestraße spielen für die Erschließung der Museumsinsel eine wichtige Rolle. Beide Bereiche sollen für Fußgänger aufgewertet werden und enger in die Freiraumgestaltung auf der Insel einbezogen werden. Die Anbindungen an den öffentlichen Nahverkehr werden ebenso thematisiert, wie die umgebenden Grünflächen, Wasserwege und Uferzonen.

Das Gesamtkonzept formuliert eine Vision für die Museumsinsel. Es vereint das neue Konzept für die Präsentation der Archäologischen Sammlungen auf der Museumsinsel unter Bewahrung der "Campus-Qualitäten" des Ensembles von Architekturdenkmälern. Die "Archäologische Promenade", die sich zwischen dem Alten Museum und dem Bodemuseum aufspannt, verkörpert zusammen mit dem neuen Ausstellungs- und Eingangsgebäude die Zusammenführung der Archäologischen Sammlungen und schafft Serviceflächen, die einem Museumskomplex dieser Größenordnung angemessen sind.

The Master Plan:

The present Master Plan Museum Island essentially plans four structural changes:

1. Link between buildings at the current Level 0 of the Museum Island ("Archaeological Promenade").

2. The construction of a new central entrance building with a temporary exhibition area on the open space next to the Kupfergraben.

3. The linking of the Pergamon Museum's north and south wings on the Kupfergraben in order to improve the internal tour and the usage of the Ehrenhof for the large pieces of Egyptian architecture.

4. New buildings on the former Friedrich-Engels barracks grounds in order to create administration, storage and workshop areas.

The "Archaeological Promenade" links the interior court-yards of the Altes Museum, Neues Museum, Pergamon Museum and the small dome of the Bode Museum. It cre-ates a new exhibition area at Level 0 of the museums, until now used predominantly for storage, which will contain exhibits from cross-subject and cross-collection topics. Only small structural changes to the existing buildings are neces-sary, as the Promenade is largely located in existing areas. Only three link sections will have to be built. The differently organised circulation systems of the individual buildings will be connected in such a way that there will be no intrusion into them. The Promenade will become an exciting sequence of higher and lower rooms, which will of course be lit. It will be entered via every museum and via the new entrance building to the west of the Neues Museum on the Kupfer-graben. This building will have the purpose of providing ser-vice facilities for the large number of visitors. Visitor tours will reach the Archaeological Promenade via the new entrance building and from there the most important

exhibits in the Pergamon Museum. The visitor gains a short insight into the collections. The historical entrances to the museums will be preserved and maintain their original sig-nificance for the individual visitor. The large pieces of architecture from antiquity in the Pergamon Museum will be supplemented by the Egyptian Temple and the Kalabsha Gate. By linking the north and south wings in the west, the internal tour is greatly improved and space is created for a new publicly accessible entrance hall. From here the visitor will be able to reach the entrance building and the outside spaces on the island, up until now largely inaccessible to the public. The socle floor will be given a new purpose as a space for exhibition and service functions. The auxiliary functions, accommodated here up until now, will be moved to the former Friedrich-Engels barracks grounds, where new "museum courtyards" will be developed with academic administration, restoration workshops and storage areas for study purposes. A new location is to be created here for national and international specialists.

The open spaces on the Museum Island and the demands of the Museum Island on its surroundings will be included in the more detailed planning. Above all the streets Am Kupfergraben and Bodestrasse play an important role for circulation on the Museum Island. Both areas should be enhanced in status for pedestrians and more closely inte-grated into the design of the open spaces on the Museum Island. The integration of public transport will be picked out as a central theme, as well as the surrounding green areas, waterways and riverbank zones.

The master plan forms a vision for the Museum Island. It unifies the new concept for the display of the archaeologi-cal collections on the Museum Island whilst preserving the "campus quality" of the ensemble of architectural monu-ments. The "Archaeological Promenade," which stretches

between the Altes Museum and the Bode Museum, embod-ies, together with the new exhibition and entrance build-ing, the unification of the archaeological collections and creates service areas appropriate for a museum complex of this scale.

Klaus-Dieter Lehmann

Akropolis der Künste

ein Zehnjahresprogramm
für die Museumsinsel

Die Hauptstadt Berlin verfügt mit der Stiftung Preußischer Kulturbesitz über ein kulturelles Erbe von Weltgeltung. Mit siebzehn Museen, der Staatsbibliothek, dem Geheimen Staatsarchiv und den Forschungseinrichtungen ist ein kulturelles Ensemble entstanden, das einzigartig ist.

Durch Krieg und Nachkriegszeit beschädigt und in seiner Entwicklung beeinträchtigt, gibt uns die Vereinigung Deutschlands die Chance, dieses Zentrum unserer Kultur wieder auf- und auszubauen. Welche Rolle Deutschland künftig kulturell spielen kann, wird nicht zuletzt davon abhängen, wie kompetent es intellektuell und institutionell mit seiner kulturellen Überlieferung umgeht. Unsere Chancen liegen im Dialog der Kulturen. Dazu bedarf es einer wirkungsvollen Vermittlung durch Museen und Bibliotheken. Berlin verfügt für diesen kulturellen Austausch über die notwendige Substanz und über die Funktion der Mittlerrolle in einem wiedervereinigten Europa. Beides muß aber genutzt werden, um eine Kulturpolitik des 21. Jahrhunderts zu gestalten und den Pluralismus als Grundmuster in einer europäischen Koexistenz zu bündeln und zu profilieren. Gerade in einer Zeit der organisierten Gleichzeitigkeit, der medialen Flüchtigkeit und der ständigen Beschleunigung liefert die kulturelle Überlieferung eine Verständigung über die Welt. Unser Zusammenleben ist in erster Linie eine Kulturleistung. Wer Berlins Zukunft will, muß mit der Kultur beginnen. Die drei Hauptstandorte der Staatlichen Museen Preußischer Kulturbesitz

sind die Museumsinsel mit den bedeutenden archäologischen Sammlungen, das Kulturforum mit den Museen der Europäischen Kunst und der Museumskomplex Dahlem mit den Museen der Außereuropäischen Kunst und Kultur. Fraglos ist die Museumsinsel das eindrucksvollste Ensemble, aber auch das gefährdetste. Geplant unter Friedrich Wilhelm IV., dem Romantiker auf dem Preußenthron, war es zugleich der Ideeneinsatz des Königs, ein Gesamtkonzept für Kunst und Wissenschaft zu schaffen, in Berlin-Mitte, nahe der Universität, dem Dom und dem Schloß. Hundert Jahre sollte die Fertigstellung dauern, beginnend mit Schinkels Altem Museum 1825, endend mit dem Pergamonmuseum 1930, entworfen von Alfred Messel. Das Ensemble wurde zu einem der glanzvollsten Museumskomplexe in der Welt, mit Altem und Neuem Museum, mit Alter Nationalgalerie, mit Bode- und Pergamonmuseum. Diese Akropolis der Kunst, derzeit Sanierungsfall in weiten Bereichen, muß wieder in den Kreis der Weltmuseen zurückgeführt werden, muß den Sammlungen die Präsentationsmöglichkeiten in den eindrucksvollen Gebäuden zurückgeben und muß wieder den städtebaulichen Höhepunkt in Berlins Mitte bilden. Es gibt kaum einen Ort, der so geeignet ist, das Verständnis für geschichtliche Entwicklungen erlebbar zu machen, gleichzeitig Beständigkeit und Vergänglichkeit zu vermitteln und unserer individualisierten Gesellschaft über die Sinnlichkeit und Phantasie der Präsentation gemeinsame Erkenntnisse zu vermitteln. Aby Warburg

spricht von einem sozialen Erinnerungsorgan, das als relevant erkennt, was aktuell interessiert.

Mit dem Masterplan der Planungsgruppe Museumsinsel – David Chipperfield Architects / London, Heinz Tesar / Wien, Hilmer und Sattler / München und Berlin – liegt erstmals ein Gesamtplanungskonzept für die Museumsinsel vor, das den Nutzeranforderungen Rechnung trägt, Planungssicherheit vermittelt und wirtschaftlich und baufachlich sinnvoll ist. Der Masterplan begreift die Museen gleichermaßen als Solitäre und als gemeinsames Ensemble. Er beläßt die Gebäude in ihrer ausgeprägten Individualität und verknüpft sie überzeugend in einer inhaltlichen Konzeption. Diese Aspekte sind für eine zeitgenössische Nutzung der Museen von zentraler Bedeutung. Die Rekonstruktion der Gebäude muß die historischen Gegebenheiten berücksichtigen. Denkmalschutz ist in diesem Zusammenhang ein hohes Gut. Er darf aber nicht so weit gehen, daß er letztlich nur konserviert. Thomas W. Gaethgens hat dazu bemerkt: „Museen sind transitorische Denkmäler, die keinen Stillstand kennen." Der verantwortungsvolle Umgang mit den Gebäuden bleibt Verpflichtung. Überlegungen, die Museen oberirdisch durch Brückenbauten zu verbinden, sind deshalb nicht weiter verfolgt worden. Die Gebäude sollen ihre bestehenden Eingänge und die architektonisch eigenständige Ausstrahlung behalten. Es ist gerade der Charme der Berliner Lösung, die Sammlungen auch bestimmten Gebäuden zuordnen zu können. Dadurch wird

Acropolis of the Arts

*A Ten-Year Program
for the Museum Island*　　Klaus-Dieter Lehmann

With the cultural foundation "Stiftung Preußischer Kulturbesitz," the city of Berlin possesses a cultural legacy of world class. Its seventeen museums, the Staatsbibliothek, the Secret State Archive, and research institutions constitute a cultural ensemble unique in character and extent.

After the damage of the war years and the post-war period with all the accompanying obstacles to development, the reunification of Germany offers the opportunity to once again restore and expand this center of culture. Germany's cultural role in the future will depend not least of all on its competent handling of this cultural legacy, both intellectually and institutionally. Great opportunities lie in the dialogue between the cultures, a dialogue that must be effectively mediated through museums and libraries. Berlin has the material necessary for this cultural exchange and has already assumed the role of mediator in a reunified Europe. Both of these resources, however, must be put to use to create a cultural policy for the twenty-first century and to focus and articulate pluralism as the fundamental pattern of European coexistence. In an age characterized by organized simultaneity, the fleetingness of the media, and constant acceleration, cultural heritage provides a way of communicating about the world. Coexistence is first and foremost a cultural achievement. The shaping of Berlin's future must begin with culture.

The three primary locations of the Staatliche Museen Preußischer Kulturbesitz are the Museum Island with its significant archaeological collections, the Kulturforum with its museums of European art, and the museum complex in Dahlem with its museums of non-European art and culture. Without question, the Museum Island is the most impressive ensemble, but also the most endangered. Planned under Frederick William IV—the Romantic on the throne of Prussia—it lent expression to the king's dream of creating a unified complex for art and science in the center of Berlin, near the university, cathedral, and palace. It was a scheme that would take a hundred years to complete, beginning with Schinkel's Altes Museum in 1825 and ending with the Pergamon Museum in 1930, designed by Alfred Messel. The ensemble became one of the most eminent museum complexes in the world, with the Altes Museum and Neues Museum, the Alte Nationalgalerie, the Bode Museum and the Pergamon Museum. This acropolis of the arts—currently in need of extensive renovation—must be reintroduced to the ranks of world-class museums, once again providing the collections with a suitably impressive architectural setting and establishing an urbanistic highpoint for the city center of Berlin. Hardly another location is so illustrative of historical development, so able to convey a sense of both constancy and transience and to communicate to our individualized society shared insights into sensuous, imaginative presentation. Aby Warburg speaks of an organ of social memory, one that perceives as relevant what is currently interesting.

The planning group for the Museum Island—consisting of David Chipperfield Architects (London), Heinz Tesar (Vienna), and Hilmer and Sattler (Munich and Berlin)—has developed a master plan that for the first time proposes a unified concept for the Museum Island, a scheme that satisfies the demands of the users, provides security for the planning process, and is economically and architecturally feasible. This master plan conceives of the museums both as independent structures and as an ensemble. It preserves the pronounced individuality of the buildings while at the same time combining them into a convincing, unified conception. These aspects are of central importance for the contemporary usage of the museums. The reconstruction of the buildings must respect the historical givens; historic preservation is a dominant consideration in this context. At the same time, however, the concern for historic preservation must not be allowed to result in mere conservation. As Thomas W. Gaethgens has remarked: "Museums are transitory monuments; they know no standstill." The responsible treatment of the buildings remains an obligation; thus the idea of connecting the museums above ground through bridge structures was rejected. The buildings are to maintain their existing entrances and their individual architectural character. The very charm of the Berlin solution consists in the association of individual collections with particular buildings. In this way, their uniqueness is emphasized still more. Nonetheless, the requirements of the mass of visitors must also be taken into account, necessitating changes in circulation patterns and the infrastructure of the facilities.

In an effort to satisfy these demands, the master plan makes two suggestions, which could be described without exaggeration as a stroke of genius. The technical, administrative, and service-related installations necessary for accommodating hosts of visitors are not located in a historic building, but instead are housed in a functional new structure to the rear of the Neues Museum, toward the Kupfergraben. This solution is much better suited to modern-day expectations and reserves the museums themselves with their high architectural quality for the presentation of the collections. At the same time, this visitors' building also marks the entrance to an "Archaeological Promenade," a spacious underground passage linking the museum buildings at basement level and thus permitting both a systematic integration of the collections as well as their presentation and concentration in thematic complexes. In this way, visitors can move throughout the museum complex according to individual needs and desires. A single aspect can be

ihre Einzigartigkeit noch betont. Trotzdem muß berücksichtigt werden, daß die Massennutzung des Publikums Veränderungen in der Besucherführung und in der Infrastruktur der Einrichtungen erforderlich macht.

Für diese Anforderungen macht der Masterplan zwei Vorschläge, die man ohne Übertreibung als überzeugenden Wurf bezeichnen kann. Der Publikumsandrang wird nicht innerhalb eines historischen Gebäudes durch die entsprechenden technischen, administrativen und servicebezogenen Einrichtungen strukturiert und geleitet, sondern in einem zweckmäßigen Neubau auf der Rückseite des Neuen Museums zum Kupfergraben bedient. Damit wird man den heutigen Erwartungen sehr viel besser gerecht und erhält die musealen Räumlichkeiten mit ihrer hochwertigen Gestaltung für die Präsentation der Sammlungen. Gleichzeitig bildet dieser Publikumsbau den Eingang zu einer „archäologischen Promenade", die unterirdisch auf der Ebene der Sockelgeschosse der Museumsgebäude großzügig die Häuser verbindet und so eine systematische Verbindung der Sammlungen sowie eine Darstellung und Verdichtung in Themenkomplexen erlaubt. Das Publikum kann auf diese Weise den Museumsbesuch ganz individuell gestalten. Es kann einem einzelnen Aspekt in einem Museum nachgehen und dazu beispielsweise das Haus über den jeweiligen Eingang betreten oder sich über die Archäologische Promenade führen lassen und die Menschheitsgeschichte von Mesopotamien bis heute in den Exponaten erfahren.

Die Nutzung der Sockelgeschosse durch die Öffentlichkeit macht die Verlagerung von Depots und Labors auf das der Insel benachbarte Gelände der Friedrich-Engels-Kaserne erforderlich. Dorthin sollen auch die Verwaltungseinrichtungen verlagert werden. Die so entstandenen Museumshöfe bilden für die Fachöffentlichkeit und die Forschung ein ideales Reservoir.

Nach dem jetzigen inhaltlichen Konzept bestimmen die archäologischen Sammlungen den Schwerpunkt der Ausstellungen auf der Museumsinsel und sind in den folgenden fünf Häusern untergebracht:
• dem Pergamonmuseum mit Antikensammlung, Vorderasiatischem Museum und Museum für Islamische Kunst (im zu überdachenden Ehrenhof des Pergamonmuseums ist die Ausstellung der ägyptischen Großarchitektur vorgesehen);
• dem Neuen Museum mit Ägyptischem Museum und Museum für Vor- und Frühgeschichte;
• dem Alten Museum mit dem Schwerpunkt Antikensammlung;
• dem Bodemuseum mit Skulpturensamm-

lung, Münzkabinett sowie Teilen Spätantiker und Byzantinischer Kunst;
• der Alten Nationalgalerie mit Malerei und Plastik des 19. Jahrhunderts.
Innerhalb der Sammlungsbereiche eines jeden Museums sollen themenübergreifende Komplexe auf Nachbarsammlungen verweisen. Damit werden die Sammlungen nicht nur zu additiven Komponenten, sondern zu Elementen eines komplexen historischen, geographischen und thematischen Ansatzes. Dieser Gliederungsplan ermöglicht neue Sichtweisen und Verknüpfungen, er ermöglicht aber auch selektive Einblicke.

Der Erfolg der Wiederherstellung der Museumsinsel mit ihren einzigartigen Sammlungen hängt ganz wesentlich von einem überzeugenden zeitlichen Verlauf der erforderlichen Baumaßnahmen ab. Planungssicherheit, logistischer Ablauf und besonders die öffentliche Erwartung sprechen für eine Bauphase von zehn Jahren und nicht wie bislang vorgesehen von zwanzig Jahren. Damit ist auch eine wirtschaftlich sinnvolle Abwicklung zu erreichen. Nur in solchen Zeiträumen lassen sich derartige Bauvorhaben erfahrbar machen und öffentlich legitimieren. Die Museumsinsel ist ein für Berlin und Deutschland identitätsstiftender Kulturkomplex. Ihm sollten wir uns mit Begeisterung, Kennerschaft und größtmöglicher Unterstützung widmen. Es gibt wenig Kulturdenkmäler von diesem Rang. Die Museumsinsel ist nicht nur ein Geschenk, sie ist eine Aufgabe. Preußen hat mit seinem großen kulturpolitischen Enga-

gement, insbesondere ab dem 19. Jahrhundert, eine Verdichtung von Kunst erreicht, die nicht nur durch eine beeindruckende finanzielle Förderung, sondern auch durch eine ausgewiesene Kennerschaft und durch das vitale Interesse des Publikums zustande kam. Dieses vitale Interesse ist auch heute wieder gegeben – sogar international. Die Realisierung wird bei dem Zehnjahresprogramm nicht die gesamte Museumsinsel hinter einem Bauzaun verschwinden lassen. Zwei Museen werden immer geöffnet bleiben, um von den Schätzen zu künden.

Dieses große kulturpolitische Engagement ist für den Kulturstaat Deutschland dringend erforderlich. Das Ökonomische darf nicht alle Staatszwecke überlagern: Es gibt auch eine Ökonomie der Kultur. Sie zeigt sich in der Schaffung und der Akzeptanz von Werten und in geistiger Stimulanz.

explored in depth in one museum—with access provided by a separate entrance—or, via the Archaeological Promenade, a survey of the history of humanity from Mesopotamia to the present day can be viewed in the objects exhibited.

The public use of the basement levels necessitates the relocating of storerooms and laboratories to the grounds of the Friedrich-Engels-Kaserne on a site adjacent to the island. The administrative facilities will likewise be shifted to this location. The "museum courtyards" created in this way constitute an ideal reservoir for experts and researchers.

According to the current organizational concept, the archaeological collections constitute the primary emphasis of the Museum Island and are housed in the following five buildings:

• the Pergamon Museum with the collection of antiquities, the Museum of Near Eastern Art and the Museum of Islamic Art (the exhibition of large-scale Egyptian architecture will be accommodated in the covered cour d'honneur of the Pergamon Museum);

• the Neues Museum with the Egyptian Museum and the Museum of Prehistory and Early History;

• the Altes Museum with its focus on the collection of antiquities;

• the Bode Museum with the sculpture collection, coin collection, and portions of the collection of late antique and Byzantine art;

• the Alte Nationalgalerie with painting and sculpture from the nineteenth century.

Within the collections of each museum, thematic references are made to the holdings of neighboring collections. In this way the collections represent not merely additive components, but elements of a complex historical, geographical, and thematic approach. This organizational plan makes possible new ways of seeing and new associations, but is also conducive to selective viewing.

The success of the reconstruction of the Museum Island with its unique collections depends largely on a convincing time plan for the necessary building measures. Security of planning, logistical organization, and especially public expectation all point to a building phase of ten years and not, as heretofore projected, twenty years. Such a time schedule also ensures the economic feasibility of the plan. Only within such a time frame can building projects of this type be legitimated and made comprehensible to the public. The Museum Island is an identity-creating cultural complex for Berlin and for Germany, one to which we should devote ourselves with enthusiasm, connoisseurship, and the greatest possible support. There are few cultural monuments of this rank. The Museum Island is not only a gift, it is also a responsibility. Through tremendous cultural-political commitment—particularly from the nineteenth century on—Prussia achieved a concentration of art made possible not only by impressive financial support, but also by experienced connoisseurship and vital public interest. Today, this vital interest exists once again—not only in Germany, but internationally as well. The realization of the ten-year program will not cause the entire Museum Island to disappear behind scaffolding; two museums will remain open at all times to display their treasures.

The cultural state of Germany stands in urgent need of this kind of cultural-political commitment. Economic aspects must not be allowed to dominate all purposes of state. There is also an economy of culture—one that manifests itself in the creation and a acceptance of values and in intellectual vitality.

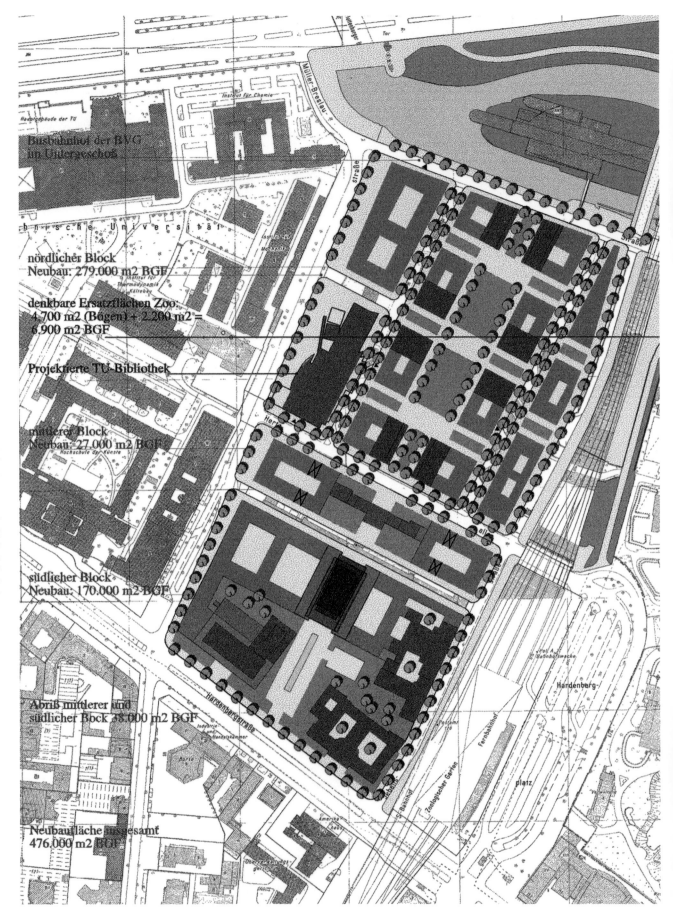

Lageplan mit
städtebaulichem Konzept.
*Site plan with
urban design concept.*

Seite 47
Blick von Westen über die
Baublöcke und Hochhäuser
des Europolis-Quartiers. Im
Hintergrund die Gleisanla-
gen des Bahnhofs Zoo.
Axonometrie.
*Page 47
View of the blocks and
high-rises of the Europolis
district from the west. In
the background are the
tracks of the Zoo railway
station. Axonometric
projection.*

Bushahnhof der BVG
im Untergeschoß

nördlicher Block
Neubau: 279.000 m2 BGF

denkbare Ersatzflächen Zoo:
4.700 m2 (Bögen) + 2.200 m2 =
6.900 m2 BGF

Projektierte TU-Bibliothek

mittlerer Block
Neubau: 27.000 m2 BGF

südlicher Block
Neubau: 170.000 m2 BGF

Abriß mittlerer und
südlicher Bock 38.000 m2 BGF

Neubaufläche insgesamt
476.000 m2 BGF

Die vom Bundesbaupräsidenten entwickelte Idee, für das zentral gelegene, gut erschlossene und dennoch als städtebauliches Niemandsland empfundene Gelände zwischen Technischer Universität und Bahnhof Zoo eine Bebauung zu entwerfen, die diesem Ort eine neue, weithin sichtbare Identität verleiht, diese Idee hat

Josef Paul Kleihues

Europolis am Bahnhof Zoo – ein Diskussionsbeitrag für Berlin

Idee *concept*
Florian Mausbach
Bundesamt für Bauwesen und Raumordnung

Architekten *architects*
Josef Paul Kleihues
Kleihues + Kleihues, Berlin – Rorup
Mitarbeiter *staff*
Götz Kern (Projektleiter *project manager***)**
Alexander Perackis

Planungstermine *project stages*
Entwurf *design* **1998 - 1999**

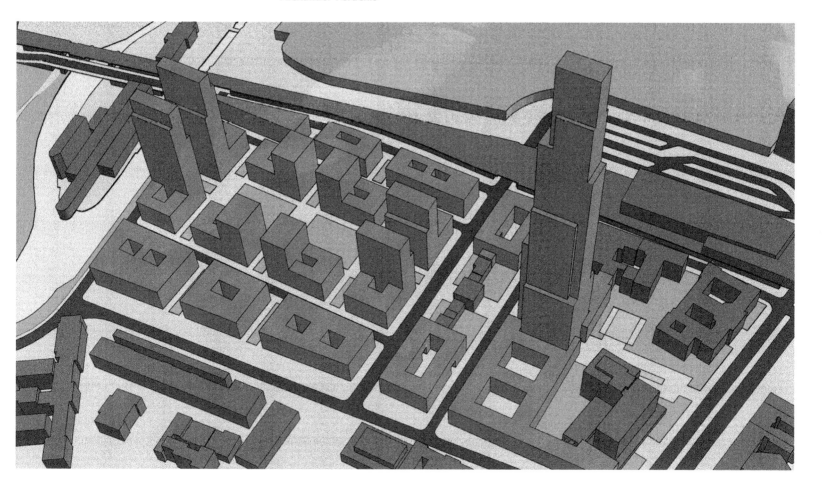

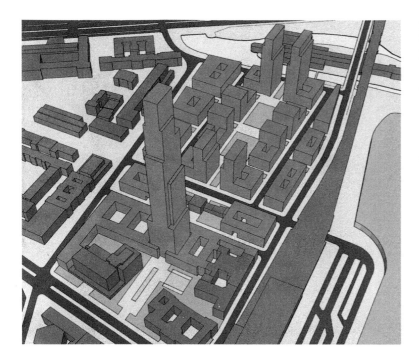

Blick von Süden über die
Baublöcke und Hochhäuser
des Europolis-Quartiers.
Unten rechts die Gleis-
anlagen des Bahnhofs Zoo.
Axonometrie.
View of the blocks and
high-rises of the Europolis
district from the south.
To the right are the tracks
of the Zoo railway station.
Axonometric projection.

unsere Planung in die entsprechende Richtung geführt. Tatsächlich handelt es sich um ein Gebiet, das von der engeren Nachbarschaft – Technische Universität, Hochschule der Künste, Börse, Tiergarten, Zoologischer Garten, Bahnhof Zoo, Kudamm-Eck und Europacenter – profitiert. Es kann aber kaum darum gehen, dieses bunte städtebauliche Ensemble ein wenig zu arrondieren. Denn hier sollte ein Ort mit sehr individuellem Charakter entstehen, der die Zoogegend bereichert und über sie hinausweist. Worum geht es also?

Erstens

geht es um die effizientere Nutzung dieses wertvollen, zentral gelegenen und besonders gut erschlossenen Areals. Eine bessere Plazierung der vorhandenen Nutzungsbereiche des Zoologischen Gartens, der Berliner Verkehrsbetriebe und der Technischen Universität sowie deren städtebauliche Arrondierung sind zwar überfällig. Die Beschränkung der Planung auf ein derart eindimensionales Programm aber würde dem Entwicklungspotential dieses Ortes kaum gerecht werden. Aus diesem Grunde darf der städtebauliche Entwurf sich auch nicht auf das Gebiet nördlich der Hertzallee beschränken. Vielmehr sollte das gesamte Areal einbezogen werden, das sich von der Hardenbergstraße bis zum Landwehrkanal erstreckt. Dabei geht es unter anderem um die derzeit von der Oberfinanzdirektion und dem Bundesamt für Bauwesen und Raumordnung genutzten Grundstücke und Gebäude.

Das hier vorgestellte Projekt geht – in Zahlen ausgedrückt – davon aus, daß die Bruttogeschoßflächen der geplanten Neubauten rund 450.000 qm betragen, zugunsten des Gesamtprojektes aber rund 40.000 qm Bruttogeschoßfläche der vorhandenen Bausubstanz aufgegeben werden.

Zweitens

geht es um die Schaffung eines in sich geschlossenen und sich zugleich vernetzenden Stückes Stadt von großartiger Urbanität und Lebensqualität.
„Berlin ist viele Orte." Wenn man dieses geflügelte Wort auch auf andere Städte anwenden kann, so gilt es doch für Berlin in besonderer Weise. Und das hier vorgestellte Modell einer „Stadt in der Stadt" betont dieses Prinzip autonomer und doch vernetzter Teile einer sich als Vielfalt in der Einheit verstehenden Stadt.

Drittens

geht es um die Chance, ein in unmittelbarer Nachbarschaft zum Tiergarten und zugleich in Fußwegnähe zum Breitscheidplatz gelegenes Areal nicht nur für Dienstleistung, sondern vor allem für Wohnzwecke zu nutzen. Neben der Bebauung am Potsdamer Platz und am Klingelhöferdreieck einer der letzten Orte, wo dies möglich ist. Es geht bei diesem Programm auch darum, neue Wohnformen in hohen Häusern zu schaffen, wie wir sie aus New York, Boston und Chicago kennen. Während im Straßenbereich mit Läden, Cafés und Restaurants mehr als der

sogenannten Nahbedarf angeboten wird, bietet das Hochhaus Dachterrassen, ein Fitneßstudio, eventuell ein Schwimmbad an. Und nicht zu vergessen: eine großzügige Eingangshalle mit einer Concierge, die bei Tag und bei Nacht oder wenigstens sechzehn Stunden präsent ist und Pakete, Wäsche, Nachrichten und vieles mehr für die Bewohner des Hauses entgegennimmt. Das sind Wohnformen, die in den USA nicht nur von Singles, sondern von Familien mit Kindern sehr geschätzt werden. Wenigstens 60 % des geplanten Bauvolumens sollten dem Wohnen in traditioneller und der beschriebenen neuen Form vorbehalten sein.
Uns sind selbstverständlich die Konzepte von Staatssekretär Hans Stimmann für diesen Bereich bekannt. Das von Stimmann verdienstvollerweise ins Leben gerufene Planwerk hat uns viele Gebiete vor Augen geführt, die der Sanierung, der baulichen Arrondierung oder auch der städtebaulichen Neuordnung bedürfen. Wertvolle Entwicklungpotentiale im innerstädtischen Bereich sind auf diese Weise kenntlich gemacht worden. Alle diese Orte verdienen eine ebenso liebevolle wie architektonisch anspruchsvolle Planung. Aber nur sehr wenige sind aufgrund ihrer Lage im Stadtganzen und ihrer perfekten Erschließung dazu berufen, eine besondere Aufgabe zu erfüllen.

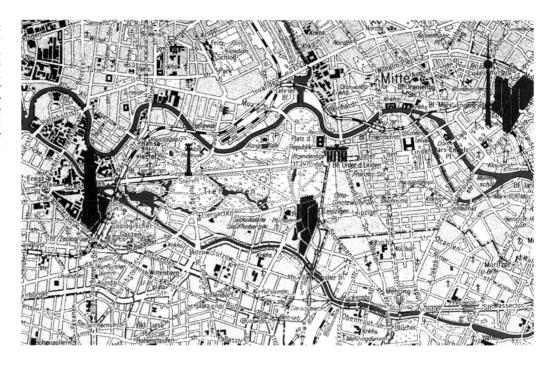

Europolis *at the Zoo Railway Station—A Contribution to the Discussion on Berlin*   Josef Paul Kleihues

Our plan received its essential direction from an idea developed by the Federal Building President: to design an architectural complex for the centrally located site between the Technical University and the Zoo railway station, an area that is well-developed yet nonetheless perceived as an urbanistic no-man's land. The new plan is intended to give the site a new identity, visible from afar.

The site does in fact derive considerable advantage from its immediate vicinity, with the nearby Technical University, Hochschule der Künste, stock exchange, Tiergarten park, zoological garden, Zoo railway station, Kudamm-Eck, and Europacenter. Yet the goal cannot be to simply round off this colorful urbanistic ensemble. Rather, our aim is to create a place with a unique character, one that enhances the Zoo district and at the same time points beyond it. What, then, are our primary concerns?

First, our concern is to facilitate more efficient use of this valuable, centrally located, and particularly well-developed area. Improved placement of the existing functional areas of the zoological garden, the Berlin transit facilities, and the Technical University as well as their urbanistic refinement is certainly overdue. But to limit the planning to a one-dimensional program of this sort would hardly do justice to the developmental potential of the site.

For this reason, the urbanistic design should not be confined to the area north of Hertzallee, but should include the entire district extending from Hardenbergstrasse to the Landwehrkanal. The plots and buildings in this area include those currently being used by the Regional Finance Office and the Federal Office for Building and Regional Planning. The project presented here assumes a gross floor area of around 450,000 m² for the new buildings; in the interest of the overall project, however, about 40,000 m² of gross floor area in the existing buildings are given up.

Second, our concern is to create a portion of the city characterized by outstanding urbanity and a high quality of life, one that is self-contained and at the same time incorporated into a larger network.

"Berlin is many places"—while this proverb can be applied to other cities as well, it is true for Berlin in a special way. The "city within the city" model presented here emphasizes this principle of autonomous, yet networked urban districts in a city characterized by diversity in unity.

Third, our concern is to use this area—located in the immediate vicinity of the Tiergarten and at the same time within walking distance of Breitscheidplatz—not only for services, but above all for residential purposes. Apart from the construction on Potsdamer Platz and Klingelhöferdreieck, this site is one of the last places where this is possible. The intent of the program is to create new high-rise dwelling forms, such as those characteristic of New York, Boston, and Chicago. The shops, cafés, and restaurants in the street area do more than simply satisfy so-called "neighborhood requirements," while the high-rise itself offers roof terraces, a fitness studio, and possibly a swimming pool, to say nothing of a spacious lobby with a concierge, available at least sixteen hours a day to receive packages, laundry, messages, and much more for the residents of the building. These forms of dwelling are highly valued in the United States, not only by single persons, but also by families with children. At least 60% of the planned building volume is to be reserved for dwellings, both traditional and of the sort described above.

Naturally we are familiar with "Planwerk Innenstadt," the concept for the Berlin city center developed by state secretary Hans Stimmann. Stimmann's achievement has called our attention to many areas in need of renovation, architectural refinement, or urbanistic reorganization. In this way, valu-able potential for development in the inner city has been identified. All these places deserve to be planned with care and a high level of architectural quality. But only a very few are called to serve a special purpose, due to their location within the city as a whole and their outstanding developmental infrastructure.

Preußen und Amerika   Florian Mausbach

Josef Paul Kleihues hat mit Europolis einen neuen Stadtteil und ein neues Wahrzeichen für Berlin entworfen. Sind es Luftschlösser? Es sind Ideen für Berlin. Es ist ein Beitrag zum Planwerk Innenstadt. Mit dessen Beschluß am 18. Mai 1999 hat der Berliner Senat einen wichtigen und richtigen Schritt in die städtebauliche Zukunft getan, einen Schritt auf zwei Beinen, dem Standbein der „kritischen Rekonstruktion" und dem Spielbein einer „kreativen Transformation".

Der Berliner Stadtplanung ist es nach der Wiedervereinigung gelungen, Bauboom und Grundstücksspekulation in geordnete Bahnen zu lenken und öffentliche und private Investitionen zum zweiten Wiederaufbau der Stadt zu nutzen. Stadtreparatur in großem Stil war und ist gefordert: Das durch Krieg und Mauer zerstörte Gesicht der Stadt soll in seinen charakteristischen Zügen wieder erkennbar werden.

Die ordnende Hand der Stadtplaner zeichnet mit preußischen Fluchtlinien und Traufhöhen vertraute Stadtkörper und Stadträume. Aber Berlin ist nicht nur Preußen. Berlin war immer auch Pionierstadt, Stadt der Moderne und in seinen besten Zeiten Preußen und Amerika. Die Stadt braucht städtebauliche Ordnung. Aber braucht sie nicht auch Raum für Freiheit, Raum für die himmelstürmende, wolkenkratzende Moderne? Am Alexanderplatz wird der Versuch gewagt. Dort soll mit der Hochhausvision von Hans Kollhoff die sozialistische mit der amerikanischen Moderne eine Verbindung eingehen. Warum nicht auch in der City-West die westliche Nachkriegsmoderne zwischen Europa-Center und Ernst-Reuter-Platz fortentwickeln? Der Standort zwischen Bahnhof Zoo und Technischer Universität, gegenüber der Industrie- und Handelskammer an der Hardenbergstraße, erlaubt die Eröffnung einer neuen Dimension ohne Eingriffe in das Charlottenburg der Gründerzeit. Das Nachbargelände zwischen Hertzallee und Straße des 17. Juni bietet sich an für die Fortsetzung einer modernen Baustruktur. Das Wahrzeichen selbst wäre als höchstes Hochhaus Europas ein Solitär. Der „Lange Kerl" am Bahnhof Zoo würde zum Stadtzeichen, das zum Fernsehturm am Alex hinüberwinkt. Es zeichnet den zweiten äußeren Pol der Berliner Innenstadt in den Himmel. Berlin braucht beide Pole: City-Ost und City-West.

Die Innenstadt des wiedervereinigten Berlins reicht heute – wie es die Stadtpläne für Geschäftsleute und Berlin-Besucher zeigen – wieder vom Alexanderplatz bis zum Bahnhof Zoo. Die historische Westwanderung des Zentrums setzt sich weiter fort. Die politische Mitte hat sich vom Schloßplatz über die Wilhelmstraße in den Spreebogen verlagert – vor das Brandenburger Tor. Das Staatsoberhaupt residiert im westlichen Tiergarten. Der Tiergarten ist zum „Central Park" geworden. An seinem Südrand entsteht mit Kulturforum und Potsdamer Platz ein neues künstliches kulturell-kommerzielles Zentrum. Von dort wächst mit dem Botschaftsviertel die politische Mitte weiter westwärts.

Die Teilung der Stadt hat die äußeren Zentren um Alexanderplatz und Breitscheidplatz jeweils gestärkt. Das Rückgrat der Stadt – Straße des 17. Juni, Unter den Linden, Karl-Liebknecht-Straße – ist seit dem Fall der Mauer wieder zur großen Ost-West-Achse geworden. Sie verbindet die repräsentative historische und neue Mitte östlich und westlich des Brandenburger Tores mit den modernen äußeren Cities an Alex und Bahnhof Zoo. Alle drei Schwerpunkte unterstreichen ihr Gewicht durch große Boulevards – Unter den Linden, Karl-Marx-Allee und Kurfürstendamm. Alle drei streben in die Höhe, um ihre Bedeutung weithin sichtbar zu machen: Am Potsdamer Platz, am Alexanderplatz und am Breitscheidplatz wachsen alte und neue Hochhäuser in den Himmel und erregen Phantasie und Gemüter.

Es ist in der Tat eine neue Dimension der Stadtentwicklung, die sich hier ankündigt. In Deutschland hat bisher nur Frankfurt am Main – mit dem Sitz der Europäischen Zentralbank jetzt auch internationale Finanzmetropole – eine Hochhaussilhouette entwickelt. Es ist Ausdruck der Globalisierung der Wirtschaft, daß überall auf der Welt moderne internationale Marktplätze sich in Hochhaus-Cities niederschlagen. Wie eh und je auf Marktplätzen wird der Austausch von Waren, Geld und Ideen gesucht, der rasche Verkehr, die räumliche Nähe, die Erregung und Anregung persönlicher Kommunikation. Das bietet nur hohe bauliche Dichte.

Berlin erhebt den Anspruch einer werdenden internationalen Metropole, Brückenkopf zu sein zwischen West-, Mittel- und Osteuropa. Ein solcher Anspruch verlangt entsprechende Angebote: erstklassige Standorte für Büros und Wohnungen in zentraler Lage. Der Markt wird die Antwort geben.

Berlin und seine Innenstadt müssen als Ganzes gesehen und entwickelt werden. Man darf den Westen nicht anhalten, um den Osten zu fördern. Stillstand in West und Ost wäre die Folge. Die Vermietung eines Hauses beginnt mit den besten Räumen. Diese Regel gilt auch für die Stadt.

Die Herausforderung der neuen internationalen Hochhausstädte für die Stadtplanung ist durchaus vergleichbar dem Fall der Stadtmauern und der flächenhaften Ausdehnung der Städte. Wie ist die klassische europäische Stadt, deren Qualitäten wir gerade erst wiederentdeckt haben, mit dieser neuen Dimension in Einklang zu bringen?

Der Entwurf von Kleihues versucht eine Antwort. Er greift im Stadtgrundriß den Charlottenburger Maßstab der Gründerzeit auf, bildet mit Fluchtlinien und Traufhöhen vertraute Baukörper und Baublocks und komponiert diese im Wechselspiel mit Alleen, Grünanlagen und Stadtplätzen zu einer klassischen räumlichen Großskulptur. Anders als die flächenhafte Gründerzeit erfaßt diese Skulptur auch eine moderne dritte Dimension. Aus der Blockstruktur erwachsen unterschiedlich hohe Turmhäuser, die in ihrer Höhe Bezug nehmen auf die kommende Hochhausgeneration an Breitscheid- und Alexanderplatz. Sie gruppieren sich um eine grüne Mittelachse zu einem imposanten Spalier für die Hauptfigur – einen über dreihundert Meter hohen Wolkenkratzer. Wie der Fernsehturm am Alex inmitten eines Hochhauspulks bildet dieser Solitär die Spitze des neuen Stadtteils Europolis und der City-West. Mit seiner Fernwirkung aber zielt er weit über die Nachbarschaft hinaus, als neues Wahrzeichen, als selbstbewußtes Symbol des neuen Berlin.

Prussia and America   *Florian Mausbach*

With Europolis, Josef Paul Kleihues has designed a new urban district and a new landmark for Berlin. Castles in the air? They are ideas for Berlin. The project is a contribution to "Planwerk Innenstadt"; with the resolution of this master plan on May 18, 1999, the Berlin Senate took an important step into the urbanistic future, carried by the supporting leg of "critical reconstruction" and the free leg of "creative transformation."

In the wake of German reunification, urban planning in Berlin has succeeded in channeling the construction boom and real estate speculation, using public and private investments to effect a second reconstruction of the city. Repairs on a large scale were and are the order of the day: the face of the city, disfigured by war and the Wall, is to be made recognizable once again in its characteristic features.

The urban planner's arranging hand draws familiar urban forms and spaces with Prussian alignments and eave heights. But Berlin is more than just Prussia. Berlin has always been a pioneer city as well, a city of modernism and, in its best days, both Prussia and America. The city needs urbanistic order—but it also needs space for freedom, for titanic, skyscraping modernity. On Alexanderplatz, the attempt is being made to unify the two: in Hans Kollhoff's high-rise vision, socialist modernism enters into an alliance with its American counterpart. So why not continue to develop western, post-war modernism in the district City-West, in the area between the Europacenter and Ernst-Reuter-Platz?

The site between the Zoo railway station and the Technical University, across from the Chamber of Industry and Commerce on Hardenbergstrasse, allows the creation of a new dimension without altering the late nineteenth-century fabric of Charlottenburg. The neighboring site between Hertzallee and Strasse des 17. Juni is especially suitable for the continuation of modern architectural structures. The landmark itself would be a solitary building, the tallest high-rise in Europe. The "Langer Kerl" ("Tall Boy") at the Zoo railway station would become an urban landmark, gesturing over to the television tower on Alexanderplatz and surging upward as the second outer pole of the Berlin city center. Berlin needs both poles—in the East as well as in the West.

Today, as the maps for businesspeople and tourists show, the city center of reunified Berlin once again extends from Alexanderplatz to the Zoo railway station. Meanwhile, the historic westward migration of the center continues. The political center has shifted from the Schloßplatz along Wilhelmstrasse to the Spreebogen—outside the Brandenburg Gate. The head of state resides in the west part of the Tiergarten, which in turn has become a kind of "Central Park." At its south edge, a new artificial center for culture and commerce is developing with the Kulturforum and Potsdamer Platz. From here, the political center extends further westward with the embassy district.

The division of the city reinforced each of the outer centers around Alexanderplatz and Breitscheidplatz. Since the Wall came down, the backbone of the city—Strasse des 17. Juni,

Unter den Linden, Karl-Liebknecht-Strasse—has once again become a great east-west axis. It connects the monumental, historical center east of the Brandenburg Gate as well as the new area to its west with the outer, modern districts at Alexanderplatz and the Zoo railway station. The importance of all three centers of gravity is underlined by major boulevards—Unter den Linden, Karl-Marx-Allee, and Kurfürstendamm. All three centers tower upward, asserting their significance from afar: on Potsdamer Platz, Alexanderplatz, and Breitscheidplatz, skyscrapers both old and new rise up into the air, arousing the imagination and lifting the spirits. It is indeed a new dimension of urban development that is heralded here. Up to this point, Frankfurt am Main—now an international financial metropolis with the seat of the European Central Bank—has been the only city in Germany to develop a high-rise silhouette. Throughout the world, the globalization of the economy comes to expression in the high-rise cities that grow up wherever modern, international marketplaces exist. From time immemorial, marketplaces have been centers for the exchange of goods, money, and ideas, with heavy traffic, spatial concentration, and lively personal communication. Such qualities are offered only by high architectural density.

As an emerging metropolis, Berlin asserts its role as a bridgehead between western, central, and eastern Europe. Such a role demands the corresponding amenities: first-class office sites and centrally located dwellings. The market will provide the answer.

Berlin and its city center must be seen and developed as a whole. The West cannot be held in check in order to promote the East; a standstill in both East and West would be the result. The best rooms in a house will always be rented first—a rule that holds true for the city as well.

The challenge of the new, international high-rise urbanism for city planning is entirely comparable to that posed by the demise of the medieval city walls and the large-scale expansion of the cities. How can the classical European city—whose qualities we have only just rediscovered—be brought into harmony with this new dimension?

The design by Kleihues seeks to give an answer to this question. In the ground plan, it adopts the scale of late nineteenth-century Charlottenburg, creating familiar volumes and blocks with alignments and eave heights and combining them with avenues, parks, and city squares into a classical, large-scale sculpture. Unlike the two-dimensional structure of the late nineteenth century, however, this sculpture also comprises a third, modern dimension. Towers of varying height rise up from the block structure, pointing toward the coming generation of high-rises on Breitscheidplatz and Alexanderplatz. Grouped around a green central axis, they form an imposing espalier for the main figure—a skyscraper over three hundred meters in height. Like the television tower on Alexanderplatz amid a cluster of high-rises, this solitary building marks the tip of the new urban district of Europolis and City-West. Visible even from afar, however, it points far beyond the immediate neighborhood as a new landmark, a confident symbol of the new Berlin.

Blick durch die
49th Street. Links das
Hochhaus der Deutschen
Vertretungen.
View along 49th Street.
To the left is the high-rise
for the German foreign-
service agencies.

Seite 53
Hochhaussilhouette um die
United Nations Plaza am
East River. In der Mitte
das Gebäude der deutschen
Vertretungen.
Blick von Norden.
Page 53
The high-rise silhouette at
United Nations Plaza on
the East River. At center
is the building for the
German foreign-service
agencies. View from
the north.

Blick von Osten auf
die Eingangsfassade des
Hochhauses der Deutschen
Vertretungen an der
United Nation Plaza Ecke
49th Street.
Entrance facade of the
high-rise for the German
foreign-service agencies at
United Nations Plaza on
the corner of 49th Street.
View from the east.

Das im Juni 1998 von Bundesaußenminister Klaus Kinkel eröffnete „German House" in New York stellt unter den deutschen Auslandsvertretungen in mehrerer Hinsicht eine Besonderheit dar. Die drei Vertretungen der Bundesrepublik Deutschland in New York, die bisher voneinander räumlich getrennt waren und unabhängig voneinander operierten, wurden

Arne Freiherr von Kittlitz

German House New York

United Nations Plaza

Bauherr *client*
Bundesrepublik Deutschland
Bundesministerium für Verkehr, Bau- und Wohnungswesen
Bundesamt für Bauwesen und Raumordnung
Hans-Joachim Hamann, Peter Wank, Hartwig Rohrbeck
Nutzer *user*
Auswärtiges Amt / Deutsche Botschaft bei den Vereinten Nationen, Generalkonsulat in New York und Deutsches Informationsbüro

Architekten *architects*
Schuman, Lichtenstein, Clamon & Efron, New York (Rohbau *shell***)**
Peter Englert & Associates, New York (Innenausbau *interior***)**
Generalunternehmer / *general contractor*
Turner Construction Corporation, New York
Künstler *artist*
Stephan Balkenhol, Karlsruhe – Meisenthal / Frankreich

Planungstermine *project stages*
Entwurfsbeginn *start of design* **1994**
Baubeginn *start of construction* **1996**
Fertigstellung *completion* **1998**

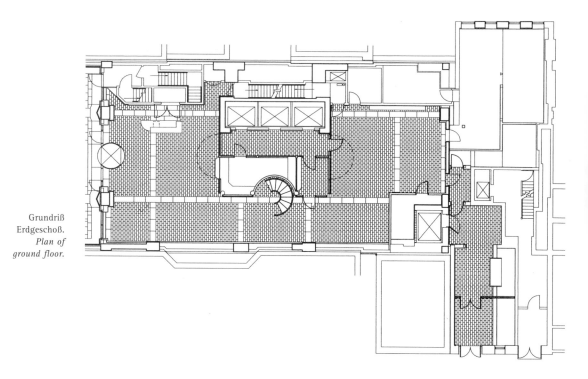

unter einem Dach vereint: die Ständige Vertretung bei den Vereinten Nationen, das Generalkonsulat und das Deutsche Informationszentrum.

Die Vertretungen sind nicht nur räumlich zusammengerückt, sondern haben zugleich mehrere Funktionen zusammengelegt: Verwaltung, Presse- und Öffentlichkeitsarbeit sowie Protokoll- und Besucherbüro. Im übrigen bewahren sie ihre institutionelle Eigenständigkeit. Das mit der Zusammenlegung entstandene Ganze ist mehr als die Summe der Teile: Das „German House" verleiht der deutschen Präsenz in New York eine neue Qualität. Waren die drei Vertretungen zuvor auf Büroetagen, noch dazu an verschiedenen Orten, anonym untergebracht, so ist das „German House" schon heute eine „landmark" im Stadtbild von New York geworden. Deutschland hat mit der eigenen Haustür 871 United Nations Plaza eine sichtbare Identität in der Weltstadt gewonnen. Vorzüglich ist der Standort, wenige Schritte vom UN-Gebäude am East River; diese räumliche Nähe unterstreicht die Bedeutung, die die Bundesrepublik Deutschland den Vereinten Nationen beimißt.

Im Vergleich zu den Wolkenkratzern der Umgebung ist das schlanke, 23-stöckige Gebäude in seinen Ausmaßen bescheiden. Die Büroräume folgen in ihrer Größe dem Standard bei Bundesbauten – durch die großen Fensterflächen wirken sie dennoch nicht eng. So mag man das Gebäude auch äußerlich als Realisierung des „schlanken Staates" sehen, der in seinem Innern

praktiziert wird. Das „German House" verfügt über modernste Kommunikations- und Konferenztechnik. Eigene Veranstaltungs- und Konferenzräume ermöglichen Empfänge für bis zu dreihundert Gäste. Dadurch entfällt für viele Anlässe die Anmietung auswärtiger Räumlichkeiten. Das oberste Stockwerk, mit ausgezeichneter Sicht auf den East River, ist an ein für die Öffentlichkeit zugängliches Restaurant verpachtet, das mit seinem Angebot auch für deutsche Weine, Biere, Lebensmittel und Porzellan wirbt. Das 15. Stockwerk ist an die „Carl Duisberg Society", die amerikanische Tochter der Carl-Duisberg-Gesellschaft, verpachtet.

Das Foyer ist von der Straße einsehbar, Passanten haben freien Zutritt. Es nimmt – in Verbindung mit einer Bibliothek mit Internetzugang – das gesamte Erdgeschoß ein. In seiner Mitte liegt die Sicherheitsschleuse mit dem Zugang zu den oberen Stockwerken (drei Aufzüge, zwei Treppen). Ein separater Aufzug führt in die Konsularabteilung im 3. und 4. Stock. Eine Empore über der Schleuse steht für Ausstellungen zur Verfügung.

Bei Planung und Bau konnten ein vergleichsweise enger zeitlicher Rahmen ebenso wie die ursprünglichen Kostenschätzungen für die Neuunterbringung eingehalten werden. Zwischen dem Erwerb des Grundstücks und dem Bezug des Gebäudes lagen rund zweieinhalb Jahre. Die im Regierungsentwurf für den Haushalt 1995 aufgeführten Gesamtkosten von 40,5 Mio US-$ wurden nicht überschritten, trotz der Kostensteigerung von 20 % für Bauleistungen in New

York im gleichen Zeitraum. Ein wichtiges Novum: Das Projekt wurde nicht mit den üblichen Verfahren durchgeführt – Erwerb eines Grundstücks, Planung und Ausführung durch die Bundesbauverwaltung, parlamentarische Zustimmung – sondern als Erwerb eines Komplettangebots des Bauträgers. Der Innenausbau erfolgte nach detaillierten Vorgaben des Auswärtigen Amts, wobei die Bauverwaltung umfassende Beratung und Unterstützung leistete. Das Projekt hat damit, was die Zügigkeit des Verfahrens betrifft, Pilotcharakter für künftige Vorhaben des Auswärtigen Amts.

Diese Faktoren, ebenso wie Personaleinsparungen, die durch die Zusammenlegung der drei Vertretungen möglich wurden (Synergieeffekte), begründen die eindeutige Wirtschaftlichkeit des „German House". Die Gesamtkosten haben sich nach zehn Jahren amortisiert, wobei die Einsparungen von Mieten und Gemeinkosten einen wesentlichen Anteil ausmachen. Angesichts der inzwischen erheblich gestiegenen Bau- und Mietkosten in New York hat sich die Entscheidung für das „German House" auch in wirtschaftlicher Hinsicht als wohlbegründet erwiesen.

Blick in einen
Veranstaltungssaal.
View of an auditorium.

Wartebereich mit Ausblick
auf die Stadt.
*Waiting area with view
of the city.*

The "German House" in New York, United Nations Plaza

Arne Freiherr von Kittlitz

Officially opened by Federal Minister of Foreign Affairs Dr. Klaus Kinkel, the "German House" in New York is unique among German missions abroad in a number of ways. Previously physically separated and entirely independent of one another, the three government-level bodies representing the Federal Republic in Germany have now been united under a single roof: the permanent United Nations Mission, the Consulate General and the German Information Centre. Not only have these foreign-service organisations come closer together in a physical sense, they have also consolidated a number of shared functions: administrative services, press and public relations and the visitors office. In other areas, each has retained its institutional autonomy. The whole created through this consolidation process is much more than the sum of its parts. The "German House" lends a new quality to the German presence in New York. Whereas the three organisations were formerly distributed over different office-building floors and at totally different locations, the "German House" has now become a landmark in its own right on the New York city scene. With its own front door at 871 United Nations Plaza, Germany has now acquired a visible identity in the world metropolis. The site is superb, just a few steps from the UN Building on the banks of the East River. This spatial proximity underscores the importance the Federal Republic of Germany attaches to the United Nations.

Compared to the skyscrapers in the vicinity, the slim, twenty-three-storey building is modest in scale. Its most impressive features are its proportions and the materials chosen for its facade. Although the offices comply with standard dimensions prescribed for federal buildings, the large windows give them a sense of spaciousness. Thus in its outward appearance the building does not necessarily appear to embody the kind of "lean government" that is

practised inside its walls. The "German House" is equipped with state-of-the art communication and conference technology. It has conference rooms and reception areas sufficient to accommodate as many as three hundred guests. Thus it is no longer necessary to rent space in other buildings for special occasions and events. The top floor, which offers an excellent view of the East River, has been leased to a publicly accessible restaurant offering food, beverages and tableware that also advertise effectively for German wine, beer, food, products and china. The fifteenth floor of the building is leased to the "Carl Duisburg Society," the American branch of the Carl-Duisburg-Gesellschaft.

The lobby interior is visible from the street, and passers-by may enter as they wish. The lobby and a library offering access to the Internet occupy the whole ground floor. The security passage providing access to the upper floors (three elevators, two stairways) is situated at its centre. A separate elevator carries visitors and staff to the consular section on the fourth and fifth floors. A gallery above the security passage is available for exhibitions.

Both planning and construction were completed on time, despite a very tight schedule, and the actual cost of the new facility remained within the limits defined in the original estimates. The building was ready for occupancy roughly two-and-a-half years after purchase of the lot. The total costs of the project did not exceed the 40.5 million dollars cited in the government's proposed 1995 budget, despite a 20-per-cent rise in construction costs in New York during the period in question. A significant new feature of the project was the way in which it was approached and executed. In a departure from the customary procedure—purchase of a building site, planning and construction by the Federal Building Administration, parliamentary approval—a contract was awarded for a complete package offer. Interior design

and construction were carried out according to detailed specifications provided by the Federal Foreign Office with extensive consultation and support from the Building Administration. With respect to the speed of the process, the project will serve as a useful model for future building plans at the Federal Foreign Office.

These factors, in addition to the savings in personnel requirements achieved through the consolidation of the three missions (synergy effects), form the basis for the impressive cost-effectiveness of the "German House." The total costs will have been amortised in ten years in a process accelerated considerably by savings on rents and shared costs. In light of the substantially higher costs of construction and property rental in New York, the decision in favour of the "German House" has proven a wise one in economic terms as well.

Jürgen Engel
Michael Zimmermann

Im Zusammenhang mit dem Umzug von Parlament und Regierung nach Berlin hat auch das Presse- und Informationsamt der Bundesregierung damit begonnen, seinen Arbeitsschwerpunkt von Bonn in das Zentrum der neuen Hauptstadt zu verlegen. Aufgrund der unmittelbaren Nähe zum neuen Bundestag wurde ein aus acht teilweise bebauten Parzellen beste-

Presse- und Informationsamt der Bundesregierung Berlin

Bauherr *client*
Bundesrepublik Deutschland
Bundesministerium für Verkehr, Bau- und Wohnungswesen
Bundesamt für Bauwesen und Raumordnung
Gerd Löffler, Gerd Baurmann, Jürgen Gaffrey
Nutzer *user*
Bundesrepublik Deutschland / Presse- und Informationsamt der Bundesregierung

Architekten *architects*
KSP Engel und Zimmermann Architekten, Berlin – Frankfurt
Projektleiter *project manager*
Thomas Rinne, Marc Volmerhaus
Bauleitung *site supervision*
Jürgen Forsbach, Albrecht Kinze
Projektsteuerung *project managing*
HPP Gesellschaft für Projektmanagement, Düsseldorf
Tragwerksplanung *structural design*
CBF Bauconsulting, Berlin

Denkmalpflege *historic preservation*
Helmut Maier, Berlin
Landschaftsarchitekten *landscape architects*
Wehberg Eppinger Schmidtke, Hamburg
Planungstermine *project stages*
EU-Auswahlverfahren *EU selection procedure* 1995
Entwurfsplanung seit *start of design* 1995
Baubeginn *start of construction* 1996
Fertigstellung *completion*
1997 (1. Bauabschnitt *1st phase of construction*)
1998 (2. Bauabschnitt *2nd phase of construction*)
2000 (3. Bauabschnitt *3rd phase of construction*)

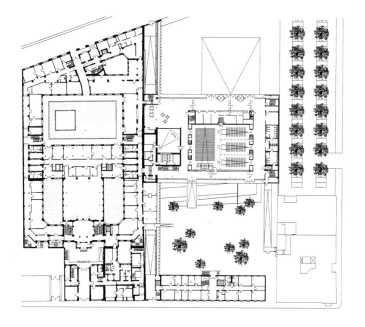

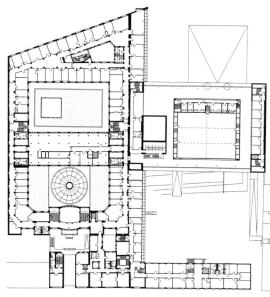

hendes Baugrundstück im nördlichen Teil der Dorotheenstadt, nahe dem Bahnhof Friedrichstraße als Standort gewählt. Die weitgehend erhaltene Blockstruktur reicht bis zur Uferstraße an der Spree und ist nur an den Rändern der nordwestlichen Blockecke unterbrochen. An dieser Stelle war der Blockrand nach den Kriegszerstörungen nicht wieder aufgebaut und das Blockinnere mit dem im Volksmund als „Freßwürfel" bezeichneten Gaststättengebäude der DDR überbaut worden. Die auf diesem Grundstück bestehenden Gebäude waren alle in den letzten einhundertfünfzig Jahren entstanden: das ehemalige Kopfgebäude der Markthalle (um 1860), das von Alfred Lempp erbaute Postscheckamt (1913 bis 1917, in den zwanziger Jahren zum Reichstagufer hin erweitert) und ein Plattenbau des Typs WBS 70 (1989). Bis auf den Plattenbau und das Gaststättengebäude steht das Ensemble unter Denkmalschutz. Aufgabe der Planung war, unter Berücksichtigung des Gebäudebestands, Büroflächen für fünfhundertfünfzig Mitarbeiter, ein Presse- und Besucherzentrum für achthundert Personen, eine Cafeteria mit Küche, einen Briefingsaal, eine Freihandbibliothek und verschiedene technische Sonderbereiche zu planen. Der Entwurf sah vor, das bestehende Ensemble mit Ausnahme des Gaststättengebäudes vollständig zu erhalten und zu sanieren und um funktional notwendige Neubauten zu ergänzen. Diese Neubauten wurden mit dem eingeschossigen Presse- und Besucherzentrum und der östlichen Brandwandbebauung errichtet. Aufbauend auf

das erhaltene Untergeschoß des ehemaligen Gaststättengebäudes nimmt das Presse- und Besucherzentrum die in der DDR entstandene städtebauliche Komposition der bebauten Blockmitte auf. Im Altbau des ehemaligen Postscheckamtes wird in enger Abstimmung mit dem Landesdenkmalamt die sogenannte Mittelspange entkernt, frühere Aufstockungen werden wiederhergestellt bzw. vervollständigt. Es galt, zwischen zwei städtebaulichen Prinzipien, dem Block und dem Solitär zu vermitteln. Das Presse- und Besucherzentrum befindet sich in einem zentral gelegenen, pavillonartigen Bau, die anderen weniger öffentlichen Nutzungen in der für Berlin typischen Blockbebauung. Gemeinsam ist beiden Ansätzen die aus der Blockstruktur abgeleitete lineare Strenge in Grundriß und Aufriß sowie das Wechselspiel von offenen und geschlossenen Fassaden.

Die Baumaßnahme wird in drei Abschnitten realisiert. Im ersten Bauabschnitt wurde das Presse- und Besucherzentrum errichtet. In diesem und im Gebäude Neustädtische Kirchstraße 15 nahm die Berliner Dienststelle des Bundespresseamtes im Herbst 1997 die Arbeit auf. Das Presse- und Besucherzentrum wird von einer großen einladenden Rampe erschlossen, die den Besucher über den steinernen Vorplatz in das Gebäude hineinleitet. Die Transparenz der Fassaden signalisiert die Funktion des Gebäudes, informelles Forum und Raum für die Begegnung von Politikern, Journalisten und Bürgern zu sein. Das Besucherfoyer und die flexibel unterteilbaren Konferenzbereiche liegen

unter einer großen flachen Dachscheibe. Der gestalterisch als Kubus ausgebildete Konferenzbereich birgt spezielle Medientechnik zur Ausrichtung großer Pressekonferenzen mit Funk- und Fensehübertragungen. Die räumliche Idee vom Haus im Haus wird unterstützt durch die einheitliche Verkleidung des Kubus mit mikroperforierten Stahlpaneelen. Die äußere Gestalt des Gebäu-des wird im wesentlichen durch die Leichtigkeit und die Transparenz der Stahl-Glas-Fassade geprägt, die durch die geschlossenen Innen- und Außenfassaden aus grau bis braun changierendem, thüringischem Granit kontrastiert wird. Die ehemalige östliche Blockkante zur Neustädtischen Kirchstraße wurde in dieser ersten Bauphase vorerst mit Bäumen nachgezeichnet.

In zwei weiteren Schritten wurden der Plattenbau in der Dorotheenstraße 80 und die Gebäudeteile des ehemaligen Postscheckamts umgebaut und ergänzt. Um wenige und möglichst kurze Wege zwischen den Bürobereichen zu erhalten und Abteilungen räumlich zu konzentrieren, wurde die gesamte Brandwand des ehemaligen Postscheckamts mit einem sieben Meter tiefen Büroriegel bebaut. Auf diese Weise wurde aus der Einbundanlage im ehemaligen Postscheckamt eine Zweibundanlage, die die vorhandenen Verkehrsflächen optimal ausnutzt. Der hundertzwanzig Meter lange und circa zwanzig Meter hohe Gebäuderiegel der Brandwandbebauung durchdringt den Block und verknüpft die vielgestaltigen Gebäude miteinander. Die sich ständig an die klimatischen

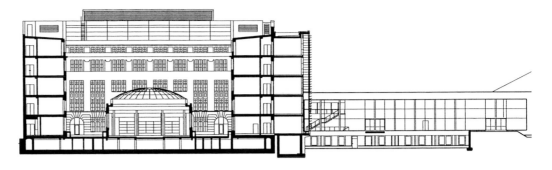

Press and Information Office of the German Federal Government in Berlin

*Jürgen Engel
Michael Zimmermann*

In the course of the relocation of the German parliament and government to Berlin, the Press and Information Office of the German Federal Government has also begun to shift the focus of its activities from Bonn to the centre of the new capital.

A building site was selected in the immediate vicinity of the new Bundestag. Located in the northern section of Dorotheenstadt near the Friedrichstraße railway station, the property originally comprised eight lots, on which some buildings were already standing. The largely preserved block structure extends to Uferstraße on the banks of the River Spree and is interrupted only at the edges of the north-western corner of the block. The block wall had been damaged at this point during the war and was never rebuilt. The GDR restaurant building popularly known as the "Freß-würfel" (Food Cube) had been erected on the interior grounds of the block. All of the buildings located on the site had been built during the last 150 years: the former entrance building of the market hall (circa 1860), the Postscheckamt (Postal Cheque Office) designed by Alfred Lempp (1913–1917, expanded toward the river bank adjacent to the Reichstag during the 1920s) and a prefabricated concrete-slab structure (type WBS 70, 1989). With the exception of the prefab and the restaurant building, the entire ensemble is protected as a historical monument.

The task facing planners was to incorporate the existing building structure into a complex comprising office space for 500 employees, a press and visitors' centre accommodating 800 people, a cafeteria with kitchen, an auditorium for briefings, a reference library and various special areas for technical facilities. The design provided for preservation and renovation of the entire ensemble, with the exception of the restaurant building, and construction of the required new functional building units. These new structures included the two-storey Press and Visitors' Centre and the new construction along the eastern fire wall.

Built upon the preserved former restaurant building, a one-storey structure, the Press and Visitors' Centre reflects the composition of the urban architecture of the constructed block interior developed during the GDR years. In the old building that formerly housed the Postscheckamt, the so-called central link was gutted in close co-ordination with the State Monument Conservation Office. Older additions were restored or completed. The aim was to mediate between two principles of urban architecture, the block and the detached building. The Press and Visitors' Centre is located in a centrally positioned, pavilion-style structure, while the other, less public facilities occupy a block structure typical of Berlin. Both approaches share a strict linearity of ground plan and vertical profile and the interplay of open and closed facade segments.

The construction project was realised in three phases. The Press and Visitors' Centre was erected during the first phase. The Berlin office of the Federal Press Office began operations in this building and the one at Neustädtische Kirchstraße 15 in the fall of 1997. Access to the Press and Visitors' Centre is provided by a large, inviting ramp which leads visitors over the stone front courtyard into the building. The transparency of the facades emphasises the building's intended purpose—to serve as an informal forum and meeting point for politicians, journalists and citizens. The visitors' foyer and the flexibly configurable conference areas are located beneath a broad, flat roof disc. Designed in the form of a cube, the conference area is equipped with special media technology suitable for the radio and TV broadcasting of large-scale press conferences. The spatial concept of a building within a building is underscored by the uniform mantle of micro-perforated steel panels that

Bedingungen anpassende, mehrschichtige Glasfassade erzeugt im Hintergrund des Presse- und Besucherzentrums im Zusammenspiel mit den Bewegungen der Mitarbeiter ein sich ständig wandelndes Bild – gleich einem überdimensionalen Screen. Eine innere, individuell bedienbare Schicht bildet den Raum- und Klimaabschluß, während eine äußere Schicht die direkte Sonneneinstrahlung reflektiert, das Tageslicht ins Innere der Räume lenkt und nachts den für die natürliche Kühlung notwendigen Wetterschutz bietet. Diese äußere Schicht besteht aus hochreflektierenden Glaslamellen, die mit einem schwarzen Umkehrpunktraster bedruckt sind. Die alte Brandwand des Postscheckamtes ergänzt als Speichermasse das Energiekonzept. So bleibt für die Zukunft einzig die Wiederherstellung der Blockkante an der Neustädtischen Kirchstraße als vierte und abschließende Baumaßnahme wünschenswert. Sie wird das Ensemble städtebaulich vervollständigen.

Presse- und
Besucherzentrum:
Blick in einen Teil des
Foyerbereiches mit der
Postfachanlage.
Blick in das Foyer an der
Nordseite.
Blick in den
Pressekonferenzsaal.

Press and Visitors' Centre:
View of mailbox area
of foyer.
View of foyer on the
north side.
View of press conference
hall.

covers its exterior. The most prominent features of the building exterior are the lightness and transparency of the steel-and-glass facade, which stands out in contrast to the closed interior and exterior facades consisting of Thuringian granite with colour patterns changing from grey to brown. The former eastern edge of the block adjacent to the Neustädtische Kirchstraße was provisionally retraced with a line of trees.

The next two steps consisted of the renovation and extension of the concrete-slab structure on Dorotheenstraße 80 and the building segments of the former Postscheckamt. In order to preserve only a few, short accessways between the office areas and to achieve spatial concentration of the various departments, a seven-metre deep office wing was constructed along the entire fire wall of the former Postscheckamt. In this way, the single-segment facility of the former Postscheckamt was converted to a dual-segment facility that makes optimal use of the existing traffic areas. The building wing along the fire wall, measuring 120 by approximately 20 metres, penetrates the block and creates a link joining the diversely designed buildings. The multiple-layer glass facade, which adjusts automatically to variations in weather conditions, presents a continuously changing image in interaction with the movements of employees in the background of the Press and Visitors' Centre—as a kind of oversized projection screen. An individually adjustable inside layer forms the interior spatial and climate wall, while the outer layer reflects direct solar radiation, diverting daylight into the room interiors and providing the weather protection required for natural cooling during the night-time hours. This outer layer is made of highly reflective glass panels printed with a matrix of mirror points. The old fire wall of the Postscheckamt augments the energy concept as a heat-storing mass.

All that remains to be accomplished in the future is the restoration of the block corner adjacent to Neustädtische Kirchstraße—the fourth and last step in the construction project. Once that is completed, the ensemble will appear in its final urban architectural form.

Blick von der Spree auf den Gesamtkomplex.
View of the entire complex from the Spree.

Innenhof zwischen der Blockrandbebauung an der Dorotheenstraße und dem Presse- und Besucherzentrum. Blick nach Norden.

Inner courtyard between the block-edge structures on Dorotheenstraße and the Press and Visitors' Centre. View toward the north.

Im Zuge der Verlegung des Deutschen Bundestages von Bonn nach Berlin wurde eine bestehende Villa in der Miquelstraße umgebaut. Das zunächst als Residenz der Präsidentin des Deutschen Bundestages hergerichtete Gebäude wird vorübergehend als Wohnsitz des Bundespräsidenten genutzt. Das Haus wurde 1911 vom Regierungsbaumeister a. D. Bruno Ahrends im

Gesine Weinmiller

Residenz Berlin-Dahlem

Villa für staatliche Repräsentanten

Bauherr *client*
Bundesrepublik Deutschland
Bundesministerium für Verkehr, Bau- und Wohnungswesen
Bundesamt für Bauwesen und Raumordnung
Hans-Peter Misol, Andrea Tetzlaff
Nutzer *user*
z. Zt. Bundespräsidialamt / Bundespräsident

Architektin *architect* **Gesine Weinmiller, Berlin**
Mitarbeiter *staff* **Heike Buchmann, Till Huggler, Barbara Wiskemann, Uta von Debschitz**
Bauleitung *site supervision*
Lutz Beusterien, Michael Eschwe, Berlin
mit *with* **Birte Lendt**
Tragwerksplanung *structural design*
Büro Meubling, Berlin

Landschaftsarchitekt *landscape architect*
Manfred Fromme, Berlin
Künstler *artist*
Jürgen Partenheimer, Köln
Planungstermine *project stages*
Entwurfsbeginn *start of design* **1994**
Baubeginn *start of construction* **1995**
Fertigstellung *completion* **1996**

Seite 62
Blick von Süden auf
die Hauptfassade an der
Miquelstraße.
Page 62
View of main facade on
Miquelstraße from the
south.

Seite 63
Licht und Schatten.
Außen und Innen.
Detail im Bereich einer
Terassentür im
Erdgeschoß.
Page 63
Light and shadow.
Interior and exterior.
Detail of terrace door
on ground floor.

Ansicht von Westen.
West elevation.

englischen Landhausstil für sich und seine Familie erbaut. Zahlreiche Umbauten verunklarten das anfängliche architektonische Konzept immer stärker. Zuletzt diente das Haus als Sitz eines Offiziers der amerikanischen Streitkräfte.

Verschiedene Voruntersuchungen hatten ergeben, daß unter Beibehaltung der bestehenden Erschließung und der Eingangssituation eine befriedigende Grundrißlösung für den Amtssitz nicht möglich war. Aus diesem Grund wurden ein Umbau der Eingangshalle, die Veränderung des Grundrisses im 1. Obergeschoß und der Einbau einer internen Servicetreppe vorgeschlagen. Die neue, zweigeschossige Eingangshalle verleiht der Villa ein großzügiges Entree. In diese Eingangshalle wurde die Treppe als repräsentatives Erschließungselement zu den Privaträumen wie ein Möbel eingestellt und integriert die Sanitär- und Garderobenbereiche. Durch die veränderte Erschließung entstand die Möglichkeit, das Obergeschoß ohne den großen „Flurraum" zu organisieren. Die Gartenseite bleibt vollständig dem Präsidenten vorbehalten, die Gästezimmer werden über die Galerie erschlossen und sind zur Miquelstraße hin orientiert. Über eine interne Servicetreppe sind alle Grundrißebenen miteinander verknüpft, ohne daß eine Durchwegung des repräsentativen Bereiches des Hauses nötig wird. Im einzelnen sind die verschiedenen Funktionen wie folgt organisiert:

Das Erdgeschoß wird für Empfänge und repräsentative Aufgaben des Präsidenten genutzt.

Neben der neu konzipierten Eingangshalle und der Erschließung ins Obergeschoß befinden sich hier Salons, ein Bankettsaal, ein Wintergarten, ein Speisezimmer mit angrenzender Küche und die neu geplante, interne Servicetreppe.

Im Obergeschoß mußte die Grundrißdisposition der neuen Nutzung angepaßt werden. Hier liegen die Galerie der Halle, die Wohn- und Schlafräume sowie die Bäder.

Die vorhandene Treppe wurde entfernt, im Dachgeschoß ein neues Bad eingebaut und die Schlafräume wurden modernisiert.

Für den Einbau der Sicherheitsverglasungen wurden die inneren Fenster der Kastenfenster entfernt und gegen Sicherheitsfenster ausgetauscht. So blieb nach außen die originale Ansichtsbreite der Rahmen und Sprossenteilungen erhalten.

Wegen der limitierten Mittel wurde die gesamte Baumaßnahme in zwei Bauabschnitte aufgeteilt. Der funktionale Umbau im ersten Bauabschnitt beschränkte sich zum großen Teil auf die Herrichtung von Erdgeschoß und 1. Obergeschoß. Dies beinhaltete den Einbau der Eingangshalle, der beiden Treppen und die Anpassung des Grundrisses im 1. Obergeschoß an den Nutzer. Der zweite Bauabschnitt betraf alle weiteren Grundrißebenen, Bauteile und Anlagen. Er umfaßte zudem Maßnahmen des Bautenschutzes, die Neueindeckung des Daches, die Trockenlegung des Kellers und die Herrichtung von Keller- und Dachgeschoß.

Ansicht von Osten.
East elevation.

The Official Residence in Berlin-Dahlem

Gesine Weinmiller

One of the many measures taken in conjunction with the relocation of the German Bundestag from Bonn to Berlin was the redesign of a mansion on Miquelstraße. Originally renovated to serve as the residence of the President of the German Bundestag, the building is currently in use as the temporary residence of the Federal President. The house was built by retired chief government architect Bruno Ahrends as a home for himself and his family in the style of an English country manor in 1911. A series of successive changes made to the building had altered the original architectural concept over the years. Most recently, the house served as the residence of a US military officer.

Several preliminary studies showed that it would be impossible to develop a satisfactory solution for the ground plan and still preserve the existing building access and entrance configuration. Consequently, a proposal was made for the redesign of the lobby, the modification of the floor plan on the second floor and the incorporation of an inside service stairway.

The new, two-storey lobby gives the mansion a spacious entrance area. Here, the stairway was integrated as a furnishing element providing an appropriately stately official accessway to the private rooms and encompassing the area comprised by the cloakroom and sanitary facilities. The modified access configuration made it possible to organise the space on the first floor without reference to the large "entrance area." All of the rooms on the side facing the garden were reserved for the President's use. Access to the guest rooms located on the Miquelstraße side was provided through the gallery. The inside service stairway links all floor levels without the need for a passage through the official reception area. The various functional areas of the building are organised as follows:

The ground floor is set aside for receptions and official presidential functions. In addition to the newly designed lobby and the stairway leading to the second floor, this section also contains salons, a banquet hall, a glass-enclosed patio, a dining room with adjacent kitchen and the newly integrated inside service stairway.

The floor plan configuration in the upper storey was adapted to meet the President's needs. Located here are the lobby gallery, living and sleeping quarters and the bathrooms used by the President and his guests.

Rooms for the President's personal security staff are located on the top floor. The existing stairway was removed, and all bedrooms were refurbished. The basement provides additional space for personal security staff and accommodates building utility rooms and technical facilities.

The inside windows of the casement window units were removed to make way for new armoured-glass security windows. The original window frame widths and lattice configuration remain visible from the exterior.

Due to funding limitations, construction work was carried out in two separate phases. Functional reconstruction undertaken in the first phase was restricted for the most part to the ground and second floors. This included the conversion of the lobby area, the installation of the two stairways and the modification of the floor plan in the second storey to the requirements of the new resident. The second phase encompassed the work required on all other levels and for the remaining architectural elements and building facilities. It also included building security measures, the installation of a new roof, dehydration and insulation of the basement and the refurbishing of the basement and top floors.

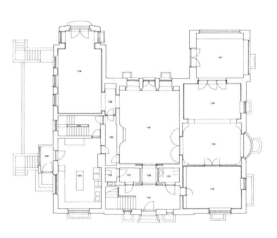

Grundriß Erdgeschoß.
Plan of ground floor.

Blick vom Bankettsaal im Erdgeschoß zum Kaminraum im Zentrum des Hauses.
View from ground floor banquet hall toward fireplace room in the center of the house.

Blick durch die östliche Zimmerflucht im Erdgeschoß (Bankettsaal) Richtung Garten.
View through the east wing with the ground floor banquet hall toward the garden.

66

Detail im Bankettsaal an
der Ostfassade.
*Detail of banquet hall
on east facade.*

Blick durch den
zweigeschossigen
Eingangsbereich auf die
Treppe zur Galerie.
*View of stairs leading
to the gallery from the
two-story entrance area.*

Blick auf die
Gartenfront des Gebäudes
von Nordosten.
*View of garden front from
the northeast.*

Blick von Westen
auf das neuerrichtete
Wachgebäude.
*View of the new guard-
house from the west.*

Blick auf das Wohnhaus
von Osten. Im Vordergrund
das neuerrichtete Wachge-
bäude.

*View of house from the
east. In the foreground is
the new guardhouse.*

Über sechzehn lange Jahre hatte das Projekt alle Höhen, Tiefen und Untie- Joachim Schürmann
fen zu bestehen, die man sich nur vorstellen und ausmalen kann. Nun läuft
es wieder, wenn niemand mehr versucht Sand – oder Wasser – ins
Getriebe zu schütten. Nach dem „Stand der Dinge" läßt sich wieder über
den „Lauf der Dinge" berichten. 1983, im ersten Jahr der Ära Kohl,
gewannen wir den Architekten-Wettbewerb zu den (mit Ausnahme des
Plenarsaals) notwendigen Erweiterungsbauten für unser Parlament – eine
lineare Struktur, kaum höher als die Gründerzeitvillen an der Schuma-

Deutsche Welle Funkhaus in Bonn

Bauherr *client*
Bundesrepublik Deutschland
Bundesministerium für Verkehr, Bau- und
Wohnungswesen
Bundesamt für Bauwesen und Raumordnung
Hans-Joachim Runkel, Horst Chmielorz,
Wolfgang Steffen
Nutzer *user*
Deutsche Welle in Bonn

Architekten *architects*
Joachim Schürmann & Partner, Köln
Joachim und Margot Schürmann,
Wolf Dittmann, Felix Schürmann (Bauliche
Freianlagen *outdoor constructions***)**
Landschaftsarchitekt *landscape architect*
Gottfried Hansjakob, München
Bauleitung *site supervision*
Obermeyer Planen + Beraten, München

Studiotechnik *studio technology*
MCI Studio, Hamburg
Tragwerksplanung *structural design*
Varwick Horz Ladwig, Köln
Boll und Partner, Stuttgart
Obermeyer Planen + Beraten, München
Planungstermine *project stages*
Entwurfsbeginn *start of design* **1997**
Baubeginn *start of construction* **1997**
Fertigstellung *completion* **2001**

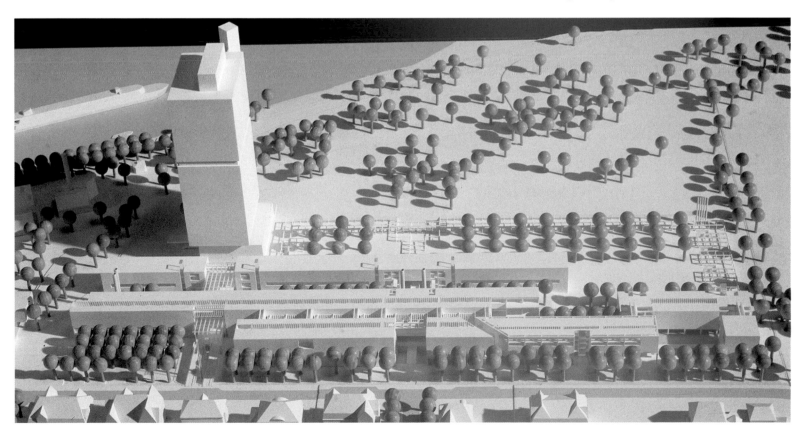

Querschnitt im Bereich
der Eingangshalle.
Cross section of
entrance hall area.

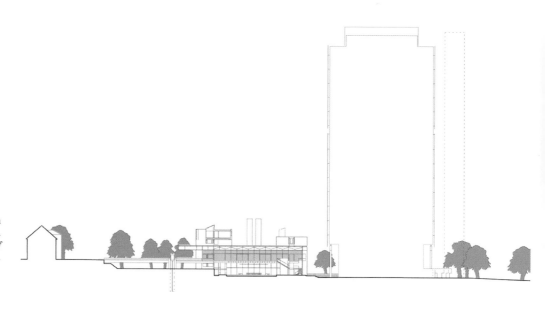

cherstraße: eine fast normale Stadtzelle am Stadtrand.

Am Anfang unseres Entwurfs stand damals die Frage, wie sich Anlage und Architektur von Arbeitsstätten der Organe unserer demokratischen Verfassung angemessen darstellen können, angemessen als Arbeitsstätte des Deutschen Bundestages und angemessen für den Ort. Wir haben dafür fünf Merkmale formuliert:
1. Der Bezug zum Bürger.
2. Der Bezug zum Stadtbild.
3. Der Bezug zur Nachbarschaft.
4. Der Bezug zum Garten, zur Landschaft.
5. Qualität der Gestaltung bis ins Detail: einfache, materialbetonte Großzügigkeit.

Es spricht für den legeren Umgang miteinander, daß damals für den amtlichen, zungenbrecherischen Titel des Projekts „Neubau des Bundes für die Erweiterung des Deutschen Bundestages an der Kurt-Schumacher-Straße in Bonn" im täglichen Umgang von unserem Bauherrn das liebevoll-praktische und anerkennende Kürzel „Schürmann-Bau" eingeführt wurde; so ist wohl auch der „Lange Eugen" als Name für das Abgeordnetenhochhaus entstanden.

Zurück zur großen Geschichte

Vor acht Jahren, am 3. Oktober 1990, geschieht das Unerwartete: Mit der Vereinigung der Republik und dem Beschluß des Bundestages vom 21. Juni 1991, nach Berlin zu ziehen, entsteht für unsere Häuser eine neue Situation: Sie werden in die „Obhut der Regierung" gege-

ben; obwohl noch kein anderer Nutzer feststeht, wird der Entschluß gefaßt, weiterzubauen. Dann, in der Nacht vom 21. auf den 22. Dezember 1993 dringt das Rheinhochwasser in den Rohbau der Untergeschosse, hebt die Tiefgarage an der Süd-Ost-Ecke um 70 Zentimeter an; das Wasser kann eindringen, weil der Hochwasserschutz über eine Länge von 45 Metern (!) nicht fertiggestellt ist.

Die Verursacher verstecken sich, hüllen sich ohne Skrupel in Schweigen. Dem Desaster folgen endloses Hin und Her und uferlose Spekulation. Manchen scheint das Hochwasser äußerst gelegen zu kommen – die Investitionsgeier beginnen zu kreisen.

Für den planenden Architekten, dem vom Bauherrn, also vom Bund, die Objektüberwachung und Bauleitung leider ausdrücklich nicht übertragen wurden, wird es unausweichlich, öffentlich Stellung zu nehmen. Forderungen nach totalem Abriß werden abgewehrt.

Und trotzdem: Auf einmal bedienen sich einige Medien, aber zunehmend auch übelmeinende Leute, des bis dahin eher Insidern bekannten Kürzels und damit unseres Namens als Schlagwort für Havarie und Desaster. Zunehmend wird auf penetrante Weise ignoriert, daß die Ursache des Schadens und unser Name nicht das Mindeste miteinander zu schaffen haben. Die Verursacher schweigen weiter beharrlich, sie schweigen bis heute. Im Oktober 1994 ist Bundestagswahl. Der neue Bundesbauminister heißt Töpfer. Er verwirft die Abbruchgedanken. Neuer Nutzer wird die „Deutsche Welle".

Allgemeine Lebenserfahrung zeigt uns eigentlich, daß in der Regel nach einem vorgegebenen Programm vom Architekten das dafür geeignete Haus entworfen wird. Bei unserem Projekt aber geht es – offensichtlich – um die Summe aller Ausnahmen, die diese Regel bestätigen. Manchmal wird ein Bauwerk umgebaut oder erweitert, weil die Nutzung es erfordert, weil es zu klein oder zu groß geworden ist. Manchmal, das geschieht eher selten, wird ein Haus umgenutzt, einem anderen Zweck dienstbar gemacht: ein Bahnhof wird zum Einkaufszentrum, ein Palais zum Museum, ein Schloß zum Bürohaus, ein Parlament zum Funkinstitut. Aber wohl noch nie ist ein solches Haus, dem beide Schicksale widerfahren, auch noch durch widrige Umstände demoliert und unter Wasser gesetzt worden, mußte es gelenzt und gerade gestellt werden.

Das neue Projekt

Der größte Unterschied zum bisherigen Domizil der Deutschen Welle ist klar: in Köln-Raderthal gibt es einen Turm mit mehr als dreißig Geschossen, im künftigen Haus hingegen benachbarte Flügel von moderater Höhe, maximal vier Geschosse über der Straße.

Beide Extreme haben Vorteile, die man auch mit Nachteilen erkauft, oder Nachteile, die zu Vorteilen werden können. Das Hochhaus hat kurze, aber unkommunikative Wege. Die Flügel haben Wege an Straßen und Plätzen entlang – deutlich länger, aber auch kommunikativer. „Quasseln auf den Fluren", auch das sei Journa-

The Deutsche Welle Radio Building in Bonn

Joachim Schürmann

Over the course of sixteen years, this project has experienced all of the peaks, valleys and abysses one could possibly imagine. It is now up and running again, providing no one tries to pour sand—or water—into the gears of progress. And we can now truly speak of "how things are progressing" rather than "how things stand."

In 1983, the first year of the Kohl era, we won the architectural competition for the necessary expansion (with the exception of the plenary hall) of our parliament building—a linear structure, barely higher than the late nineteenth-century mansions on Schumacherstraße: an almost normal urban cell on the fringe of the city.

Our approach to planning began with the question of how to design the layout and the architecture in a manner appropriate for the workplaces of the organs of our democratic constitution, for the workplace of the German Bundestag and for the site itself. We identified five criteria:

1. orientation to the public
2. orientation to the city profile
3. orientation to the neighbourhood
4. orientation to gardens, to the landscape
5. quality of design down to the last detail; simple, generous design with an emphasis on material.

Evidence of the relaxed atmosphere in which we worked is found in the fact that the official, tongue-twisting project title—"New Federal Construction Project for the Expansion of the German Bundestag on Kurt Schumacher Straße in Bonn"—was replaced in daily interaction with our client with the loving, practical and personally gratifying code name "Schürmann Building." The name "Langer Eugen," a popular designation for the high-rise representatives' office building, probably originated in much the same way.

Back to the Long Story

Eight years ago, on October 3, 1990, the unexpected happened: the unification of the Republic and the parliament's resolution of June 21, 1991 to move to Berlin created an entirely new situation for our buildings. They were placed under the "care of the government." Although no other user had been chosen, the decision was made to continue construction.

Then, during the night of December 21 and the early morning hours of December 22, 1993, the floodwaters of the Rhine poured into the unfinished structure of the lower floors, lifting the underground garage in the south-eastern corner by 70 centimetres. The water flowed in because a 45-metre-long section (!) of the flood wall had not been completed.

The guilty parties went into hiding and apparently took an oath of silence. A virtually endless back and forth and boundless speculation followed on the heels of the disaster. Some appeared to regard the floodwaters as a gift from heaven—the investment vultures began to circle overhead.

The planning architect, who unfortunately had not been assigned responsibility for object security and construction supervision by the client, the Federal Government, had no choice but to express his opinion in public. Calls for total demolition were rejected.

Yet in spite of this, some of the media and an increasing number of evil-thinking people began to use the project code name, previously known primarily only to insiders, and thus our name as a synonym for catastrophe. To an increasing degree, the fact that the cause of the damage and our name had nothing whatsoever to do with each other was being swept under the rug. Those really responsible for the disaster kept their silence, and they have remained silent to this day.

A parliamentary election was held in 1984. A man named Töpfer became the new Federal Minister for Regional Planning, Building and Urban Development. He jettisoned the demolition proposal. The "Deutsche Welle" was selected as the new resident.

General experience tends to suggest that a program drawn up by an architect ordinarily produces a suitably designed building. As far as our project is concerned, we are quite obviously dealing with the sum total of all of the exceptions that confirm the rule. Architectural structures are sometimes modified or expanded to meet the needs of their intended use, because they are too small or too large. Sometime, although this happens only rarely, a building is converted in order to serve a different purpose: a railway station becomes a shopping centre, a palace is converted into a museum, a castle is turned into an office building, a parliament building becomes a broadcasting institution. But never has such a building suffered both fates and then been demolished through unfavourable circumstances and flooded to boot before being drained and put "back on its feet."

The New Project

The biggest difference between the new and old homes of the Deutsche Welle is quite obvious. The building in Cologne-Raderthal is a tower with more than thirty storeys. The future domicile will consist of two adjacent wings of moderate height and a maximum of four above-ground storeys.

Each of these extremes has its advantages, but they come with disadvantages as well, or with disadvantages that can be turned into advantages. The high-rise building has short but non-communicative connecting routes. The wing complex has paths that lead along streets and squares—much

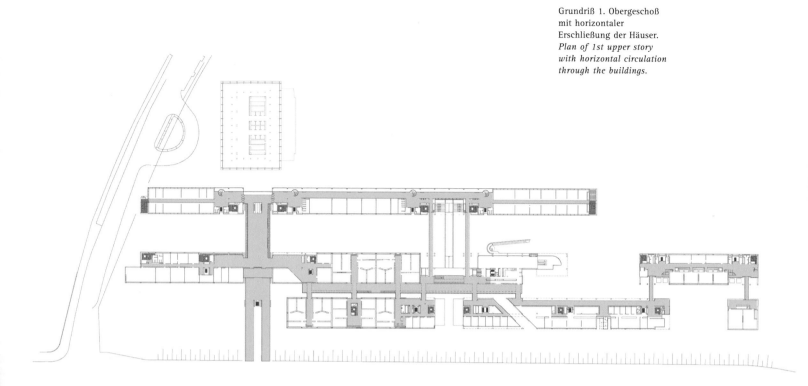

Grundriß 1. Obergeschoß
mit horizontaler
Erschließung der Häuser.
*Plan of 1st upper story
with horizontal circulation
through the buildings.*

lismus, wird uns gesagt. Wie kommt es, daß in dasselbe Haus zwei so unterschiedliche Nutzungen passen, ohne daß irgendwas oder irgendwer zu vergewaltigen wäre? Das liegt unter anderem am glücklichen Umstand, daß beide Programme – Parlamentsbauten und Funkhaus – fast ebenso viel Quadratmeter Nutzfläche besitzen. Das Geheimnis aber liegt in der „Struktur".

Dank des strukturellen Ansatzes des Wettbewerbsentwurfs konnten wir reagieren, das Netz auf die spezifischen Bedürfnisse hin weiterknüpfen oder Maschen fallen lassen. Es bleibt trotzdem aber immer noch ein „Bauen im Bestand", wie der vertragsamtliche Terminus heißt.

Dieses „Bauen im Bestand" hat uns beide – die Nutzer bzw. Bewohner und uns, die Planer – wie ein Schicksal ereilt. Wir haben uns beide darin zurechtfinden müssen. Da hat es, da oder dort, schon mal Schrammen gegeben: Mal ist ein Raum etwas zu klein oder zu groß, mal ist die Statik im Weg. Solche Einschränkungen bleiben aber marginal, weil die Gesamtstruktur stimmt.

Wegeführungen
und Foyers

Im 1. Obergeschoß wird in erster Linie die horizontale Verteilung zu den einzelnen Häusern besorgt. Auf ihr erreicht jeder sein Ziel; von hier steigen die Treppen und Aufzüge zwei Geschosse auf oder zwei Geschosse ab. Beide führen auch direkt in die unterirdischen Garagen- und Anlieferzonen: Autoverkehr zu ebener

Erde kommt deshalb nicht vor! Dreimal sind die Längsflügel in Querrichtung miteinander verbunden: in der Achse des „Langen Eugen" durch die Eingangshalle, in der Achse der Heinrich-Brüning-Straße über zwei verglaste Fußgängerbrücken und – als südlicher Abschluß – durch Verknüpfung der Häuser 5, 8 und 9.

Geht man auf das Haus zu und steht in der Achse der Vorfahrt, so sieht man, daß die Vorfahrtbrücke im 1. Obergeschoß liegt.

In der Eingangshalle, zwischen den freigespannten Stahlträgern, sieht man zum Langen Eugen hinauf. Die gläsernen Deckenfelder zwischen den Trägern streuen das Licht, schützen vor der Sonne, regeln die Akustik, reflektieren die Wärme. Gezielt lenken sie den Blick auf die Fassade des Hochhauses. Rechterhand beginnt die Gartenstraße. Hier flankieren Bäume eine spiegelnde, langsam und stetig fließende Wasserfläche, die zum Gremiensaal in flachem Keil abfällt. Über Aufzüge und freie runde Treppen erreicht man vom Laubengangfoyer aus nach oben und unten die Redaktionsbüros. Dieses Foyer, der ehemalige „Weg zum Parlament", wird auch als Galerie für Ausstellungen dienen. Im Haus 2, am Südende, gibt es im 2. und 3. Obergeschoß eine Loggia neben der Treppe, einen Pausenraum zum Luftschnappen. Von hier aus blickt man über das Rheintal auf Petersberg und Drachenfels.

Das Casino im Erdgeschoß liegt im ruhigen Innenbereich des Komplexes; es ist von Wasser und Terrassen umschlossen, auch für Gäste gut und direkt zu erreichen. Man schaut auf die

Bäume, auf das Wasser, ein einfacher Biergarten ist nicht weit. Das Netz von Straßen, Wegen, Gassen und Plätzen führt von Norden, vom Hain, über diesen Binnenweg bis zum „Platz" am Casino, der sich jetzt weiter als früher zum Siebengebirge hin öffnet. Das begleitende Wasser umspielt das Casino, führt weiter bis zum Haus 5 mit der Schulung und endet an der vorhandenen Allee. Die ehemals stattlicheren Pergolen sind einfachen Rankengerüsten gewichen, überwallt von Knöterich; er wird das davor liegende Band von dornigen, zu unterschiedlichen Jahreszeiten blühenden Vogelgehölzen so durchdringen, daß mit der Zeit der einfache Zaun in einem grünen Saum aufgeht.

Die Materialien

Was auf den Abbildungen weiß dargestellt ist, ist auch in Wirklichkeit weiß. Innen und außen sind die Wände verputzt und weiß gestrichen. Alle Fenster sind aus graphitfarbenem Metall, da und dort zieht sich wie ein Faden Blau oder Rot durch das Haus. Die Decken sind glatt, ebenfalls weiß und möglichst unversehrt von aufdringlicher Technik. Alles in allem: weder postmoderner Zierat, noch High-Tech-Glamour oder dekonstruktivistische Verwerfungen – eher „spartanisch" einfach, aber klar, freundlich und hell.

Auszüge aus einem Vortrag
im Sendesaal der Deutschen Welle
am 9. November 1998.

longer but also much more conducive to communication. "Chatting in the halls," we are told, is a part of journalism, too.

How is it possible to use the same building for two such entirely different purposes without desecrating something or someone? One answer lies in the fortunate circumstance that both programs—parliament building and broadcasting house—possess virtually the same amount of usable space. But the secret lies in the "structure."

Thanks to the structural approach of the competition design, we were able to react, to continue to span the net over the specific requirements or to drop a few stitches here and there. Nevertheless, this is still "building on existing structure," as the contract language specifies.

This requirement of "building on existing structure" has overtaken us both—the user or resident and us, the planners — like some inevitable fate. We both must come to terms with it. There have been a few obstacles here and there: a room that is a bit too small or large; structural statics get in the way. Limitations of this kind have been marginal, however, since the total structure is right.

Pathways and Foyers

Horizontal connections to the individual building segments are provided primarily on the second floor. People reach their destinations from this level. From here, stairs or lifts ascend or descend over two storeys. Both also lead down to the underground garage and delivery areas. Thus there is no vehicle traffic at ground level!

The longitudinal wings are connected by perpendicular passages at three points: through the entrance foyer in the axis of the "Langer Eugen," through two glass-enclosed pedestrian bridges in the axis of the Heinrich-Brüning-Straße and—as a closure on the south side—a link joining Buildings

5, 8 and 9. If one approaches the building and stands in the axis of the entrance drive, one realises that the entrance drive bridge is located on the second-floor level.

The entrance foyer offers a view upward to the Langer Eugen between two free-spanned steel girders. The glass ceiling panels between the girders disperse the light, protect against solar radiation, regulate the acoustics and reflect heat. They draw the gaze to the facade of the high-rise. The Garden Road begins on the right. Here, trees line the flanks of a slowly but continuously flowing, reflective body of water that descends as a shallow wedge toward the committee room. Access upward or downward to the editorial offices from the arboretum foyer is provided by lifts and open spiral stairways. This foyer, once the "Hallway to Parliament," will also be used as an exhibition gallery.

In Building 2 at the south end of the complex there is a loggia next to the stairs on the third and fourth floors, a place to stop and catch one's breath and enjoy a view over the Rhine Valley to the Petersburg and the Drachenfels.

The casino on the ground floor is located in the quiet inner area of the complex. It is surrounded by water and patios and offers guests good, direct access. Visitors look out at trees and water, and an unpretentious beer garden is not far off. The network of roads, pathways, lanes and squares leads from the north, from the grove of trees, over these interior pathways to the "square" at the casino, which now opens a much wider view to the hills of the Siebengebirge than ever before. The water flows around the casino and continues its course to Building 5, where the training centre is located, ending at the present promenade. The once much more stately pergolas have given way to simple lattices covered with knotgrass vines. The plants will weave themselves amongst the seasonally blooming vegetation so tightly that the simple fence will eventually turn into a green hedge.

Blick vom Rhein auf Haus 2. Modellfoto.
View of Building 2 from the Rhine. Photo of model.

Modellaufsicht mit ablesbarem Netz von Straßen, Wegen und Gassen. Blick von Südwesten.
View of model from above showing network of streets, paths, and alleys. View from the southwest.

Blick auf das im Bau befindliche Kopfgebäude, dessen Casino im Erdgeschoß künftig von Wasserflächen und Terrassen umgeben sein wird.
View of head building under construction. In the future, the casino on the ground floor will be surrounded by pools and terraces.

The Materials

What looks white in the illustrations is actually white in reality. The inside and outside walls are stuccoed and painted white. All of the windows are made of graphite-coloured metal. Here and there a trace of blue or red threads its way through the complex. The ceilings are smooth, also white and as free as possible of bothersome technical installations. All in all there is no post-modern adornment, no high-tech glamour and no deconstructivist distortion—the result is rather "Spartan" simplicity, but it is clear, friendly and light.

Excerpts from an address presented in the broadcasting hall of the Deutsche Welle on November 9, 1998.

Blick in die Achse der Vor-
fahrt. Im Hintergrund der
„Lange Eugen".
Computersimulation.
View into driveway axis.
In the background is the
"Langer Eugen."
Computer simulation.

Blick durch die
Eingangshalle mit frei
gespannten Stahlträgern.
Computersimulation.
View through the
entrance hall with free-
spanned steel girders.
Computer simulation.

Blick durch das Lauben-
gangfoyer.
Computersimulation.
View through the
arboretum foyer.
Computer simulation.

Blick durch die
geschoßhohe Verglasung
in das Laubengangfoyer
mit den angrenzenden
Konferenzräumen.
Computersimulation.

View through the
ceiling-high glass in the
arboretum foyer with
adjacent conference rooms.
Computer simulation.

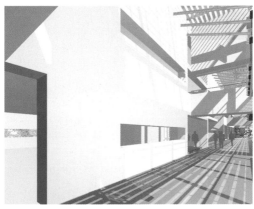

Produktionsstudios mit Regie- und Sprecherraum. Computersimulation.
Production studios with space for producer and speaker. Computer simulation.

Loggia am Südende von Haus 2. Ausblick nach Südosten in Richtung Petersberg und Drachenfels. Computersimulation.
Loggia at south end of Building 2. View to the southeast toward Petersberg and Drachenfels. Computer simulation.

Oben
Südliche Brücken-
verbindung im 1. Oberge-
schoß zwischen Haus 2
und Haus 4. Im Hinter-
grund die Studiohalle.
Computersimulation.

Top
South bridge connection
between Building 2 and
Building 4 in the first
upper story. In the back-
ground is the studio hall.
Computer simulation.

Unten
Rankgerüste.
Computersimulation.
Bottom
Lattices.
Computer simulation.

Mathias Metzmacher
Hanno Osenberg
Matthias Waltersbacher

Obwohl die „Lösung der Wohnungsfrage" in der DDR zu einer zentralen gesellschaftlichen Aufgabe erhoben wurde, gerieten die tristen und verfallenden Häuser in den Altbauquartieren und historischen Stadtkernen eher zu einem Symbol des Systemversagens. Viel zu stark wurden die Investitionen auf den Neubau konzentriert, insbesondere seit den Neubauprogrammen in Plattenbauweise ab 1970. Die notwendige Instand-

Altbauwohnungen in Ostdeutschland

Markt mit Perspektiven?

haltung und Modernisierung im größtenteils verstaatlichten Altbaubestand unterblieben; die Altbauwohnungen gerieten wegen ihrer völlig unzureichenden Ausstattung bei den Bewohnern immer mehr in Verruf. Zwar gab es gegen Ende der achtziger Jahre auch in der DDR partielle Kurskorrekturen in der Bestandspolitik; angesichts des eingetretenen Substanzverlustes kam diese Kehrtwende aber beinahe zu spät.

Während mit der Wiedervereinigung der ordnungspolitische und rechtliche Rahmen für die Transformation des Wohnungswesens gegeben war, konnte diese praktisch nur in kleinen Schritten vollzogen werden. Nach dem im Einigungsvertrag verankerten Grundsatz „Rückgabe vor Entschädigung" begann der auch heute noch nicht abgeschlossene Prozeß der Klärung der Eigentumsverhältnisse und der Rückübertragung von kommunalem in privates Eigentum. Die Mieten deckten kaum die laufenden Kosten, konnten aber mit Rücksicht auf die Wohnkostenbelastung nur schrittweise angepaßt werden. Und mit staatlicher Förderung allein konnte der enorme Finanzbedarf zur Beseitigung des Instandsetzungs- und Modernisierungsrückstandes nicht bewältigt werden.

Vor diesem Hintergrund mußten wohnungspolitische Weichenstellungen vorgenommen werden, ohne daß zuverlässige Informationen über den Gebäude- und Wohnungsbestand und über die Wohnungsversorgung in den neuen Ländern vorlagen; noch viel weniger liefert die amtliche Statistik Informationen zu den Veränderungsprozessen im Bestand. Die damalige Bundesfor-

schungsanstalt für Landeskunde und Raumordnung hat deshalb ein eigenes Beobachtungsinstrument entwickelt, das speziell auf den Altbaumietwohnungsbestand und die hier zu erwartenden Veränderungsprozesse hin zugeschnitten ist: das „Wohnungsbestandspanel" für die neuen Bundesländer. Es ist als repräsentative Stichprobe für Wohnungen der Baujahre bis 1968 in Gebäuden mit drei und mehr Wohnungen konzipiert und beinhaltet damit auch den eher traditionellen Geschoßwohnungsbau der Nachkriegszeit, bevor die Plattenbauweise durchgängig zum Einsatz kam.

Die Besonderheit dieses Beobachtungsinstrumentes liegt in der in Fachkreisen als Panelerhebung bekannten Methode: Die in der Stichprobe enthaltenen Wohnungen wurden, beginnend im Jahr 1992, alle zwei Jahre mit einer Befragung der Eigentümer in ihrer „Biographie" verfolgt; ebenfalls alle zwei Jahre erfolgte ab 1993 eine Befragung der Bewohner. Damit konnte die Entwicklung des älteren Geschoßwohnungsbestandes über den Zeitraum von 1992 bis Anfang 1998 beobachtet werden. 1995 repräsentierte das Wohnungsbestandspanel 73,4 % aller Geschoßwohnungen und 38,5 % des gesamten ostdeutschen Wohnungsbestandes. Mit der Auswertung der dritten Bewohnerbefragung wurde das Wohnungsbestandspanel 1998 abgeschlossen.

Entwicklung der Eigentumsverhältnisse

Obwohl das private Einzeleigentum im Wohnungssektor durch die DDR formal nie abge-

schafft wurde, hatten die privaten Hausbesitzer darüber so gut wie keine Verfügungsgewalt. Durch restriktive Rahmenbedingungen der Wohnungsbewirtschaftung wie Materialknappheit und staatlich verordnete Niedrigmieten wurden sie oft zur Aufgabe ihrer Bestände gezwungen; diese wurden zusammen mit anderen ehemals privaten Beständen durch die kommunalen Wohnungsverwaltungen bewirtschaftet.

Zu Beginn des Panels im Jahr 1992 hatte der kommunale Wohnungsbestand noch einen Anteil von über 60 %; nur knapp 21 % des älteren Geschoßwohnungsbestandes waren bei privaten Eigentümern verblieben. Bis 1997 hat sich eine massive Umschichtung der Eigentumsverhältnisse zugunsten der privaten Eigentümer vollzogen, die nun einen Anteil von knapp 47 % erreichten. Zunehmend fanden auch Transaktionen zwischen privaten Eigentümern statt, was die Dynamik der Eigentumsveränderungen im privaten Bestand noch erhöht. Die Besitzstruktur ist hier recht kleinteilig (Einzeleigentümer, Erbengemeinschaften), was auch dadurch unterstrichen wird, daß viele Eigentümer selbst im eigenen Gebäude wohnen.

Der Prozeß der Klärung der Eigentumsverhältnisse und der Rückübertragung in privates Eigentum erweist sich als äußerst langwierig. Nach wie vor ist ein erheblicher Teil des älteren Geschoßwohnungsbestandes mit Rückübertragungsansprüchen behaftet; diese Quote ist von 20,9 % im Jahr 1994 lediglich auf 16,5 % im Jahr 1996 zurückgegangen. Während die priva-

Häuser in Altenburg.
Das Gerüst dient dem
Schutz der Fußgänger vor
herabfallenden Bauteilen.
Foto 1991.
*Houses in Altenburg.
The scaffolding protects
pedestrians from falling
building parts.
Photo 1991.*

Old-Building Housing in Eastern Germany

Market with Perspectives

Mathias Metzmacher
Hanno Osenberg
Matthias Waltersbacher

Although the goal of "solving the housing problem" was made a central social focus in the GDR, the dismal, dilapidated houses in the old quarters and historical urban centres actually came to symbolise the failure of the system itself. A disproportionate share of investments went to new construction, especially after the advent of the new prefabricated slab-construction in 1970. Urgently needed repair and modernisation of old housing units, most of which had been nationalised, were neglected. Because of their substandard condition, flats in old buildings became increasingly unpopular among residents. Incremental policy corrections with respect to existing housing in the GDR were made in the late 1980s, but in view of the accumulated damage to building construction, this turnabout came almost too late. Although reunification brought new legal and urban planning policy frameworks favourable to transformation in the housing sector, practical progress was made only in small steps. On the basis of the principle of "return before compensation" anchored in the Treaty of Unification, the responsible authorities began the process of clarifying property rights and reconverting property from public to private ownership, a program that has not yet been fully completed. Although rents barely covered operating costs, they could be raised only gradually in order to avoid overburdening residents with disproportionate housing costs. Budget resources were not sufficient to provide all of the funds needed to meet the accumulated demand for repair and modernisation. Under these circumstances it became necessary to make adjustments in housing policy. Reliable information about existing buildings and flats and the quality of housing in the new states was not available, however. Official statistics provided even less information about changes in the overall housing picture. Therefore, the Federal Institute for Country Studies and Regional Planning

developed its own observation tool specifically designed for the purpose of assessing existing rental housing in old buildings and the processes of change that were to be expected in this area: the "Housing Inventory Panel" for the new states. Conceived as a representative sample of flats built before 1968 in buildings with three or more flats, it covers the rather more traditional multi-storey housing complexes of the post-war period before prefabricated slab construction became a widespread phenomenon.

The special feature of this observation tool was the method of the panel survey familiar to experts in the field. Owners of flats identified in the sample were surveyed every two years, beginning in 1992, with respect to the "biography" of their properties. Beginning in 1993, residents were also surveyed every two years. This made it possible to observe developments in older multi-storey housing complexes from 1992 to early 1998. In 1995, the "Housing Inventory Panel" covered 73.4 per cent of all flats in multi-storey buildings and 38.5 per cent of all flats in eastern Germany. The Housing Inventory Panel was completed in 1998 with the analysis of the third resident survey.

Developments in Ownership

Although private ownership of single units in the housing sector was never formally abolished by the GDR, private homeowners had little or no control over their property. Restrictive conditions affecting housing management, including a shortage of materials and government-ordered rent ceilings, often forced owners to give up their properties, which were then managed along with other formerly private holdings by local housing agencies.

In 1992, the first year of the Panel, community-owned flats accounted for more than 60 per cent of all such housing units. Only about 21 per cent of older units in multi-storey

buildings had remained in the hands of private owners. By 1997, a massive shift towards private ownership had taken place, with private owners accounting for 47 per cent of the total. Transactions between private owners were also on the rise, thus intensifying the dynamics of changing property ownership. At this point, ownership structure was characterised by small ownership groups and units (single owners, groups of heirs), which is also underscored by the fact that many owners lived in their own buildings.

The process of clarifying ownership rights and restoring property to private ownership proved difficult and time-consuming. A substantial portion of older housing units in multi-storey buildings was still encumbered with restitution claims. Between 1994 and 1996, the percentage of encumbered units declined only from 20.9 per cent to 16.5 per cent. While privately owned flats were virtually unburdened by restitution claims (1996: 1.7 per cent) and co-operatively owned flats were free of such claims, about 38 per cent of publicly owned flats were still subject to restitution claims in 1996. In fact, fewer publicly owned flats were transferred to secured ownership by housing agencies than were encumbered with new restitution claims between 1994 and 1996.

In the course of the restitution process, an increasing number of objects in which neither the private applicants nor the beneficiary agencies were interested were assigned to public housing agencies, for these still had control of relatively new buildings from the years 1949 to 1968 and the years between the World Wars, for which property ownership rights had been clearly established.

Improvements in Housing Quality

The results of the Housing Inventory Panel of 1992 showed that one-fifth of all old buildings were severely damaged in

Jena, Jenergasse 6.
Vollständige Sanierung
eines Fachwerkhauses aus
dem 18. Jahrhundert.
Fotos 1998 während der
Bauarbeiten und nach
Fertigstellung.
*Jena, Jenergasse 6.
Complete restoration of a
half-timber house from
the 18th century.
Photos 1998 during
construction and after
completion.*

ten Wohnungen mittlerweile kaum noch re-
stitutionsbehaftet (1996: 1,7 %) und die Ge-
nossenschaftswohnungen restitutionsfrei sind,
waren 1996 noch rund 38 % des kommunalen
Wohnungsbestandes von Rückübertragungsansprüchen betroffen. Zwischen 1994 und 1996
sind sogar weniger kommunale Wohnungen in
das gesicherte Eigentum der Wohnungsgesell-
schaften übergegangen, als neu mit Restitu-
tionsforderungen belastet wurden.

Im Zuge der Restitutionsverfahren werden nun
zunehmend solche Objekte den kommunalen
Wohnungsunternehmen zugesprochen, an denen
weder die privaten Antragsteller, noch die be-
günstigten Unternehmen interessiert sind; denn
diese verfügen ja auch noch über relativ junge
Gebäude der Baujahre 1949-68 und der Zwi-
schenkriegszeit mit geklärten Eigentumsverhältnissen.

Verbesserung
der Wohnqualität

Als Folge der jahrzehntelang auf den Neubau
konzentrierten Wohnungspolitik wies nach den
Ergebnissen des Wohnungsbestandspanels 1992
ein Fünftel des Altbaus schwere Gebäudeschäden auf; ganz besonders betroffen waren die
vor 1918 errichteten Gebäude mit einem Anteil
von über 25 %. Zugleich bestand ein erhebli-
ches Ausstattungsdefizit. Im gleichen Jahr
1992 war ein Viertel des Altbaus ohne Bad oder
ohne WC; die Wohnungen des älteren Neubaus
waren in dieser Hinsicht bereits komplett ausgestattet. Eine moderne Heizung (Etagen-,

Zentral- oder Fernheizung) fehlte allerdings
auch hier noch in zwei Fünfteln der Wohnungen, im Altbau sogar in drei Vierteln.

Die dringend notwendigen Instandsetzungs-
und Modernisierungsarbeiten kamen zunächst
nur sehr zögerlich in Gang. Bei der größten
Eigentümergruppe, den kommunalen Wohnungsunternehmen, handelte es sich um Neu-
gründungen, denen das Grundeigentum von den
Städten und Gemeinden übertragen werden
mußte und denen zunächst wegen der langwie-
rigen grundbuchrechtlichen Regelungen nicht
genügend Möglichkeiten zur Kreditaufnahme
zur Verfügung standen. Zudem boten die niedrigen Ausgangsmieten (im Altbau weniger als
1 DM/qm) keine finanzielle Grundlage für
Instandsetzungen; hinzu kamen die ungeklärten
Eigentumsverhältnisse.

So wie diese Hindernisse Schritt für Schritt
abgebaut werden konnten, steigerte sich im
älteren Geschoßwohnungsbestand der Umfang
der jährlichen Modernisierungstätigkeit zwischen 1992 und 1996 stetig von 10 % bis auf
22,5 %. Mittlerweile sind fast 60 % des untersuchten Bestandes in irgendeiner Weise erneuert worden. Als erstes wurden die langjährigen
Privateigentümer aktiv; ihre Gebäude – obwohl
fast ausschließlich vor dem Kriege errichtet –
befanden sich noch in einem vergleichsweise
guten Zustand, so daß die notwendigen
Instandsetzungen nicht allzu aufwendig waren
und überwiegend Modernisierungen mittlerer
Intensität durchgeführt wurden. Ganz besonders günstig wirkte es sich dabei aus, wenn der

Eigentümer das Gebäude auch selbst mit
bewohnte, was in den neuen Ländern noch verhältnismäßig häufig der Fall ist.

In der zweiten Phase (1993/94) begannen die
Genossenschaften auf breiter Basis mit der
Bestandserneuerung. Sie konzentrierten sich
dabei auf den älteren Neubau und haben hier
bis Ende 1997 gut 90 % ihrer Wohnungen
zumindest teilweise modernisiert. Da die Nachkriegswohnungen alle über Bad und WC verfüg-
ten, beschränkte sich die Erneuerungen häufig
auf Heizung und Wärmedämmung und verur-
sachten deshalb deutlich geringere Kosten als
im Altbau. Aufgrund des erreichten Standes
sind von den Genossenschaften zukünftig weniger Modernisierungen zu erwarten. Zu wün-
schen ist eine stärkere Einbeziehung des Altbaus, und auch die Plattenbauten (ab Baujahr
1968 nicht mehr im Panel enthalten, aber
durch andere Untersuchungen dokumentiert)
haben noch eher einen Modernisierungsbedarf
als die älteren Neubauten.

In die durch Rückübertragung oder durch Kauf
von privat erworbenen Gebäude wurde in der
zweiten Phase noch recht wenig investiert. Es
sah deshalb zunächst so aus, als bliebe der mit
der Rückübertragung und Privatisierung ange-
strebte Investitionsschub aus. In der dritten
Phase (1995/96) verdreifachte sich die jährli-
che Modernisierungsquote dieser Eigentümergruppe jedoch auf nahezu 30 % und erreichte
damit annähernd die der Genossenschaften. Im
Gegensatz zu diesen handelt es sich bei den von
privat modernisierten Gebäuden überwiegend

Jena, Karl-Liebknecht-
Straße 39.
Sanierung eines Miets-
hauses von 1910.
Fotos 1998 vor und nach
der Erneuerung der
Fassade.
*Jena, Karl-Liebknecht-
Straße 39. Restoration of
an apartment building
from 1910. Photos 1998
before and after the
renovation of the facade.*

the wake of years of housing policies focused upon new construction. Most affected were buildings erected before 1918, accounting for 25 per cent of the total. A substantial deficit in furnishings and facilities was also identified. In 1992, one-fourth of housing units in old buildings had neither bathrooms nor toilets, whereas flats in older new buildings were fully equipped with such facilities. Even here, however, two-fifths of all flats had no modern heating system (storey-level, central or remote heating); the equivalent figure was three-fourths in the old-building sector.

Urgently needed repair and modernisation measures were initially undertaken at a very slow pace. The largest group of owners, the local housing agencies, were newly founded organisations to whom property ownership rights had been assigned by the cities and local communities. Due to the time-consuming process of accomplishing the required changes in the property register, these organisations found it difficult to obtain sufficient credit at first. In addition, the low original rents (less than 1 DM per square metre in old buildings) provided no financial foundation from which to fund repair work; moreover, unresolved ownership rights contributed to the problem as well.

As these obstacles were gradually eliminated, the annual volume of old-building modernisation activity rose steadily from 1992 to 1996 from 10 per cent to 22.5 per cent. Today, nearly 60 per cent of old-building housing units covered by the study have been renovated to one extent or another. The first to become active were private owners of many years' standing. Their buildings—although nearly all erected before the war—were still in relatively good condition, which meant that the repair measures required were not excessively costly and emphasis could be placed upon modernisation work of moderate intensity. A particularly favourable effect was observed wherever the property

owner lived in a building, a relatively frequent circumstance in the new states. In the second phase (1993/94), co-operatives began to undertake renewal measures on a broad basis. They concentrated primarily on older new buildings, and had, by 1997, renovated about 90 per cent of their flats at least partially. Since all flats built after the war were equipped with bathrooms and toilets, modernisation work was often restricted to heating systems and heat insulation and thus generated lower costs than measures required in old buildings. Given the current state of these buildings, it is likely that co-operatives will initiate fewer modernisation measures in the future. Greater attention to old buildings would be desirable, however, and the prefabricated slab buildings (not covered by the Panel if erected after 1968 but documented in other studies) appear to require more in the way of modernisation than the older new buildings.

Very little was invested in buildings acquired through restitution or private purchases during the second phase. Thus it initially appeared as if the investment surge expected as a result of restitution and privatisation would not be forthcoming. In the third phase (1995/96), however, the rate of modernisation undertaken by this group of owners tripled to nearly 30 per cent, almost matching that of the co-operatives. In contrast to the latter, most of these privately renovated buildings were old structures, and the measures undertaken were comparatively minor.

The local housing agencies intensified their modernisation efforts during the third phase as well, once property ownership issues had been largely clarified. Nevertheless, ownership of a large proportion of old buildings remained unsettled. No modernisation work was done on these buildings, and the incidence of severe building damage continued to rise (from 22 per cent in 1994 to 38 per cent in 1996). Like

the co-operatives, the local housing agencies tended to focus their renewal activity on older new buildings, renovating about 80 per cent of all occupied flats to one extent or another. They referred to this segment, with reference to its occupants as well, as their "best properties." With respect to the substantial need for modernisation in old buildings—particularly those erected before 1918—the local agencies found themselves rather at a loss for solutions, as they admitted themselves. Even where property ownership issues had been resolved, only 7.5 per cent of such buildings were renovated annually in 1995/96 (compared to 25 per cent by private owners). The main problem was the high cost of modernisation work. A complete modernisation in an old building costs 1,800 DM per square metre, as opposed to 1,000 DM per square metre in new buildings. The worse the condition of the building, the higher the proportion of costs for repairs which merely eliminate damage but do not raise the standard of housing quality. Only actual modernisation costs could by added as an 11-per-cent surcharge to flat rents. Because repairs on old buildings owned by local agencies generated such high costs, the agencies found it difficult to finance modernisation measures. Yet even the modernisation costs that could be distributed to rents created problems, as the resulting rent raises proved too high for the occupants of community-owned old buildings.

The original rents charged for housing units in the GDR were so low (0.70 DM per square metre in old building and 1.10 DM per square metre in new buildings) that proper building management—in particular maintenance and repair—was virtually impossible.

The transition to a comparison-based rent system was intended to enable owners to cover their costs and to provide positive impulses for independently financed new con-

um Altbauten und zugleich um deutlich aufwendigere Maßnahmen.

Auch die kommunalen Wohnungsunternehmen haben ihre Modernisierungstätigkeit erst in der dritten Phase steigern können, nachdem die eigentumsrechtlichen Fragen zu größeren Teilen geklärt werden konnten. Dennoch gibt es weiterhin einen nennenswerten Anteil von Altbauten mit ungeklärter Eigentumssituation, bei denen keine Erneuerungstätigkeit stattfindet, sondern im Gegenteil die schweren Gebäudeschäden noch weiter zunehmen (von 22 % 1994 auf 38 % 1996). Ähnlich wie die Genossenschaften modernisierten auch die kommunalen Wohnungsunternehmen bisher bevorzugt die älteren Neubauten und haben hier die bewohnten Wohnungen schon zu 80 % in irgendeiner Weise erneuert. Sie bezeichnen dieses Segment auch von der Belegung her als ihre „besten Bestände". Dem großen Erneuerungsbedarf im Altbau – und zwar vor allem in den vor 1918 errichteten Gebäuden – stehen sie nach eigener Aussage jedoch recht ratlos gegenüber. Auch wo die Eigentumsverhältnisse geklärt sind, wurden 1995/96 nur 7,5 % pro Jahr modernisiert (private Eigentümer zum Vergleich: 25 %). Das Hauptproblem sind die hohen Erneuerungskosten. Eine Vollmodernisierung kostet im Altbau 1.800 DM/qm, im Neubau 1.000 DM/qm. Je schlechter der Gebäudezustand ist, desto größer ist der Anteil der Instandsetzungskosten für die Maßnahmen, die lediglich die Schäden beseitigen, nicht aber den Standard verbessern. Nur der Kostenanteil für die eigentliche Modernisierung kann als 11 %iger Zuschlag auf die Miete umgelegt werden. Da der kommunale Altbau einen besonders hohen Instandsetzungskostenanteil hat, ist seine Modernisierung für die Wohnungsunternehmen schwer zu finanzieren. Aber auch die auf die Miete umzulegenden Modernisierungskosten schaffen Probleme, da die resultierenden Mieterhöhungen sich für die Mieterschaft des kommunalen Altbaus als zu hoch erweisen.

Die Ausgangsmieten des DDR-Wohnungsbestands waren mit 0,70 DM/qm im Altbau und 1,10 DM/qm im Neubau so niedrig, daß sie keine ordentliche Bewirtschaftung, also vor allem keine Instandsetzung und Instandhaltung der Wohnungen erlaubten.

Mit der Überleitung in das Vergleichsmietensystem sollten sowohl die Kostendeckung im Bestand erreicht als auch Impulse für den freifinanzierten Neubau vermittelt werden und zugleich die Einkommensentwicklung bei der Mietzahlungsfähigkeit der Haushalte angemessen berücksichtigt werden. Diese in mehreren Schritten organisierte Überleitung fand ihren Abschluß mit der zum 1.1.1998 erfolgten völligen Angleichung an das Mietrecht der alten Länder. Seitdem können die Mieten bei Neuab-

schlüssen frei vereinbart werden und die Mieten im Bestand entsprechend den ortsüblichen Vergleichsmieten angehoben werden. Dieser letzte Schritt hat noch nicht in das Wohnungsbestandspanel einfließen können, da die letzte Bewohnerbefragung zum Jahresende 1997 stattfand. Anhand von Experteneinschätzungen wird jedoch klar, daß der Übergang in das Vergleichsmietensystem ohne außergewöhnliche Mietsteigerungen vonstatten ging, so daß die Ergebnisse des Panels ihre Gültigkeit behalten. Diese „weiche Landung" der Mietenüberleitung wurde durch das umfangreiche Neubauangebot möglich, das auf die hohen Sonderabschreibungsmöglichkeiten in den neuen Ländern zurückzuführen ist und zusammen mit den Einwohnerverlusten eine Entspannung des Wohnungsmarktes bewirkt hat.

Im älteren Geschoßwohnungsbestand stiegen die Bruttokaltmieten (inklusive Nebenkosten, aber ohne Heizkosten) unmodernisierter Wohnungen bis Ende 1997 auf 7,82 DM/qm mit einer deutlichen Differenzierung nach der Ausstattung zwischen 8,47 DM/qm für Wohnungen mit Sammelheizung und 6,87 DM/qm, wenn Küche, Bad oder WC fehlen. Nach einer Modernisierung beträgt die Miete im Durchschnitt 10,20 DM/qm, wobei vollmodernisierte Wohnungen 11,02 DM/qm, teilmodernisierte hingegen nur 8,78 DM/qm kosten. Bei sehr aufwendigen Modernisierungen – vor allem im privaten Altbau – reicht das Mietniveau bis zu über 14 DM/qm. Im Gegensatz zu den verordneten und damit sehr homogenen Mieten streuen die heutigen Mieten sehr viel stärker.

Vor allem die Modernisierungen haben dazu geführt, daß sich die Mieten zwischen 1995 und 1997 schneller erhöht haben als die Einkommen. Die durchschnittliche Mietbelastung ist von 18,7 % auf 23,1 % gestiegen. Während sie in unmodernisierten Wohnungen bei 20,5 % liegt, beträgt sie nach Vollmodernisierung 25,4 %. Sie erreicht damit im Durchschnitt einen Wert, der in der Wohnungspolitik allgemein als Obergrenze angesehen wird, so daß die Möglichkeiten, die hohen Modernisierungskosten aus der Miete zu finanzieren, weitgehend ausgeschöpft sind.

Um diese Probleme abzumildern, wird die Wohnungsmodernisierung in den neuen Ländern durch verschiedene Programme besonders gefördert, im älteren Geschoßwohnungsbau profitierten davon etwa 60 % der modernisierten Wohnungen. An erster Stelle ist die Vergabe von zinsgünstigen Darlehen der Kreditanstalt für Wiederaufbau (KfW) zu nennen, die bei einem nicht allzuhohen Fördereffekt pro Wohnung mit einem Kreditvolumen von bislang 70 Milliarden die größte Breitenwirkung erzielt hat. An zweiter Stelle stehen die Modernisierungsförderungsprogramme der Länder, die auf

Maßnahmen mittlerer Intensität zugeschnitten sind, aber nur etwa ein Fünftel aller Modernisierungen erreichen. Noch seltener können Mittel der Städtebauförderung (in Sanierungsgebieten) oder des sozialen Wohnungsbaus (für Aus- und Umbau) in Anspruch genommen werden.

Private Eigentümer mit hohem Einkommen und dementsprechenden Steuersätzen profitierten bis 1998 von den extrem günstigen Abschreibungsmöglichkeiten des Fördergebietsgesetzes; dies hat sicherlich zu dem beobachteten Modernisierungsschub beigetragen. Ab 1999 ist die steuerliche Förderung auf eine Investitionszulage von 15 % umgestellt worden, von der nun auch die Wohnungsunternehmen profitieren können. Die Obergrenze von 1.200 DM/qm für die förderfähigen Kosten ist jedoch für den Altbau zu niedrig. Es fehlt also gerade für diese besonders kritischen Bestände mit dem dringendsten Erneuerungsbedarf noch ein geeignetes Förderinstrument.

Wohnungsleerstand

Wie notwendig die nachholenden Bestandsinvestitionen und wie schwierig die Rahmenbedingungen hierfür sind, zeigt sich nicht zuletzt in der Entwicklung der Wohnungsleerstände. Das Panel bietet hier die Möglichkeit, verschiedene Formen und Ursachen des Phänomens „Leerstand" differenziert zu untersuchen.

So werden sogenannte Substandardwohnungen (unterdurchschnittliche Ausstattung) mit maroder Bausubstanz von den Eigentümern in Erwartung schlechter Vermietbarkeit gar nicht erst angeboten. Eine andere Form von Leerstand geht auf die Modernisierung von Wohnungen in unbewohntem Zustand zurück, auch wenn dieser Zustand nur vorübergehend ist. Es gibt aber auch den marktbedingten Leerstand von Wohnungen, die zwar zur Vermietung anstehen, aber nicht ausreichend nachgefragt werden: Dies betrifft sowohl Wohnungen mit nicht mehr zeitgemäßer Ausstattung und/oder schlechter Lage, als auch durch umfangreiche Modernisierungsmaßnahmen aufgewertete Bestände. Bei dieser zweiten Gruppe stößt die Wohnkaufkraft der Haushalte angesichts der Einkommen und der Lage auf dem Arbeitsmarkt an ihre Grenzen.

Nach den Gründen für den Leerstand gefragt, geben die Eigentümer für 1996 an, daß die Leerstände zu gleichen Teilen jeweils auf Modernisierungsmaßnahmen und auf bauliche Mängel bzw. Substanzverfall zurückgehen; zusammen machen diese etwa 80 % aller Fälle aus. Knapp 8 % der Leerstände sind durch Mieterwechsel verursacht, in der Regel bis zu einer Dauer von drei Monaten. Die restlichen 12 % beinhalten unter anderem auch die marktbedingten Leerstände aufgrund von Vermietungs-

struction, while taking into account developments in household income and ability to pay rents at the same time. Organised in several successive steps, this transition was completed with the total harmonisation of rent laws with those of the old states on January 1, 1998. Since that time, rents for new rental contracts are freely negotiable, and rents can be raised within the limits defined by local rent indexes. This last step was not reflected in the Housing Inventory Panel as the last resident survey was conducted at the end of 1997. However, expert assessments clearly suggest that the transition to a comparison-based rent system was accomplished without inordinate increases in rents, so that the results of the Panel can be regarded as essentially valid. This "soft landing" in rent harmonisation was made possible by the substantial increase in the supply of new housing, which is attributable primarily to the special tax benefits and write-offs granted for housing construction in the new states and which has contributed, along with declining population figures, to a relaxation in the housing market.

Base rents (including all secondary costs and utilities except for heating) for flats in older multi-storey housing units rose by late 1997 to an average of 7.82 DM per square metre, with significant deviations ranging from 8.47 DM per square metre for flats with central or storey-heating to 6.87 DM per square metre for flats without bathrooms or toilets. The average rent for flats following modernisation was 10.20 DM per square metre, whereby completely modernised flats cost 11.02 DM per square metre and partially modernised flats were rented for as little as 8.68 DM per square metre. In the case of major modernisation measures—primarily in privately-owned old buildings—rents were as high as 14 DM per square metre. In contrast to the regulated and thus highly homogeneous rents, today's rents

are distributed over a much broader range. Modernisation measures were the most significant factor in the trend that saw rents rising more rapidly than income during the period 1995–1997. Expressed as a percentage of household income, average housing costs rose from 18.7 to 23.1 per cent. The figure for unrenovated flats is 20.5 per cent and rises to 25.4 per cent for fully modernised flats. Thus they reached an average value that is generally regarded as the upper limit by housing policymakers. This means that the potential for financing high modernisation costs from rental income was exhausted for the most part.

In an effort to combat these problems, a number of programs were launched for the purpose of subsidising housing unit modernisation in the new states. About 60 per cent of renovated flats in older multi-storey housing complexes benefited from these programs. The most noteworthy of these measures was the provision of low-interest loans by the Kreditanstalt für Wiederaufbau (Reconstruction Credit Institute, KfW), which has achieved the greatest broad-based effect with a moderate subsidising effect for each unit and a total credit volume of 70 billion DM to date. The second most significant contributors were the modernisation subsidy programs initiated by the states, which were focused on medium-intensity measures but reached only about one-fifth of all modernisation work. In rarer cases, urban development funds (in urban renewal areas) or resources dedicated to social housing (for expansion and conversion) were distributed.

Private owners with high incomes in corresponding tax brackets profited until 1998 from the extremely favourable tax write-offs provided for in the Regional Subsidisation Law. This certainly contributed significantly to the observable surge in modernisation activity. In 1999, tax benefits were converted to a flat 15-per-cent investment subsidy,

which housing agencies can now take advantage of as well. The ceiling of 1,200 DM per square metre for subsidisable costs is too low for old-building modernisation, however. Thus suitable subsidy programs are still lacking for this particularly critical housing segment.

Vacant Housing Units

Developments in housing unit vacancies illustrate the great need for investment in existent buildings and the difficulties that arise from the general context. In this regard, the Panel offers an opportunity to examine the various forms and causes of the phenomenon of vacant housing units in close detail.

Many so-called substandard flats with poor building substance are not even offered for rent by their owners, due to low rental expectations. Another form of vacancy arises as a consequence of modernisation measures carried out in unoccupied flats, although this situation is generally temporary. Flats are also vacant because of market conditions; many are listed for rental but remain empty due to insufficient demand. This category includes both flats with substandard facilities and furnishings or units located in less desirable residential areas as well as those upgraded through extensive modernisation measures. With respect to the latter group, the purchasing power of households has reached its upper limits as determined by incomes and the labour market situation.

Asked about the reasons for flat vacancies, owners indicated in 1996 that vacancies were attributable in equal measure to modernisation measures and building deficiencies and/or building substance deterioration. Together, these explanations covered about 80 per cent of all cases. Barely 8 per cent of vacancies were the result of changes in occupancy resulting in vacancy periods of up to 3 months.

schwierigkeiten. Da der Abschluß der Modernisierungstätigkeit noch nicht abzusehen ist, wird der Anteil von aufwendig modernisierten, marktbedingt leerstehenden Wohnungen wahrscheinlich noch anwachsen. Bei für die Rentabilität der Modernsierung notwendigen Mieten von 10 DM/qm und mehr steht diesen ein steuerlich gefördertes Neubauangebot gegenüber, das mancherorts zu Preisen von 12 bis 13 DM/qm auf den Markt gebracht wird; außerdem sind viele Plattenbauwohnungen saniert worden, und es ist ein regelrechter Boom im Neubau von Eigenheimen zu beobachten.

Hinzu kommen städtebauliche und funktionale Defizite der innerstädtischen Wohnstandorte, so daß die eigentlichen Standortvorteile der inneren Stadt (kurze Wege, Erlebnisvielfalt) nicht zum Tragen kommen. Investitionen in den Altbaubestand werden damit zu einer Gratwanderung zwischen Leerstandsrisiko und dem Verfallenlassen von städtebaulich unverzichtbaren Beständen. Dies wird auch daran deutlich, daß gerade bei den ältesten Gebäuden der Baujahre bis 1918 die Leerstandsquote mit Abstand am höchsten ist; sehr häufig stehen hier auch ganze Gebäude leer. In der mittleren Baualtersklasse 1919 bis 1948 ist der Leerstand deutlich geringer, liegt aber immer noch weitaus über den entsprechenden Werten der Nachkriegsbaujahrgänge.

Haushaltsstruktur, Wohnungsversorgung und Fluktuation

Abgesehen von den Baujahrgängen bis 1918 ist der ältere Geschoßwohnungsbestand hauptsächlich von eher kleinen Wohnungen geprägt: Die bewohnten „Panelwohnungen" sind im Schnitt 62,3 qm groß und weisen 2,7 Wohnräume plus Küche auf; besonders klein sind kommunale Nachkriegsbestände mit 53 qm im Durchschnitt. Die Haushaltsstruktur des Panels ist dementsprechend hauptsächlich durch Ein- und Zweipersonenhaushalte im Rentenalter, Zweipersonenhaushalte mittleren Alters und kleine Familien geprägt; ein Drittel aller Haushalte sind kleine Haushalte im Seniorenalter! Diese Struktur hat sich im Verlauf des Panels nur wenig verändert, während sich zwischen den einzelnen Teilmärkten eine ganz erhebliche Umschichtung der Bewohnerschaft vollzieht. Hierfür sind hauptsächlich drei Faktoren verantwortlich: Zunächst sind es die aufgezeigten Veränderungen im Wohnungsbestand wie Eigentümerwechsel, Modernisierungen und Mietsteigerungen. Ein zweiter Grund ist die rapide angestiegene Mobilität auch als Ausdruck neuer, vorher nicht vorhandener Wahlmöglichkeiten: Im Jahr 1997 sind knapp 14 % der Bewohner eingezogen, in Altbauwohnungen der Baujahre bis 1948 sogar 18 %. In den Plattenbaubeständen liegen die Fluktutationsraten

gegenwärtig (1998) je nach Bestandstyp und regionaler Lage zwischen 10 und 20 %. Insgesamt sind seit 1994 ein Drittel aller Wohnungen im untersuchten Wohnungsbestand neu belegt worden!

Schließlich haben sich nicht nur die Einkommen, sondern auch die Ansprüche an das Wohnen gewandelt: Bei den Einzügen handelt es sich mehrheitlich um junge Ein- und Zweipersonenhaushalte und Familien mit einem kleinen Kind; als Einzugsmotive werden deshalb Haushaltsgründung oder der Wunsch nach einer größeren Wohnung genannt. Diese beiden Hauptmotive haben im Verlauf der Panelbeobachtung allerdings an Bedeutung abgenommen, während der Wunsch nach einer besser ausgestatteten Wohnung deutlich zugenommen hat.

Auf der anderen Seite äußern rund 19 % der befragten Haushalte Auszugsabsichten. Hier haben sich die Schwerpunkte von den unmittelbar wohnungsbezogenen Auszugsgründen wie Ausstattung und Größe zu den eher wohnumfeldbezogenen Kriterien verschoben. Teile der Bewohnerschaft gehen also den Wohnungsunternehmen trotz ihrer erheblichen wohnungsbezogenen Investitionen verloren; allerdings treten neue Nachfragegruppen an ihre Stelle (z. B. junge Singles).

Auch innerhalb der Bewohnerschaft zeigen sich als Folge von Wohnungsbestandsveränderungen segregative Tendenzen. So machen in den Wohnungsbeständen, die zwischen privaten Eigentümern gewechselt haben, Haushalte mit einem relativ hohen Einkommen über ein Viertel der Belegung aus; sie sind hier weitaus häufiger vertreten als bei den von kommunal nach privat rückübertragenen Wohnungen. Gegenüber den kommunalen Altbauwohnungen liegt der Anteil dieser Einkommensgruppe sogar um rund das Vierfache höher! Umgekehrt entfallen bei den kommunalen Altbauwohnungen mit offenen Eigentumsverhältnissen rund 60 % aller Einzüge seit 1994 auf einkommensschwache Haushalte. Weniger betroffen von derartigen Polarisierungstendenzen sind die Wohnungen, die immer bei privaten Eigentümern geblieben waren; sie weisen eine recht ausgeglichene und auch stabile Bewohnerstruktur auf.

An den Verbesserungen der Wohnungsqualität partizipieren nicht alle Haushalte in gleichem Maße. So wohnen junge Singles mit geringem Einkommen, junge Paare und Familien mit kleinen Kindern sowie Alleinerziehende überdurchschnittlich häufig in Substandardwohnungen. Haushalte im Seniorenalter erreichen die besten qualitativen Versorgungswerte – ein erfreulicher Befund, denn diese dürften eher als die jungen „Starterhaushalte" auf eine gute Sanitärausstattung und eine moderne Heizung angewiesen sein. Bei den Neueinzügen zeigt

sich, daß insbesondere die Seniorenhaushalte, aber auch Familien mit größeren Kindern und Paare im mittleren Alter, also die „konsolidierten" Haushalte überdurchschnittlich von den Modernisierungen profitieren.

Fazit

Durch die Herstellung entsprechender Rahmenbedingungen und die Mobilisierung privater Initiative ist die Transformation des Wohnungswesens in den neuen Ländern mittlerweile weit vorangekommen. Anhand der Panelergebnisse wird deutlich, daß die Wohnungspolitik diesen Prozeß sowohl mit angebots- als auch nachfrageorientierten Strategien begleiten muß. Insbesondere bei der Modernisierungsförderung kann auf staatliche Intervention nicht verzichtet werden, damit die drohende Polarisierung zwischen aufgewerteten Beständen und der wichtigen, aber bislang nur ansatzweise in den Erneuerungsprozeß einbezogenen Altbausubstanz abgewendet werden kann.

Nachdem die Modernisierung der Nachkriegswohnungen weitgehend abgeschlossen ist und mit dem Ende der Sonderabschreibungen sowie beginnender Nachfrageschwäche das Engagement von Kapitalanlegern im Altbau zurückgeht, bleiben die noch unmodernisierten problematischen Altbauten mit sehr schlechter Bausubstanz als künftige Aufgabe, davon besonders viele im Besitz kommunaler Wohnungsunternehmen.

Um hier zu einer nachhaltigen Bestandserhaltung zu kommen, müssen zum einen neue Modernisierungsstrategien einer mittleren Intensität entwickelt werden und zum anderen Förderinstrumente, die weniger auf Breitenwirkung als auf gezielte Unterstützung der besonders problematischen Bestände ausgerichtet sind. Bundespolitisch kann dies durch eine verbesserte Ausgestaltung der Investitionszulage für vor 1918 errichtete Altbauten und durch Aufstockung bzw. Umschichtung der Mittel für den sozialen Wohnungsbau zum Zwecke des Um- und Ausbaus erreicht werden. Dazu gehört auch eine Bündelung von wohnungspolitischen und städtebaulichen Zielen und Instrumenten auf lokaler Ebene.

Im Sinne einer stärkeren Orientierung der Wohnungspolitik auf den Bestand wird es weiterhin Aufgabe des Bundesamtes für Bauwesen und Raumordnung sein, bundesweit Informationen zu den Veränderungsprozessen im Wohnungsbestand bereitzustellen und hierfür das eigene Beobachtungsinstrumentarium weiterzuentwickeln.

The remaining 12 per cent accounted for market-induced vacancies reflecting difficulties in finding renters. As it is impossible to predict when modernisation activity will be completed, the percentage of extensively renovated, market-induced vacancies is likely to rise further. Given rents of 10 DM per square metre and up required to ensure the profitability of modernisation measures, these units are confronted with new housing subsidised by tax breaks and offered in many places at prices around 12 or 13 DM per square metre. In addition, a large number of prefabricated slab construction buildings have been renovated, and a genuine boom in new single-home construction is currently observable.

Also worthy of note are city-planning and functional deficits in urban residential areas, in consequence of which the original benefits of location in urban centres (short routes, diversity of opportunities) lost their attraction. Thus investment in old buildings becomes a tight-rope walk between the risk of long-term vacancy and the deterioration of indispensable urban structures. This is made evident by the fact that vacancy rates are by far the highest in the oldest buildings erected before 1918. In many cases entire buildings stand empty. The vacancy rate is considerably lower in the middle age-group comprising buildings erected between 1919 and 1948 but remains appreciably higher than that of post-war structures.

Household Structures,
Housing Quality and Fluctuation

With the exception of buildings constructed up to and including 1918, older multi-storey residential buildings are made up primarily of relatively small housing units. The occupied "Panel-flats" have an average floor space of 62.3 square metres and 2.7 rooms plus kitchen. Community-owned post-war housing has the smallest average unit size at 53 square metres. Accordingly, the most common of household structures identified in the panel were one- and two-person households with retirement-age members, two-person households with middle-aged residents and small families. One-third of the total consisted of small households with pensioners. This structure did not change significantly during the years of the Panel study, although a major shift in occupancy became evident in specific submarkets. This was due primarily to the influence of three factors. The first encompassed the previously discussed changes in the housing sector brought about by changes in ownership, modernisation and rent increases. A second explanation is to be found in the rapid rise in mobility as an expression of new, previously unavailable opportunities for choice. Roughly 14 per cent of residents took occupancy in 1997 – 18 per cent in old-building units dating from the years up to 1948. Fluctuation rates for prefabricated slab construction buildings currently (1998) range between 10 and 20 per cent, depending upon building type and regional location. All in all, one-third of all flats identified in the study were newly occupied during the period beginning in 1994! It should be noted that both incomes and personal standards of housing quality have changed. The majority of new occupants are young one- and two-person households and families with a small child. Thus the desire to found a household or to have a larger flat were most often cited as reasons for moving. These two motives decreased in importance over the course of the Panel study, however, while the desire to have a better equipped and furnished flat was cited more and more often.

One the other hand, 19 per cent of all households surveyed expressed intentions to move. In this context, priorities appear to have shifted from issues directly related to flats, such as size and comfort, towards housing environment criteria. Thus housing associations have lost many occupants in spite of their substantial investments in housing improvement. It should be mentioned that new demand groups have replaced them, however (e.g. young singles).

Changes in housing availability and conditions have also engendered segregative tendencies among the occupant population. Thus in housing units that have changed from one private owner to another, household with relatively high incomes now account for more than one-fourth of all occupants. They are much more strongly represented in this segment than in flats restored by local governments to private ownership. Compared to community-owned old-building housing units, the percentage of occupants in this income group is about four times as high! On the other hand, low-income households account for roughly 60 per cent of all new occupancies in community-owned old-building housing units since 1994. Less affected by these polarising tendencies are flats that have remained in the hands of private owners over the years. They show a fairly well-balanced, stable occupant-household structure.

Not all households benefit to the same extent from housing-quality improvement efforts. A disproportionate number of young singles with low incomes, young couples, families with small children and single-parent households tend to live in substandard housing. Households comprising the elderly achieved the highest housing-quality ratings—a gratifying result, as they are likely to be more dependent upon good sanitary facilities and modern heating systems than younger "fledgling" households. Statistics on new occupancies show that seniors' households, along with families with older children and middle-aged couples—"consolidated" households, in other words—have profited most from modernisation measures.

Summary

Thanks to the establishment of a suitable framework and the mobilisation of private resources, the transformation of the housing sector in the new states has now progressed significantly. As the Panel results make clear, housing policy must support this process with both demand- and supply-oriented strategies. Government intervention remains particularly important in the area of modernisation, in order to ensure that the developing polarisation between improved housing and important old-building substance, which has previously been integrated only partially into the renewal process, can be reversed.

Now that the modernisation of post-war housing units is virtually complete and the commitment of investors to old-building projects has begun to wane as a result of the elimination of special tax write-offs and the first signs of diminishing demand, the as yet unrenovated, problematic old-buildings with poor building substance—a large number of which are owned by local housing agencies—now represent a major future challenge. Two approaches are needed if we are to achieve long-term preservation of these old buildings: new modernisation strategies of medium intensity and subsidy programs focused less on broad effects than on systematic support for especially endangered buildings. In terms of federal policy, this can be accomplished by improving the investment credit for old-buildings erected before 1918 and by increasing resources or shifting funds now allocated to social housing construction to conversion and expansion measures. This must also include the consolidation of housing policy and urban planning goals and instruments at the local level.

In the interest of a stronger housing-policy orientation toward existing housing, the Federal Office of Building and Regional Planning will continue to provide information on changes in the existing housing sector at the national level and to pursue the objective of refining its own instruments of observation and assessment.

Der Bau eines Botschaftsgebäudes in einem fremden Land ist gleichzeitig eine „Botschaft" vom Selbstverständnis des Landes, aber auch eine Reverenz an den Gastgeber, dessen Geschichte und Kultur. Ein Bauwerk bezieht seine Gestalt aus dem Auftrag, den seine Zweckbestimmung herleitet, aus der Auseinan–

Walter Belz

Deutsche Botschaft Peking

Bauherr *client*
Bundesrepublik Deutschland
Bundesministerium für Verkehr,
Bau– und Wohnungswesen
Bundesamt für Bauwesen und Raumordnung
Eva Behérycz, Sigurd Freitag, Detlef Eckelmann
Nutzer *user*
Auswärtiges Amt / Deutsche Botschaft in Peking

Architekten *architects*
Kammerer + Belz, Kucher und Partner, Stuttgart
Hans Kammerer, Walter Belz, Klaus Kucher
Projektleiter *project manager*
Klaus Zimmermann
Landschaftsarchitekten *landscape architects*
Luz + Partner, Stuttgart
Tragwerksplanung *structural design*
Boll + Partner, Stuttgart

Künstler *artists*
Michael Croissant, Haar
Frank Dornseif, Berlin
Thomas Kaminsky, Köln

Planungstermine *project stages*
Entwurfsbeginn *start of design* **1985**
Baubeginn *start of construction* **1994**
Fertigstellung *completion* **1998**

Blick durch die Zentrale
Halle der Kanzlei auf die
Wendeltreppe und die
Erschließungsbrücken der
Obergeschosse.
*View through the central
hall of the embassy toward
the spiral staircase and
the circulation bridges in
the upper stories.*

Seite 86
Blick von Süden über den
Vorplatz auf die Eingangsfassade der Kanzlei.
Page 86
*View from the south
across the main plaza
toward the entrance facade
of the embassy building.*

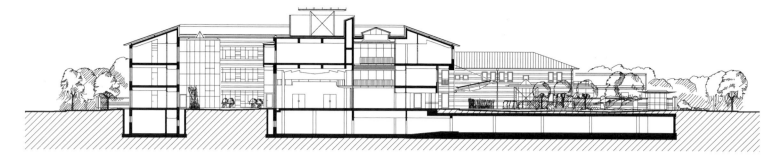

Schnitt durch das Kanzleigebäude in Nord-Süd-Richtung.
North-south section of embassy building.

dersetzung mit dem Ort, an dem es entstehen soll und natürlich auch aus der Auseinandersetzung von und mit dem Umgang mit Material und Konstruktion.

Was wollten wir,
was war uns wichtig?

Wir wollten keine Sensation, keinen Beitrag zu einer Weltausstellung leisten, sondern ein sorgfältig ausgedachtes Ensemble gestalten, das in bescheidener Haltung seine Werte eher im Subtilen als im Lauten, eher im Dauerhaften als im Auffälligen sucht. Es ist auch der Respekt vor der Geschichte und der Größe Chinas, der uns eher zu einem bescheidenen Auftreten und dazu, Anregungen aus der chinesischen Tradition aufzunehmen, veranlaßt hat.

Dabei geht es sicher nicht um das Malerische in der chinesischen Architektur der Vergangenheit, sondern um den Dialog von Körper und Raum, den wir in den wichtigsten Zeugnissen der Geschichte des Landes sehen können.

Peking ist eine riesige Stadt in einer dramatischen Entwicklung, die eher einem reißenden Strom als einem gemächlichen Gewässer gleicht. Hochhäuser schießen aus dem Boden, der Straßenverkehr nimmt immer breiteren Raum ein – dennoch sind die Botschaftsviertel immer noch Oasen der Ruhe mit ihren breiten Alleen und ihrer parkartigen Durchgrünung. Dies und die Notwendigkeit der Umfriedung des exterritorialen Geländes tragen dazu bei, daß die Konzeption der Ruhe und Gelassenheit auch heute noch Gültigkeit hat.

Das Ordnungsprinzip des Entwurfs wird durch wenige, ganz grundsätzliche Entscheidungen geprägt: In dem rechteckigen Grundstück von ca. 90 x 135 m sind die notwendigen Nebengebäude links und rechts entlang der beiden Schmalseiten zu langen, niedrigen Gebäuden zusammengefaßt. Der inmitten verbleibende Raum ist geprägt durch die an die Nordseite herangeschobene Kanzlei, die damit einen großen Vorplatz im Süden für die Haupterschließung freigibt und durch die Residenz, die ihrerseits im Osten den großen Vorplatz flankiert. Mit Form und Lage der Körper entstehen so drei große wichtige Freiräume: der Vorhof, der Nordgarten und der Südgarten. Aus dem Vorhof erschließt sich alles und wird in die notwendigen Wege geleitet. Die beiden Gärten sind Orte der Kontemplation.

Zur inneren Struktur
der Gebäude

Das Hauptgebäude der Botschaft, die Kanzlei, beherbergt eine Vielzahl von Funktionen, die oft nur sehr schwer miteinander zu vereinbaren sind. Eine zentrale, über alle Geschosse offene Halle bietet eine repräsentative Erschließung der wichtigsten Räume des Hauses und führt zugleich auf den mittig gelegenen, auch für die Kommunikation nach außen wichtigen Mehrzweckraum, der seinerseits noch in den Innenhof geöffnet ist. Mit drei zusätzlichen, jeweils in der Mitte der Seitenfassaden angeordneten Treppenhäusern und Aufzügen ist der Bau erschlossen und gegliedert. In der im Gegensatz

zur dreigeschossigen Kanzlei nur zweigeschossigen und wesentlich kleineren Residenz dominiert ebenfalls ein zentraler Raum über die ganze Höhe des Gebäudes. Von ihm aus erschließen sich die Gesellschaftsräume im Erdgeschoß und die Wohnung des Botschafters im Obergeschoß.

Zum Erscheinungsbild
der Gebäude,
zu den Gärten und zur Kunst

Die Gebäude sind bestimmt von dem Mauerwerk aus sandfarbenen und graubraunen Steinen. Der Grundton der Außenwände, wie auch der umfassenden Mauer, leitet sich aus der Tradition der Umgebung ab, in der in vergangenen Jahrzehnten viele Botschaften entstanden sind, denen sich die neue hinzufügen soll. Weit überstehende flachgeneigte Dächer mit Titanzinkdeckung beschützen die Häuser. Im Inneren dominieren ruhige Materialien, weiße Wände, Naturholz, Naturstein.

Die von Hans Luz und Peter Wirth gestalteten Gärten sind ein wichtiger Teil des Ensembles, sie sind Hintergrund wie Aufenthaltsort, besonders für die Residenz.

Im Nordgarten steht eine Bronze-Stele von Michael Croissant. Am Rande der Terrasse des Südgartens lagert der „Schattenmann", eine Eisen-Skulptur von Frank Dornseif. In der Halle der Residenz hat Thomas Kaminsky eine Reihe von großformatigen, sehr ruhigen Wandbildern gestaltet.

Schnitt
durch das Kanzleigebäude
in Ost-West-Richtung.
*East-west section of
embassy building.*

The German Embassy in Peking   *Walter Belz*

The construction of an embassy building in a foreign country constitutes both an act of self-representation on the part of the guest nation and a tribute to the host country with its history and culture. A building derives its formal character from the purpose for which it is intended and its interaction with the site as well as the handling of material and construction.

What did we want,
what was important to us?

What we did'nt want was to create a sensation or make a contribution to a kind of world exposition. Rather, our aim was to design a carefully considered ensemble that would present itself modestly and place more value on the subtle than on the obvious, emphasizing the enduring rather than the conspicuous.

It was respect for the history and greatness of China, as well, that suggested this understated approach and induced us to draw inspiration from the Chinese tradition. The tradition that inspired us, however, was not that of the picturesque in Chinese architecture, but rather the dialogue between body and space that manifests itself in the most important architectural monuments in Chinese history.

Peking is a enormous city caught up in a dramatic process of development, one that more closely resembles a rushing river than a gentle stream. High-rises shoot up out of the ground while traffic consumes ever greater quantities of space. Nonetheless, the embassy districts still represent oases of tranquility with their broad avenues and park-like surroundings.

This situation and the need to enclose the extraterritorial grounds of the embassy lent continuing validity to the concept of rest and calmness. A few fundamental decisions determine the ordering principle of the design: on a rectangular plot ca. 90 x 135 meters, the necessary auxiliary spaces are accommodated in two long, low buildings along the two short sides of the plot. To the north, the main embassy building is inserted into the central open space, creating a large plaza to the south which marks the main entrance to the embassy complex. The ambassador's residence flanks the plaza to the east. The form and location of the building masses thus create three large open spaces: the main plaza, the north garden, and the south garden. Paths leading throughout the entire complex are accessible from the plaza, while the two gardens serve as contemplative spaces.

The Interior Structure of the Buildings

The main embassy building accommodates a multiplicity of functions that can often be reconciled with each other only with difficulty. A central hall extending the entire height of the building serves as a monumental space providing access to the most important areas. At the same time, it also leads to the multipurpose room located at the center of the building, a space which is important for communication to the exterior and also opens onto the interior courtyard. Three additional stairwells and elevators, each positioned at the center of a facade, articulate the building and provide for circulation. In contrast to the three-story main building, the residence is only two stories high and is essentially smaller. Here, a central space likewise extends the entire height of the building, providing access to the reception spaces on the ground floor and the ambassador's dwelling in the upper story.

The Appearance of the Buildings with their Gardens and Art

The visual character of the buildings is defined by the masonry of sand-colored and gray-brown stone. The basic tone of the exterior walls as well as the wall enclosing the entire complex is derived from the architecture of the surrounding area, where many embassies have been constructed in past decades. The buildings are crowned by strongly projecting, low-pitched roofs covered in titanium-zinc. The interiors are dominated by quiet materials: white walls, natural wood, and natural stone.

The gardens, designed by Hans Luz and Peter Wirth, represent an important element in the ensemble. They serve as both a background and a place for leisure and relaxation, especially for the residence.

A bronze stele by Michael Croissant stands in the north garden. At the edge of the south garden terrace is the "Schattenmann" ("Shadow Man"), an iron sculpture by Frank Domseif. In the hall of the residence, Thomas Kaminsky has created a series of large-scale murals with an extremely tranquil character.

Lageplan mit den Baukörpern der Deutschen Botschaft und der Gestaltung der Außenanlagen.
Site plan of German embassy complex with design of outdoor areas.
1 Einfahrt *Entrance*
2 Pförtnerhaus *Guardhouse*
3 Vorplatz *Main plaza*
4 Kanzlei *Embassy building*
5 Residenz *Residence*
6 Nebengebäude *Auxiliary building*
7 Mehrzweckgebäude *Multipurpose building*
8 Südlicher Garten mit Skulptur „Schattenmann"
South garden with sculpture "Schattenmann"
9 Nördlicher Garten mit Bronzestele
North garden with bronze stele

Blick von Südwesten auf die Gesamtanlage der Deutschen Botschaft und die Hochhaussilhouette des nordwestlichen Distrikts.
View of the entire German embassy complex from the southwest and the high-rise silhouette of the northwest district.

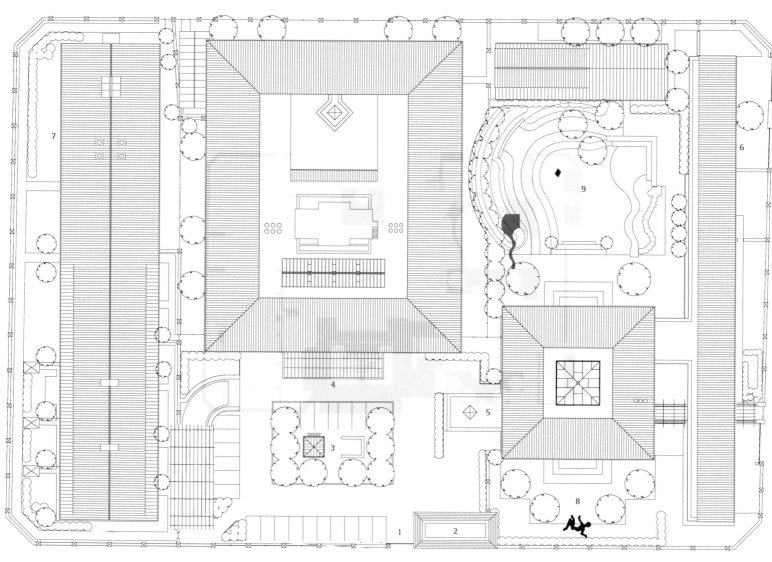

Blick von Nordwesten
in den Nordgarten der
Residenz.
*View from the northwest
into the north garden
of the residence.*

Grundriß Erdgeschoß
mit Gestaltung der
Außenanlagen.
*Plan of ground level with
design of outdoor areas.*

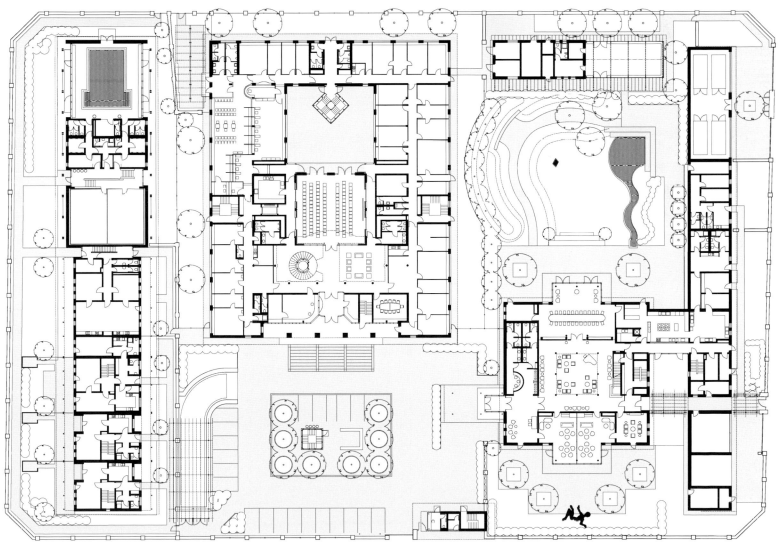

Mehrzweckraum
der Kanzlei:
Blick von der seitlichen
Galerie im Obergeschoß.
Blick Richtung Regie und
Galerie im Obergeschoß.
*Multipurpose hall
of the embassy:
View from the side gallery
in the upper story.
View toward the rear and
the upper story gallery.*

Oben links
Speisezimmer auf der
Nordseite der Residenz.
Blick Richtung Garten.
Top left
Dining room on the north
side of the residence with
view toward the garden.

Oben rechts
Empfangshalle der
Residenz. Treppe zur
Wohnung des Botschafters.
Top right
Reception hall of the residence
with stairway leading to
the ambassador's dwelling.

Blick in die Empfangshalle
der Residenz mit Bildern
des deutschen Künstlers
Thomas Kaminsky.

View into the reception
hall of the residence with
pictures by the German
artist Thomas Kaminsky.

Zwei Skulpturen und eine Bilderinszenierung

Hermann Wiesler

Im Nordgarten der Botschaft steht eine hochragende Bronzestele von Michael Croissant. Exzentrisch auf eine knapp vortretende steinerne Bodenplatte gesetzt, bezeichnet die Skulptur einen Punkt, der die Wegeführung, die Bäume, die Ansichten aus der Residenz betont und auch die Blickachsen von verschiedenen Punkten des Gartens berücksichtigt. Der Garten besitzt damit ein ästhetisches Zentrum.

Die Stele vereint souverän natürlich-organische und strenge architektonische Werte. Aus ihrer verwundenen leicht gekrümmten Gestalt sprechen zugleich fließende und befestigte Formen. Das reduzierte Bild eines Baumstammes und das einer Säule sind unverkrampft und natürlich in einem gegeben. Fern jeder und gegen jede Pathosform steht der schlanke Bronzekörper unübersehbar. Er drängt sich nicht auf. Wachem aufmerksamem Betrachten und Umschreiten teilt Croissant einen raumgreifenden Elementarwert mit. Dieser verbindet artistisch und unaufgeregt ruhige wache Klassizität und bewegte offene Moderne.

Frank Dornseif stellt im Südgarten eine sich bückende Figur auf eine Bodenplatte: Röhren markieren strichhaft einen skelettierten ausgedünnten Körper, der dennoch einen voluminösen schweren Schatten zu werfen scheint, den die Bodenplatte zeigt. Ein heiter-ernstes Vexierspiel von Leicht und Schwer, Durchsichtig und Geschlossen. Die Figur ist auf Vorderansicht berechnet. Alles andere als ein flächiges Relief, ist sie beinahe silhouettenhaft auf die Distanz zur hinterfangenden Mauer bezogen,

auf das filigrane Spiel der Blätter und Äste zwischen ihr und der Steinwand.

Die Halle der Residenz instrumentieren Bilder von Thomas Kaminsky. Der schweifende Blick wird gerade hindurch und schräg nach oben geführt, ja gezogen. Der umlaufende Obergaden der Halle und die untere Zone sind unter dem überfangenden Pyramidendach konzertant aufeinander bezogen. Acht Leinwandbilder gliedern die Obergadenwand. Unten hängen, einander gegenüber, auf den Wänden zu Damen- / Herrenzimmer und Speisesaal, grob gerasterte Holzschnitte. Diese Arbeiten auf Papier sind verglast und gerahmt. Auf der einen Wand haben sie Paraventcharakter, auf der anderen beschreiben sie zwei Halbscheiben. Ähnlich wie vor einer Gobelinwand können vor den Drucken ohne Beeinträchtigung des Gesamtbildes Menschen sitzen, stehen ...

Ohne ihn zu überfüllen, gliedert Kaminsky den Raum in spannungsreicher Harmonie. Der Obergaden ist, gleichgewichtig und regelmäßig, von der Bild-Fenster- / Fenster-Bild-Folge gegliedert; thetisch gespannt auf den gegenüberliegenden Wänden ist die untere Zone. Die beiden leeren Wände halten die Gesamtwirkung; die Leere hat Intervallcharakter, sie – so paradox es klingt – „füllt": Sie steigert das Bildensemble zeichen- und farblos. So füllt Kaminskys Gesamtkunstwerk konzertant den Kernraum der Residenz, zurückhaltend, entschieden, ohne Farblärm – der Raum atmet.

Die drei Kunstwerke sind für ihre Orte in der Botschaft entworfen. Sie erzählen keine Anek-

doten. Sie teilen sich selbst mit. Sie verweisen auf nichts und sind so – jedes auf seine Art – nicht „etwas Objektives, vom Betrachter Losgelöstes; das Geschaute ist Teil der Handlung des Betrachters, der es gemäß der Abfolge seiner subjektiven optischen Eindrücke ordnet (...). Sie sind das Merkmal des visuell aktiven Menschen, der sich sein Universum selbst schafft und der sich weigert, der Sklave gegebener Formen zu sein" (Carl Einstein).

Zeitgebunden stecken in diesen Kunstwerken Artistik und Moderne, wie sie am Beginn eines neuen Jahrtausends leben. Ohne gefälliges Zitieren, fern von Chinoiserie erscheinen die Arbeiten ausformuliert und reif. Chinas Kultur blühte bereits, als nördlich der Alpen kulturelle Brache war; dem langen Atem chinesischer alter Kultur antworten gelassen-ruhig die Werke aus Deutschland.

Two Sculptures and a Series of Pictures
Hermann Wiesler

A bronze stele by Michael Croissant towers up in the north garden of the embassy. Positioned off-center on a slightly raised stone slab, the sculpture marks a point that emphasizes paths, trees, and views from the residence as well as visual axes from various points in the garden. In this way it provides the garden with an aesthetic center.

The stele effectively unites natural, organic elements and rigorous architectural ones. The warped, slightly bent form conveys a sense of both the flowing and the fixed. Here, the reduced image of both tree trunk and column are effortlessly and naturally fused. The slim bronze form is clearly visible from afar; devoid of pathos, it does not impose itself. To the alert, attentive viewer circling the sculpture, Croissant's piece serves as a fundamental articulation of space, combining a quiet, alert classicism with a dynamic, open modernity.

In the south garden, a figure by Frank Dornseif assumes a bent position on a base slab. Pipes sketch out a skeletal, attenuated form, which nonetheless throws a heavy, voluminous shadow on the ground slab. The sculpture presents an amusing yet serious "Chinese puzzle" of lightness and weight, transparency and closure. The figure is meant to be viewed from the front; the very opposite of a planar relief, it relates almost as a silhouette to the wall behind it at a distance, to the filigreed play of leaves and branches between it and the stone masonry.

Pictures by Thomas Kaminsky orchestrate the hall of the residence. The viewer's roaming gaze is led, even pulled, down the hall and upward at an oblique angle. The continuous clerestory and the lower zone are integrally related to each other beneath the overarching pyramid roof. Eight works on canvas articulate the clerestory wall, while below, coarsely gridded woodcuts hang across from one another on the walls to the ladies' and gentlemen's rooms and the dining room. These works on paper are placed under glass and framed. On the one wall they have the character of a paravent, on the other they describe two half discs. As before a tapestry wall, people can sit or stand in front of the prints without disturbing the overall image.

Without overfilling it, Kaminsky articulates the space in contrapuntal harmony. The clerestory is defined by the balanced, regular alternation of pictures and windows, while the lower zone is placed in thetic tension on the opposite walls. The two empty walls anchor the overall effect; the emptiness is like an interval that—paradoxically—"fills" and intensifies the pictorial ensemble without sign or color. Thus Kaminsky's "Gesamtkunstwerk" permeates the central space of the residence in a reserved yet decided manner, without loud colors—the space breathes.

The three works of art were designed especially for their places in the embassy. They tell no anecdotes; they communicate themselves. They point to nothing and thus constitute—each in its own way—not "something objective, detached from the viewer; the thing viewed is a part of the action of the viewer, who organizes it according to a sequence of subjective optical impressions …. They are the mark of the visually active person, who creates his own universe and refuses to be the slave of given forms" (Carl Epstein). Time-bound, these works of art reveal both artistry and modernity at the beginning of a new millennium. Without facile quotation and far removed from Chinoiserie, the works appear well-formulated and mature. Chinese culture was already flourishing when the lands north of the Alps were a cultural wasteland; these works from Germany respond with serenity and quietude to the enduring legacy of ancient Chinese culture.

Die Skulptur „Schattenmann" des deutschen Künstlers Frank Dornseif im Südgarten der Residenz. Blick von Osten.
The sculpture "Schattenmann" by the German artist Frank Dornseif in the south garden of the residence. View from the east.

Dachgarten über der
Sporthalle. Modellaufsicht
(Überarbeitungsphase).
*Roof garden above
the gymnasium. View of
model (revision phase).*

Seite 97
Blick von Nordosten
auf den Dachgarten über
der Sporthalle und die
angrenzenden Klassen-
trakte. Modell
(Überarbeitungsphase).
*Page 97
Roof garden
above gymnasium
from the northeast with
adjacent classroom wings.
View of model (revision
phase).*

Das Planungsgrundstück liegt im dritten Diplomatenviertel der Stadt Peking. Die extrem heterogene Umgebung und die stark befahrene Straße Liangmaquiao-Lu prägen das Umfeld. Aus dieser desolaten städtebaulichen Situation entwickelte sich die Idee einer auf sich bezogenen Baukörperdisposition, die über Raum-

Meinhard von Gerkan

Deutsche Schule Peking

Wettbewerbsentwurf und Überarbeitung

Bauherr *client*
Bundesrepublik Deutschland
Bundesministerium für Verkehr, Bau- und Wohnungswesen
Bundesamt für Bauwesen und Raumordnung
Beate Hückelheim-Kaune, Ulla Dams
(**Wettbewerb** *competition*), **Eva Behérycz,**
Sigurd Freitag (Ausführung *execution*)
Nutzer *user*
Auswärtiges Amt / Deutsche Schule in Peking

Architekten *architects*
von Gerkan, Marg und Partner, Hamburg
Meinhard von Gerkan, Klaus Staratzke
Projektleiter *project managers* **Michael Biwer,**
Sybille Kramer
Landschaftsarchitekten *landscape architects*
Wehberg Eppinger Schmidtke, Hamburg
Fachplaner *specialist planners*
Weber + Poll, Hamburg, HL Technik, Hamburg

Planungstermine *project stages*
Wettbewerb *competition* **1997–98**
Entwurfsbeginn *start of design* **1998**
Baubeginn *start of construction* **1999**
Voraussichtliche Fertigstellung
expected completion **2000**

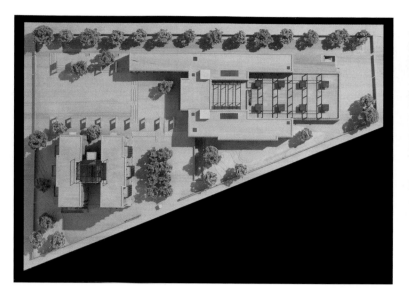

Modell
der Überarbeitungsphase:
Aufsicht auf die
Gesamtanlage mit Wohn-
haus (links unten) und
Schulgebäude.

*Model
from revision phase: View
from above of entire com-
plex with residential building (bottom left) and
school building.*

Blick vom Wohnhaus
auf Schule und Schulvor-
platz.
*View from residential
building toward the school
and the plaza in front.*

kanten das Grundstück in definierte Freiräume
teilt. Dabei entsteht ein Wechselspiel aus Abgrenzung und Öffnung.

Die Komposition der Baukörper aus einem hori-
zontalbetonten Schulgebäude im Kontrast zu
einem vertikalen, punktförmigen Wohngebäude
bildet das Ensemble. Beide Gebäude gliedern
sich durch eine Teilung in Schichten, die als
durchgängiges Strukturmerkmal einen übergeordneten Zusammenhang herstellen. Im Inneren
der Gebäude erzeugt die geschichtete Struktur
eine Abfolge linearer Gebäudeteile, die das
Fügungsprinzip räumlich verdeutlichen.

Schulgebäude

In fünf dieser Schichten erfolgt die funktionale
Gliederung des Schulgebäudes in:
• Lehrbereich, Kindergarten
• Bewegungszone, Pausenfläche
• Sondernutzungen wie Foyer, Aula, Sport-
  halle, Bibliothek
• Bewegungszone, Pausenfläche
• Lehrbereich, Verwaltung

Zwei dreigeschossige Riegel flankieren die
mittlere Raumschicht der Sondernutzungen.
Ihre additive Reihung – Foyer, Aula, Sporthalle
– schafft durch mobile Trennwände zwischen
diesen Räumen ein flexibles und großzügiges
Raumkontinuum, das auch für außerschulische
Veranstaltungen einen attraktiven Ort bietet.
In den Obergeschossen schließen die Klassen-
flügel begrünte Dachgärten ein, die als grüne
Mitte die knappen Freiflächen der Schule
erweitern. Vor Lärm und Emissionen geschützt,

eignet sich dieser Außenraum zu vielfältigen
schulischen Nutzungen, beispielsweise für Frei-
klassen oder als Lesegarten.

Die seitlich begleitenden Klassenräume sind in
den Obergeschossen über die Flurzone beidsei-
tig belichtet. Die Flurwände der Klassenräume
enthalten geschoßhohe Schrankelemente mit
integrierten Umluftgeräten zur Teilklimatisie-
rung. Auf der Fassadenseite sorgen geschoßhohe Fensteröffnungen für eine gute natürliche
Belichtung. Das geschoßhohe halbtransparente
Fensterelement zur Flurseite visualisiert Tages-
lichtwechsel und belebt somit die Lichtstimmung im Klassenraum.

Innerhalb des Schulgebäudes nimmt die als
Mehrzweckhalle geplante Sporthalle das größte
Volumen ein. Das als Dachgarten geplante
Sporthallendach wird von einem außenliegen-
den Stahltragwerk aus Vierendeel-Trägern ge-
tragen. Über acht Oberlichtlaternen erfolgt die
natürliche Belichtung und Entlüftung der Halle.
Zwischen den Pfosten des Tragwerkes und den
Oberlichtlaternen ist eine freie Begehbarkeit
der Dachfläche gegeben.

Die einzügige Schule wird ergänzt durch einen
Kindergarten, der sich in das Gebäude einfügt.
Eine innenliegende Spielfläche und der direkte
Zugang zu einer Außenspielfläche sind allein
dem Kindergarten vorbehalten.

Zurückhaltung in der Materialwahl sowie Ein-
heitlichkeit und Einfachheit bestimmen den
Gesamteindruck. In den Lehrbereichen stehen
weiße Wände und Decken in Kontrast zu roten
Bodenbelägen. Einbauelemente wie Türen, Zar-

Blick auf die Gesamtan-
lage von Südosten.
*View of entire complex
from the southeast.*

The German School in Peking *Meinhard von Gerkan*

The site of the German school with its residential building lies in the third diplomatic district of the city of Peking, in an environment marked by extremely heterogeneous surroundings and heavy traffic on the street Liangmaquiao-Lu. In response to this desolate urbanistic situation, the idea was developed of a self-referential configuration of buildings with spatial edges dividing the plot into clearly defined open spaces. The result is an interplay of boundaries and openings.

The ensemble is composed of a horizontal school building contrasting with a vertical, point block residential structure. The articulation of both buildings into layers constitutes a continuous structural feature unifying the complex as a whole. On the interior of the buildings, the layered configuration produces a sequence of linear building parts that spatially elucidate the structural principle.

School Building

The school building is functionally articulated into five layers:

- classroom area, kindergarten
- circulation zone, recreational area
- special functions (foyer, aula, gymnasium, library)
- circulation zone, recreational area
- classroom area, administration

Two three-story wings flank the central spatial layer, which is set aside for special functions. The additive sequence of foyer, aula, and gymnasium—separated by movable partition walls—creates a flexible and commodious spatial continuum that also provides an attractive setting for extracurricular events. In the upper stories, the classroom wings enclose green roof gardens, augmenting the school's limited open space. Protected from the noise and exhaust of the street, this exterior space is suitable for many school-related pur-

poses such as open-air classes or use as a reading garden. In the upper stories, the classrooms along the corridor zone are illuminated on both sides. The corridor walls of the classrooms contain ceiling-high shelf units with integrated ventilation equipment for partial climate control. On the facade side, window openings from floor to ceiling provide ample natural lighting. The ceiling-high, half-transparent window elements on the corridor side permit the changing quality of the sunlight to penetrate to the classrooms, thus enlivening the interior illumination.

Within the school building, the gymnasium—which also functions as a multi-purpose hall—occupies the greatest volume. The gymnasium roof, planned as a roof garden, is supported by an exterior steel structure of Vierendeel girders. Eight skylights provide natural lighting and ventilation for the hall. The roof area is freely accessible between the posts of the steel framework and the skylights.

The single-track school also includes a kindergarten incorporated into the building. An indoor play area and direct access to an outdoor playground are reserved exclusively for the kindergarten.

The overall impression is defined by restraint in the choice of materials as well as uniformity and simplicity. In the classroom areas, white walls and ceilings contrast with red floor coverings. Built-in elements such as doors, cases, and cabinets are made of wood. The central layer of the building, devoted to special functions, is distinguished from the classroom areas by floor coverings of parquet and wooden wall paneling. Thus both the articulation of the building volumes and the separation of materials according to function ensure a simple, unified system of orientation within the building. On the exterior, the horizontally layered facade with alternating openings the height of the individual stories is defined by the powerful red tone of the cast

concrete, while the recessed windows of anthracite-colored aluminum recede into the background. Folding, side-hung shutters project from the deep window jambs on the south side. With their gridded lamellae, these sun protection elements make possible a variable amount of shade and provide visual interest in the otherwise quiet image of the facade.

Residential Building

The residential building—consisting of two parallel nine-story wings connected by an open glass hall—is positioned with its entrance toward the main street. From the weather-protected entrance hall, stairwells and elevators provide access to the dwellings. The building contains a total of 45 dwellings oriented east-west—four or six per story.

The individual dwellings consist of five different types with 65 to 210 m² of floor space. All the dwelling types are arranged within the ground plan in accord with the static and structural system, with rooms extending from facade to facade. On the interior, the living spaces are augmented by conservatories.

The articulation of the facade as well as the choice of materials for both facade and interior spaces are based on the same principles as the school building. On the exterior, the residential building differs from the latter in its ochre-toned coloration.

gen und Schränke sind aus Holz. Die mittlere Gebäudeschicht der Sondernutzungen hebt sich durch Bodenbeläge aus Parkett und Holzwandverkleidungen von den Lehrbereichen ab. Eine einfache übergeordnete Orientierbarkeit im Gebäude ist somit sowohl durch die Baukörpergliederung als auch durch die Trennung der Materialien nach Funktionen gegeben. Nach außen wirkt die horizontal geschichtete Fassade mit alternierenden geschoßhohen Öffnungen durch den kräftigen Rotton der Betonwerksteinfassade. Die eingesetzten anthrazitfarbenen Aluminiumfenster treten in den Hintergrund. Aus den tiefen Laibungen der Fenster springen auf der Südseite Dreh-Falt-Läden hervor. Diese Sonnenschutzelemente aus Lamellen-Rosten ermöglichen eine variable Verschattung und erzeugen interessante Wechsel im ruhigen Fassadenbild.

Wohnhaus

Das Wohngebäude orientiert sich mit der Eingangsseite zur Hauptstraße. Über eine offene Glashalle sind zwei parallel stehende neungeschossige Riegel miteinander verbunden. Aus der wettergeschützen Eingangshalle erfolgt die Erschließung der Wohnungen über eingestellte Treppenhäuser und Aufzüge. Insgesamt beinhaltet das Gebäude fünfundvierzig ost-west-orientierte Wohnungen – pro Geschoß vier oder sechs.

Diese gliedern sich in fünf verschiedene Wohnungstypen mit fünfundsechzig bis zweihundertzehn Quadratmetern Wohnfläche. Alle Wohnungstypen ordnen sich im Grundriß nach dem statischen System- und Strukturschema. Sie sind nach dem Prinzip des Durchwohnens zugeschnitten, das heißt mit Wohnräumen, die sich von Fassade zu Fassade erstrecken. Innenräumlich erweitern sich die Wohnräume durch Wintergärten.

Die Fassadengliederung sowie die Materialwahl für Fassade und Innenräume beruhen auf denselben Überlegungen wie beim Schulgebäude. Äußerlich unterscheidet sich das Wohngebäude von diesem in der Farbgebung durch einen Ockerton.

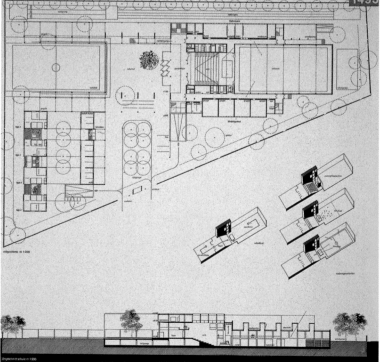

Wettbewerbszeichnung
Blatt 2:
Lageplan. Schematische Darstellung der Erweiterung und Umwidmung von Schulbereichen. Detailzeichnung zur Fassadenkonstruktion. Ansicht der Eingangsfassade des Schulgebäudes.
Competition drawing Sheet 2:
Site plan. Schematic representation of extension and usage variants of school spaces. Detail drawing of facade construction. Entrance facade elevation of school building.

Wettbewerbszeichnung
Blatt 3:
Grundriß Erdgeschoß. Längsschnitt durch das Schulgebäude. Nutzungsvarianten zum Raumkontinuum Foyer – Aula – Sporthalle.

Competition drawing Sheet 3:
Plan of ground floor. Longitudinal section through school building. Usage variants for spatial continuum foyer–aula–gymnasium.

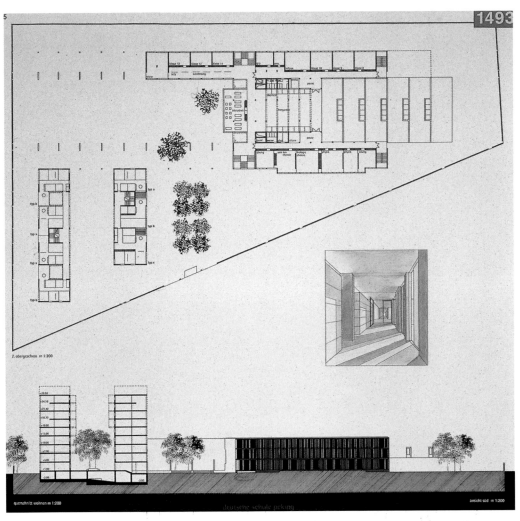

Wettbewerbszeichnung
Blatt 5:
Grundriß 2. Obergeschoß.
Innenraumperspektive
eines Schulflurs.
Querschnitt durch das
Wohngebäude mit
Südansicht der Schule.
Competition drawing
Sheet 5:
Plan of 2nd upper story.
Interior perspective of
school corridor. Section
through residential
building with south
elevation of school.

Wettbewerbsmodell:
Blick von Südosten auf die
Gesamtanlage.
Competition model:
View of entire complex
from the southeast.

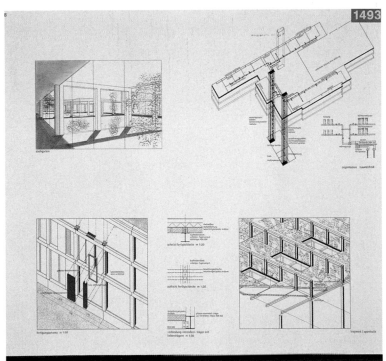

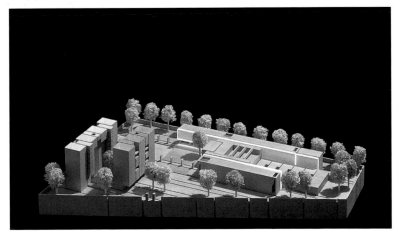

Wettbewerbszeichnung
Blatt 8:
Perspektivische Darstellung
des Dachgartens über der
Sporthalle. Organisation
der Haustechnik. Fertigung
von Fassade, Decken,
Tragwerk der Sporthalle.

Competition drawing
Sheet 8:
Perspective view of roof
garden above gymnasium.
Organization of technical
installations. Construction
of facade, ceilings, support-
ing structure of gymnasium.

101

Innenhof der Kanzlei.
Blick von Süden.
Interior courtyard
of embassy. View
from the south.

Seite 103
Blick von Westen
über den Mittelplatz auf
die Kanzlei und den
Gebäudeflügel der zweiten
Dienstwohnung.
Page 103
View across the central
plaza from the west,
toward the embassy and
the wing with the second
official dwelling.

Pakistan gehört zu den zehn bevölkerungs-
reichsten Staaten der Erde. Im Jahre 1965
wurde Islamabad im Norden des Landes die
neue Hauptstadt; die eigentliche Wirtschafts-
und Handelsmetropole ist jedoch Karatschi,
die mehr als vierzehn Millionen Einwohner
zählende einzige Hafenstadt des Landes. Mit

Eva Behérycz

Deutsches Generalkonsulat Karatschi

Bauherr *client*
Bundesrepublik Deutschland
Bundesministerium für Verkehr, Bau- und
Wohnungswesen
Bundesamt für Bauwesen und Raumordnung
Eva Behérycz, Andrea Koßmann, Joachim Hanka
Nutzer *user*
Auswärtiges Amt / Deutsches Generalkonsulat
in Karatschi

Architekten *architects*
Entwurfsplanung *design planning* **Eva Behérycz, BBR**
Ausführungsplanung *execution planning*
Jochen Gurt / Bendoraitis, Gurt und Meissner,
Berlin
Kontaktarchitekt *intermediary architect*
Ejaz Ahed Associates, Karatschi
Tragwerksplanung *structural design*
Dietrich Krentz, Berlin
Künstler *artist* **Otto Boll, Krefeld**

Planungstermine *project stages*
Entwurfsbeginn *start of design* **1990**
Baubeginn *start of construction* **1995**
Fertigstellung *completion* **1997**

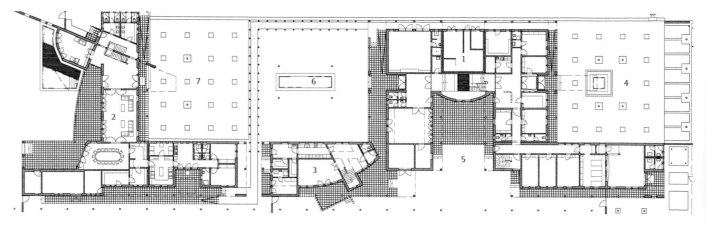

Grundriß Erdgeschoß.
1 Kanzlei
2 Residenz
3 zweite Dienstwohnung
4 Vorplatz der Kanzlei
5 Hof des Kanzleigebäude
6 grüner Mittelplatz
7 Vorplatz der Residenz

Plan of ground level.
1 Embassy
2 Residence
3 Second official dwelling
4 Plaza in front of embassy
5 Courtyard of embassy building
6 Green central plaza
7 Square in front of residence

dem Bau eines eigenen Gebäudes für das Generalkonsulat der Bundesrepublik Deutschland in Karatschi sollte der besonderen Bedeutung dieser bevölkerungsreichen Stadt Rechnung getragen werden. Das Raumprogramm umfaßt die Kanzlei, eine Dienstwohnung für den Generalkonsul – die Residenz – und eine weitere Dienstwohnung. Die extremen Bedingungen vor Ort – feucht-heißes Klima mit wenigen Niederschlägen, karger unfruchtbarer Boden mit Geröllblöcken und Sand, Erdbebengefährdung, Termiten sowie unzureichende städtische Versorgungseinrichtungen – stellten besondere Anforderungen an die Planung.

1987 hatte die Bundesrepublik Deutschland im Villenviertel Clifton ein unbebautes Grundstück erworben. Die schmale längliche Fläche umfaßt rund 6.000 qm, ist nahezu eben und grenzt an zwei Seiten an die Liegenschaft des britischen Generalkonsulats an. Die Erschließung erfolgt über die einzige Zufahrtstraße an der Schmalseite im Osten. Planungsrechtlich sind hier eigentlich nur eine zweigeschossige Bebauung und ein überbauter Grundstücksflächenanteil von 25 % zulässig. Aufgrund einer Ausnahmegenehmigung konnte das umfangreiche Raumprogramm dennoch realisiert werden.

Die unterschiedlichen Nutzungen – administratives Bürohaus sowie repräsentatives und privates Wohnen – wurden in einer klar gegliederten Baukörperanordnung in einzelnen Gebäuden untergebracht. Diese Einzelbaukörper nehmen durch Grundrißform, Kubatur und durch die Verwendung derselben gestalterischen Elemente aufeinander Bezug. Es entsteht ein städtebaulich-architektonisches Ensemble. Die einzige Fahrstraße auf dem Grundstück erschließt alle Gebäude. An ihr entlang bildet sich eine Platzfolge aus Kanzleivorplatz, grünem Mittelplatz und Vorplatz der Residenz. Das Kanzleigebäude liegt an der Straße, die Residenz des Generalkonsuls im rückwärtigen Grundstücksbereich. Seitlich der Kanzlei angegliedert und den Mittelplatz nach Süden flankierend liegt die zweite Dienstwohnung.

Über einer flacheren ein- bis zweigeschossigen Nebengebäude-Schiene entlang der südlichen Grundstücksgrenze liegen als Querriegel die drei zweigeschossigen Hauptbaukörper. Sie sind durch geschwungene Metalldächer akzentuiert, die – von weitem sichtbar – ein besonderes Erkennungszeichen des neuen Deutschen Generalkonsulates bilden. Sie sind nicht allein architektonische Form oder Sonnenschutz. Als Kellerersatzraum dienen die darunter befindlichen offenen Dachräume der notwendigen Unterbringung von technischen Geräten und Maschinen; von hier werden die technischen Installationen in die Gebäude geführt. Die Errichtung von Kellergeschossen ist in Pakistan – wie allgemein in Asien – wegen Witterungsbedingungen, Ungeziefer und zu hoher Kosten zu vermeiden.

Auch die architektonische Gestaltung der Fassaden antwortet auf die klimatischen Anforderungen – das Prinzip der Zweischaligkeit setzt sich fort. An den drei der Sonne zugewandten Seiten erhalten die Außenwände schattenspendende Arkaden: Auskragende Decken mit vertikalen Attika-Wandscheiben werden von Pfeilern und Rundpfeilern über zwei Geschosse getragen. Die Fassaden sind rhythmisch gegliedert. Darüber hinaus bieten die Arkaden einen reizvollen Übergang von Innen- und Außenraum zu den gepflasterten Innenhöfen, Vorplätzen und den angrenzenden Rasenflächen.

Wie an einem durchgängigen Band werden das Kanzleigebäude und die Residenz von derselben Gebäudeachse aus erschlossen, die parallel zur grundstücksinternen Zufahrtstraße verläuft. Diese strenge Achsialität ist von außen und von jedem Gebäude selbst erlebbar. Sie schafft Orientierung und Ruhe. Der Weg durch diese beiden Gebäude wird begonnen, begleitet und abgeschlossen durch Wasserflächen: vier Brunnen, die von dem Künstler Otto Boll aus örtlichem schwarzem und schwarz-weißem Granit gestaltet sind.

Das Kanzleigebäude verfügt im Erdgeschoß über einen von außen separat zugänglichen Veranstaltungsbereich: Das Foyer und der kleine Saal bilden mit den flankierenden Außenräumen – dem Innenhof der Kanzlei und dem grünen Mittelplatz – eine großzügige Raumfolge. Die Verwaltungs- und Büroräume liegen im oberen Geschoß. Eine beschattete Terrassenfläche an der Treppenhalle lädt zum Verweilen ein.

Die Visastelle im Erdgeschoß des Kanzleigebäudes hat straßenseitig einen gesonderten Besuchereingang. Das britische Generalkonsulat hatte seine ursprüngliche Planung aufgegeben und den Neubau der Visastelle in direkter

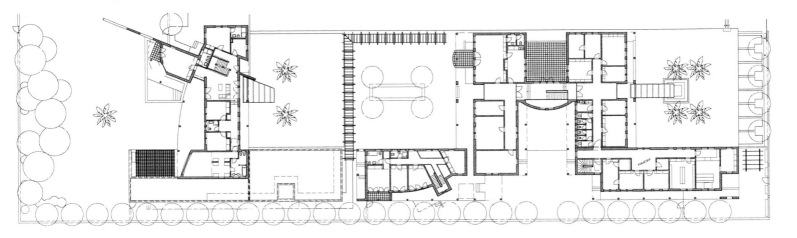

Grundriß
1. Obergeschoß.
Plan of 1st upper story.

The German Consulate General in Karachi

Eva Behérycz

Pakistan numbers among the ten most populous states in the world. In 1965, the city of Islamabad in the northern part of the country became the new capital; the actual business and trade metropolis, however, is Karachi, the sole harbor city in Pakistan with over fourteen million inhabitants.

The construction of a new consulate general for the Federal Republic of Germany in Karachi reflects the special significance of this highly populous city. The complex consists of the consulate building, the residence of the consul general, and another official dwelling. The extreme conditions of the site—a hot, humid climate with very little precipitation, barren, unfertile soil with areas of gravel and sand, and the threat of earthquakes as well as termites and inadequate public utilities—placed unusual demands on the planning.

In 1987, the Federal Republic of Germany acquired an unbuilt plot in the villa district of Clifton. The long, narrow site with an area of about 6,000 m² is nearly level and is bounded on two sides by the grounds of the British consulate general. A single road on the narrow east side provides access to the plot. Under normal circumstances, the local building code would have permitted only two-story buildings to be constructed with a built area of only 25% of the plot; a special permit, however, enabled the extensive spatial program of the consulate general to be realized.

The various functions of the complex—with an administrative office building as well as monumental and private dwellings—are accommodated in a clearly articulated arrangement of individual buildings. The structures are related to each other in their ground plan, geometric forms, and the repetition of design elements, resulting in an urbanistic and architectural ensemble. The single street on the plot provides access to all the buildings. Along it is a series of plazas consisting of the square in front of the consulate building, a green central plaza, and a square in front of the residence. The consulate building is located on the street, while the residence of the consul general occupies the rear area of the plot. The second official dwelling lies to the side of the consulate building, flanking the central plaza to the south.

The three main buildings with two stories each are positioned in a transverse row above a line of lower, one to two-story buildings along the south edge of the plot. The main buildings are accentuated with curved metal roofs; visible from afar, they constitute a special landmark for the new German consulate general. The roofs function as more than architectural form or protection from the sun: in the absence of basements, the open attic spaces beneath them accommodate the technical equipment and machinery from which the technical installations are introduced into the building. In Pakistan as in most of Asia, the construction of basements is avoided due to weather conditions, vermin, and high costs.

The architectural design of the facades likewise responds to climatic conditions by continuing the double-layered principle. On the three sides exposed to the sun, arcades provide shade for the exterior walls: projecting roofs with vertical wall slabs in the attic story are supported by pillars and columns over two stories. The facades are rhythmically articulated. In addition, the arcades create an attractive transition from the interior and exterior spaces to the paved inner courtyards, plazas, and adjoining lawns.

Access to the consulate and residence is provided by a single, continuous axis running parallel to the street on the interior of the plot. This strict axiality is perceptible from the exterior as well as from each building, establishing a sense of clarity and calm. The path through these two buildings is punctuated at its beginning, middle, and end by areas of water, with four fountains fashioned in the local black and black-and-white granite by the artist Otto Boll.

An auditorium area with a separate entrance from the outside occupies the ground floor of the consulate building; together with the flanking exterior spaces—the inner courtyard of the consulate and the green central plaza—the foyer and the small hall form a spacious complex. The administrative and office areas are located on the upper story. A shaded terrace adjoining the stair hall serves as leisure space.

The visa office on the ground floor of the consulate has a separate visitor's entrance on the street side. The British consulate general abandoned its original plan and erected its new visa office in the immediate vicinity, so that if necessary, the visa offices of the two nations can later be combined by removing the boundary wall between them.

The residence adjoins the consulate building to the west. On the ground floor, the two-story transverse wing accommodates the dwelling areas, which also provide space for official receptions; the sleeping quarters are located on the upper floor. The kitchen and service areas are arranged in the one-story longitudinal building.

The residence echoes the consulate building in its axes, modular dimensions, and the typology of its ground plan. The residence opens onto the garden, while the side wall slabs protect the terrace courtyard from outside view. The dwelling and reception areas of the residence lie across from the auditorium area of the consulate. The interior and exterior spaces extending from the inner courtyard of the consulate to the central plaza and the square in front of the residence can be can be used in combination for large-scale festivities.

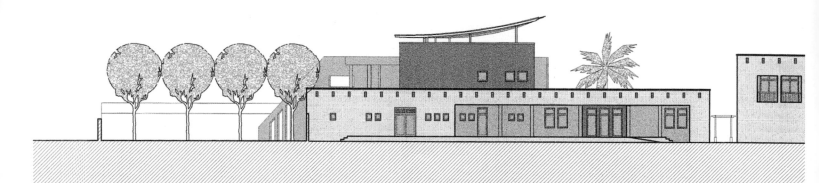

Nachbarschaft errichtet, so daß bei eventuellem späteren Bedarf durch Abbruch der gemeinsamen Grenzmauer die Visastellen beider Länder zusammengelegt werden könnten.

Den westlichen Abschluß der Bebauung bildet das Residenzgebäude. In einem zweigeschossigen Querriegel befinden sich im Erdgeschoß die Wohnräume, die gleichzeitig als Empfangs- und Repräsentationsräume dienen, und im Obergeschoß die Schlafräume; der Küchen- und Wirtschaftstrakt ist im eingeschossigen Längsbau angeordnet.

Grundrißtypologie, Achsen und Rastermaße der Kanzlei wurden auch auf das Wohnhaus übertragen. Der Baukörper der Residenz öffnet sich in den Garten, die seitlichen Wandscheiben schützen den Terrassenhof vor nachbarlichem Einblick. Die Wohn- und Empfangsräume der Residenz liegen dem Veranstaltungsbereich der Kanzlei gegenüber. Vom Innenhof der Kanzlei über den Mittelplatz und den Vorplatz der Residenz können die Innen- und Außenräume bei großen Festlichkeiten zusammenhängend genutzt werden.

Durch besondere Bauelemente wie geschwungene Außenwände, hohe Überdachungen, luftige Hallen und künstlerische Brunnengestaltung wird dieses Gebäude – seiner repräsentativen Wohnnutzung entsprechend – hervorgehoben. Wegen des geringen verbleibenden Grünflächenanteils wurden diese Flächen um so intensiver und differenzierter begrünt. Bei der Auswahl durch örtliche Landschaftsarchitekten unterstützt, soll aus einheimischen Pflanzen ein

„wohlduftender und -schmeckender" Garten werden. An den Nordfassaden der Gebäude wird es grün berankte Wände geben.

Außenwirkung und Repräsentationsanspruch stehen bei Generalkonsulaten im allgemeinen weniger im Vordergrund als bei den Hauptvertretungen des Landes, den Botschaften. Der Bauaufgabe angemessen und in deutlicher Abgrenzung zu der auch in Asien verbreiteten modernen „Hochglanz-Architektur" wurden daher für das Generalkonsulat in Karatschi schlichte Materialien gewählt: verputzte Außenwände, Trapezbleche für Überdachungen, Betonwerkstein und Terrazzobeläge für Innen- und Außenbereiche. Der technische Standard ist hoch, die bautechnischen Details sind mit besonderem Anspruch ausformuliert.

In seiner Ansprache zum Richtfest sagte der Bundesbaupräsident: „Es ist ein modernes und traditionell orientalisches Gebäude in einem. Nach außen versteckt es sich hinter Mauern und zeigt nur seine Schmalseite. Doch tritt man ein, überrascht die großartige Architektur mit ihren innenliegenden Hallen, Plätzen und Gärten. Vielleicht erinnern die Dächer gar an fliegende Teppiche aus 1001 Nacht."

Gebäudekomplex
mit Kanzlei und zweiter
Dienstwohnung.
Ansicht von Süden
Building complex with
embassy and second
official dwelling.
South elevation.

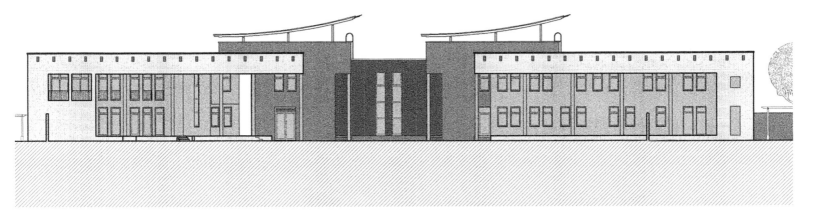

Special architectural elements such as curving exterior walls, high roofs, airy halls, and artistically designed fountains emphasize the monumental, official character of the residence. To compensate for their small size, the remaining green areas were planted particularly densely and with a wide range of vegetation. With the assistance of local landscape architects, indigenous plants were chosen to create a garden "pleasant in taste and smell." The north facades of the buildings are to be covered with climbing greenery.

The degree of monumentality required for consular buildings is generally less than that associated with the primary representative of the nation, the embassy. In accord with the building type, therefore, and in clear rejection of the modern "high-gloss architecture" widespread in Asia as well, simple materials were chosen for the consulate general in Karachi: plastered exterior walls, trapezoidal sheet metal for the roofs, cast concrete, and terrazzo paving for interior and exterior areas. The technical standard is high, and the structural details are formulated with particular care.

In his speech at the topping-out ceremony, the president of the Federal Office for Building and Regional Planning stated: "It is a modern building and a traditional oriental building as well. From outside, it is hidden behind walls and shows only its small side. But if you enter, you are surprised by the great and splendid architecture, the interior halls, plazas, and gardens. Maybe the pitched roofs convey an impression of the flying carpets we know from 1001 Nights."

Gartenfassade der
Residenz. Blick von
Südwesten.
Garden facade of
residence. View from
the southwest.

Blick von Norden durch die Kolonnade der Westfassade des Kanzleigebäudes am Mittelplatz. Im Hintergrund der Durchgang zwischen Kanzlei und zweiter Dienstwohnung.
View from the north through the colonnade of the west facade of the embassy building on the central plaza. In the background is the passage between the embassy and the second official dwelling.

Blick von Osten über den Vorplatz auf den Eingang der Kanzlei.
View across the plaza from the east toward the entrance to the embassy.

Schalter der Visastelle im Kanzleigebäude.
Service windows of visa office in the embassy building.

Blick von Osten über den grünen Mittelplatz und den befestigten Platz der Vorfahrt auf die Residenz.
View from the east across the green central plaza and the paved square in front of the residence.

Die Terrasse der Residenz an der Westseite des Gebäudes.
Blick von Süden.
Terrace of the residence on the west side of the building.
View from the south.

Eingangshalle der Residenz. Blick auf die Treppe zum 1. Obergeschoß.
Entrance hall of residence. View of stairway leading to 1st upper story.

Aubelin Jolicoeur „Es macht glücklich zu sehen, wie die Begeisterung wieder einmal die deutschen Gedanken
beflügelt, die aus dem Deutschland von Leibniz
und Kant eine Nation von Philosophen machen,
eine Nation, die die Kräfte der Natur, wie sie in
Haiti im Geist des Wudu verehrt werden, ach-
tet, im Baum, dem Träger so vieler Wohltaten,
und das ungeachtet der Neigung der Haitianer,
das zu zerstören, was ihr Wohl bedeutet ... Es

Deutsche Botschaft
in Port-au-Prince / Haiti
Eiche und Mapou-Baum

Bauherr *client*
Bundesrepublik Deutschland
Bundesministerium für Verkehr, Bau- und
Wohnungswesen
Bundesamt für Bauwesen und Raumordnung
Planung und Ausführung *planning and execution*
Barbara Grosse-Rhode,
Rolf Löhr, Hartwig Rohrbeck
Nutzer *user*
Auswärtiges Amt / Deutsche Botschaft in Haiti

Architekt *architect*
Rolf Löhr / BBR
Kontaktarchitekt und Tragwerksplanung
intermediary architect and structural design
Raphaël C. Izméry, GBS General Building
Systems, Port-au-Prince
Generalunternehmer *general contractor*
GF Constructions G. Fombrun & Associés,
Port-au-Prince
Gérard Fombrun mit *with* **Grégory Baptiste**

Künstler *artists*
Metallskulpturen *metal sculptures* **Jonas Soulouque,**
La-Croix-des-Bouquets
Gemälde *paintings* **Wilson Bigaud,**
Port-au-Prince

Planungstermine *project stages*
Entwurfsbeginn *start of design* **1995**
Baubeginn *start of construction* **1997**
Fertigstellung *completion* **1998**

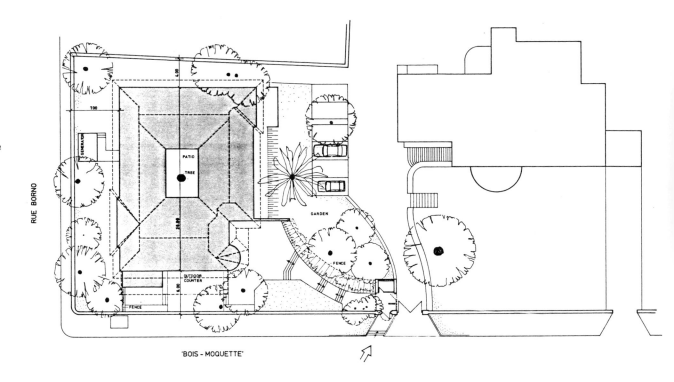

Seite 110
Blick auf den Eingangsbe-
reich des Kanzleigebäudes
mit der Metallarbeit
„Eiche und Mapou-Baum"
des haitischen Künstlers
Jonas Soulouque.
Page 110
View of entrance area
of embassy building with
metal work "Oak and
Mapou Tree" by the Haitian
artist Jonas Soulouque.

Seite 111
Blick von der Hauptzu-
fahrt auf das Gebäude der
Residenz.
Page 111
View of residence from
main driveway.

ist auch als Glück zu betrachten, daß Deutsch-land uns erst kürzlich einen neuen Botschafter geschickt hat, der jung, brillant und bereit ist, sich in unsere Kultur zu vertiefen ... Am Mor-gen, auf der Baustelle, bewunderten die Baube-amten aus Deutschland in Begleitung von Bot-schafter Luy, was seit ihrem letzten Besuch fertiggeworden war. Eine majestätische Zeder war zurechtgestutzt worden, entkam aber der Zerstörung, um sich im Inneren des Gebäudes zu erheben wie ein Mittelpfeiler mit großen und langen knospentreibenden Armen, gleichsam um zu zeigen, daß der Geist des Ortes hier noch wohnt. Es wurde auf das Dach gedeutet, wo ein Buchsbaumkranz mit Bändern in den Farben Deutschlands aufgehängt war ... Am Nachmit-tag machte man sich ans Richtfest, das eine Art Widmung des Gebäudes an die Geister ist, dar-unter die der Bäume, die geschützt und bewahrt werden. Die Bäume, die gefällt werden mußten, wurden zu Brettern zersägt für die Renovierung der Botschaftsresidenz ...

Auf ein Zeichen des deutschen Botschafters folgten alle zur Zeremonie des Richtspruchs. Herr Rohrbeck sprach die magischen Worte auf Deutsch, leerte mit sakramentaler Geste ein Glas Rum und warf es fort über seinen Kopf hinweg. Der Ingenieur Baptiste tat es ihm gleich, in französischen Worten, mit der glei-chen Gebärde. Er sprach, als richte er sich an die Geister: Das Haus ist fast vollendet. Es hat Fenster und Türen. Es sieht solide aus. Der Maurer hat es gemauert. Der Zimmermann hat ihm ein Dach gegeben. Ob es standhält und

aushält, wird sich zeigen. Selbst wenn das Dach vor dem Regen schützt und die Mauern vor Wind und Staub, es liegt doch immer an Gott, ob wir in Frieden leben ... Nach der Zeremonie kehrte man zurück in den Garten der Residenz, wo sich die haitische Gesellschaft unter den großen, mit Girlanden geschmückten Bäumen versammelte, beflügelt vom Orchester, das für fröhliche Stimmung sorgte."

Am 3. Oktober 1998, dem Tag der deutschen Einheit, wurde die Botschaftskanzlei einge-weiht: „Der Chor der Deutsch-Haitischen Kul-turgesellschaft sang zur Eröffnung mit schönen Stimmen die Nationalhymnen beider Länder ... Der deutsche Botschafter sprach zum Regie-rungswechsel in Deutschland und zur Konti-nuität deutscher Außenpolitik ... Zum Neubau der Kanzlei sagte er: Ein Haus zu bauen drückt Vertrauen aus, das Vertrauen, das wir Deutsche für Haiti und seine Zukunft empfinden, für seine Fähigkeit, aus der aktuellen politischen Sackgasse herauszufinden ... Große Bewegung ergriff das Publikum, als der Botschafter Frau Gaillard das Bundesverdienstkreuz I. Klasse überreichte, verliehen durch die deutsche Bun-desregierung für ihr Wirken in der Deutsch-Haitischen Kulturgesellschaft ...

Herr von Kittlitz vom Auswärtigen Amt bezeichnete die Einweihung der Botschaft als neue Etappe der Beziehungen beider Länder: Dem früheren Botschafter in Haiti, Fritjof von Nordenskjöld, hat dieses Projekt besonders am Herzen gelegen. Die kurze Bauzeit ist ein Beweis der Leistungsfähigkeit der deutschen Verwal-

tung. Einige Prinzipien, die uns für zukünftige Botschaften wichtig erscheinen, sind hier bereits umgesetzt. Die Botschaften sollen in ihrer Architektur der Öffentlichkeitsarbeit die-nen, sie sollen ein Ort der Begegnung, der Information und des Austausches sein ...

Dann ergriff Bundesbaupräsident Mausbach vor lebhaftem Publikum das Wort: Ich bin glücklich und stolz, Ihnen, Herr Botschafter, und allen Ihren Mitarbeitern dieses schöne neue Kanzlei-gebäude übergeben zu können. Wir errichten zur Zeit sehr viel größere Bauten, zum Beispiel das neue Auswärtige Amt in Berlin, ein Projekt von 400 Millionen DM. Die neue Kanzlei in Port-au-Prince ist nur ein kleines Projekt. Ich verrate kein Staatsgeheimnis, wenn ich sage: Es hat kaum mehr als eine Million DM gekostet. Es ist kein spektakulärer Bau und doch etwas Besonderes. Es ist ein Haus in haitischem Stil. Es bildet ein Ensemble mit der Residenz und fügt sich in die Umgebung ein. Es verbindet örtliche Bautradition mit moderner Technik. Es nimmt Rücksicht auf die Natur.

Es ist üblich, daß wir in unseren Auslandsver-tretungen Kunst aus Deutschland zeigen. Auch in diesem Punkt ist das Haus etwas Besonderes. Es ist mit haitischer Kunst geschmückt. Schon am Eingang begrüßen uns zwei in Eisen geschnittene Symbole – zwei mythologische Bäume unserer beiden Völker, die deutsche Eiche und der Mapou-Baum Haitis. In der Ein-gangshalle sehen Sie: ,Die Hochzeit' des berühmten haitischen Malers Wilson Bigaud. Unser Freund Aubelin Jolicoeur hat uns dieses

Lageplan mit Kanzlei-
gebäude (links), Residenz
(rechts) und Kontrollhaus
am Haupttor.
*Site plan with embassy
building (left), residence
(right), and guardhouse at
the main gate.*

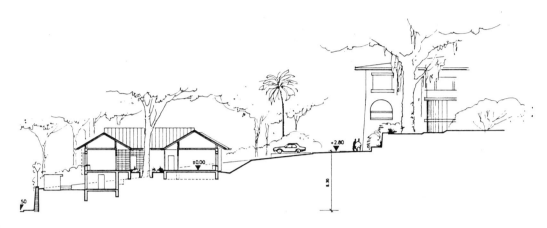

The German Embassy
in Port-au-Prince, Haiti

Oak and Mapou Tree   *Aubelin Jolicoeur*

"It is a joy to see how enthusiasm once again inspires the German ideas that made the land of Leibniz and Kant a nation of philosophers, a nation that reveres the powers of nature, as they are venerated in Haiti in the spirit of voodoo, in the tree, the bearer of so many blessings, in spite of the Haitians' tendency to destroy that which brings them good .... It should also be considered a stroke of good fortune that Germany has only recently sent us a new ambassador who is young and brilliant and willing to delve into our culture .... In the morning at the construction site, the building officials from Germany, in the company of Ambassador Luy, admired all that had been finished since their last visit. A majestic cedar had been trimmed, but was saved from destruction and now rose on the interior of the building like a central pillar with large, long, budding arms, as if to show that the genius loci still dwells here. Attention was called to the roof, where a box-tree garland hung with ribbons in the colors of Germany .... In the afternoon, the topping-out ceremony began, a kind of dedication of the building to the spirits, including those of the trees that were preserved and protected. The trees that had to be felled were sawn into boards for the renovation of the ambassador's residence....

At the German ambassador's signal, all followed to the topping-out ceremony. Herr Rohrbeck spoke the magic words in German, emptied a glass of rum with a sacramental gesture, and threw it back over his head. The engineer Baptiste did the same, in French words, with the same gesture. He spoke as if he were talking to the spirits: 'The building is almost finished. It has windows and doors. It looks firm. The masons have built the walls. The carpenter has given it a roof. Whether it stays firm and endures, remains to be seen. Even if the roof provides protection from rain and the walls from wind and dust, it is always up to God whether we

live in peace ....' After the ceremony, the company returned to the garden of the residence, where Haitian society gathered under the large trees adorned with garlands, inspired by the happy mood of the orchestra's music."

The embassy building was inaugurated on October 3, 1998, the Day of German Unity: "The choir of the German-Haitian Cultural Society opened by singing the national anthems of both countries in lovely voices .... The German ambassador spoke of the change of government in Germany and the continuity of German foreign policy .... With regard to the new embassy building, he said: 'To erect a building is an expression of trust, the trust we Germans have in Haiti and its future, in its ability to find its way out of the current political dead end ....' The public was greatly moved when the ambassador presented Ms. Gaillard with the Cross of the Order of Merit First Class, awarded by the German federal government for her work in the German-Haitian Cultural Society ....

Herr von Kittlitz from the Federal Foreign Office described the inauguration of the embassy as a new stage in relations between the two countries: 'The former ambassador in Haiti, Fritjof von Nordenskjöld, took a special interest in this project. The short building period is proof of the high performance of the German administrative system. A number of principles that seemed important for us for future embassies have already been put into practice here. In their architecture, embassies should serve for public relations, they should be places of encounter, information, and exchange ....'

Then Federal Building President Mausbach took the floor before an enthusiastic audience: 'I am happy and proud to be able to hand over this beautiful new embassy building to you, Mr. Ambassador, and all your staff. At present we are erecting much larger buildings, such as the new Federal

Schnitt durch das Hang-
gelände in West-Ost-Rich-
tung von der Rue Borno
bis zur Residenz mit
Gebäudeschnitt durch die
Kanzlei.
*East-west section through
the sloping terrain from
the Rue Borno to the
residence with section of
embassy building.*

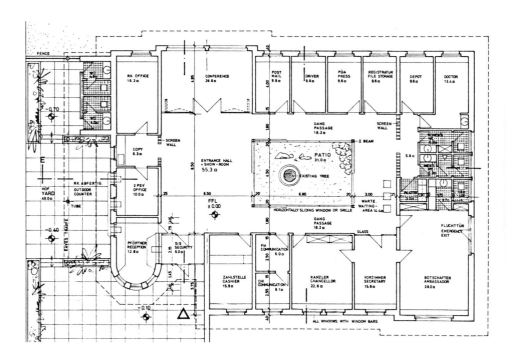

Kanzleigebäude.
Grundriß Erdgeschoß.
Embassy building.
Plan of ground floor.

schöne Bild vermittelt. Deutschland und Haiti sind sehr verschieden, ja gegensätzlich. Aber es sind Gegensätze, die sich anziehen. Die Menschen im Norden träumen von der Sonne der Karibik, vom Reichtum der Natur. Es ist der Traum vom verlorenen Paradies. Die Menschen im Süden schauen auf den technischen und wirtschaftlichen Reichtum des Nordens. Zur Entwicklung der Menschheit und ihrer Menschlichkeit gehört beides. In der Architektur und der Kunst dieses Hauses verbinden sich die zwei Seiten des Gegensatzes, die technische Rationalität und Disziplin des Nordens mit der Phantasie, Spontaneität und Natürlichkeit des Südens."

Auszüge aus Berichten der haitischen Zeitung „Le Nouvelliste" über Richtfest und Einweihung der deutschen Botschaftskanzlei in Port-au-Prince (11. März und 8. Oktober 1998).

Eine bekannte Gestalt

„Was lesen Sie denn da?" fragte Herr v. N. vom Auswärtigen Amt. Wir waren auf dem Flug nach Mexiko und Jamaika, wo es um Bau und Übergabe neuer Botschaften ging. Ich zeigte den Buchtitel „Graham Greene: Die Stunde der Komödianten." Der Buchhändler auf der Berliner Reichsstraße hatte mir den Haiti-Roman zur Einstimmung für die Mittelamerikareise empfohlen. „Den habe ich schon zehnmal gelesen", sagte Herr v. N. „Ich war Botschafter auf Haiti. Graham Greene hat einmal dort gelebt. Vieles in dem Roman ist authentisch: das Hotel, in dessen Schwimmbecken die Leiche gefunden wird, der Rum-Punsch, der dort gemixt wird und nicht zuletzt die Romanfigur Petit Pierre, der Journalist." Und er eröffnete mir dann: „Wir müssen noch einen Abstecher nach Haiti machen, wir brauchen auch dort eine neue Botschaftskanzlei". Wenige Tage später saßen wir im Hotel Oloffson in Port-au-Prince

und tranken mit Blick auf das leere Schwimmbecken Rum-Punsch. Auf dem Tisch, halb gelesen, „Die Stunde der Komödianten." Wir besprachen mit dem örtlichen Kontaktarchitekten den Botschaftsneubau, als „eine bekannte Gestalt" hereintrat, in der Hand Ebenholzstock mit Silberknauf – Aubelin Jolicoeur alias Petit Pierre. Graham Green: „Eine bekannte Gestalt bahnte sich den Weg zu mir… Er kicherte zu mir hinauf, wobei er sich auf die Schuhspitzen stellte, denn er war von winziger Gestalt. Er war genau, wie ich ihn im Gedächtnis hatte: voll Heiterkeit. Selbst diese Tageszeit gab ihm Anlaß zu Humor. Er hatte die schnellen Bewegungen eines Äffchens und schien sich auf einem Seil von Gelächter von Wand zu Wand zu schwingen. Ich hatte mir stets vorgestellt, daß er einmal, wenn jener Tag kam, der bei seinem unsicheren und herausfordernden Lebensunterhalt unweigerlich kommen mußte, seinem Scharfrichter ins Gesicht lachen

würde, wie es angeblich die Chinesen tun...". Der Journalist setzte sich zu uns und erkundigte sich nach unseren Plänen. Ich gab ihm auf einer Serviette eine Skizze unserer neuen Botschaft. Er signierte den Roman. Seitdem begleitete er unseren Botschaftsbau mit breiter Berichterstattung im örtlichen „Nouvelliste" und guten Ratschlägen für die künstlerische Ausgestaltung der Botschaft. Dies war im Juli 1996.

F. M.

Kanzleigebäude.
Ansicht von Süden.
Embassy building.
South elevation.

A Familiar Figure

"What are you reading there?" asked Herr v. N. of the Federal Foreign Office. We were on a flight to Mexico and Jamaica, where new embassy buildings were under construction. I showed him the book: Graham Greene, The Comedians. The bookseller on Reichsstrasse in Berlin had recommended the novel, which takes place in Haiti, to set the mood for the trip to Central America. "I've read it a dozen times already," said Herr v. N. "I was ambassador in Haiti. Graham Greene lived there once. Much of the novel is authentic: the hotel where the bodies are found in the swimming pool, the rum punch they mix there, and not least of all the figure of Petit Pierre, the journalist." And then he informed me: "We'll be taking a side trip to Haiti, we need a new embassy building there too."

A few days later, we sat in the Hotel Oloffson in Port-au-Prince, drinking rum punch and gazing out at the empty swimming pool. On the table, half-read, lay The Comedians. We were discussing the new embassy building with the local contact architect when "a familiar figure" entered, carrying an ebony stick with a silver knob—Aubelin Jolicoeur, alias Petit Pierre. Graham Greene: "A familiar figure forced his way towards me.... He giggled up at me, standing on his pointed toe-caps, for he was a tiny figure of a man. He was just as I had remembered him, hilarious. Even the time of day was humorous to him. He had the quick movements of a monkey, and he seemed to swing from wall to wall on ropes of laughter. I had always thought that, when the time came, and surely it must one day come in his precarious defiant livelihood, he would laugh at his executioner, as a Chinaman is supposed to do...." The journalist joined us and asked about our plans. I sketched the new embassy for him on a napkin. He signed the novel. From that point on, he accompanied the construc-

tion of our embassy with extensive reporting in the local Nouvelliste and good suggestions for the artistic elaboration of the building. That was in July 1996.

F. M.

Foreign Office in Berlin, a project budgeted at 400 million DM. The new embassy in Port-au-Prince is only a small project; I am not giving away any state secrets when I say that it hardly cost more than a million DM. It is not a spectacular building, and yet it is something special. It is a building in the Haitian style. It forms an ensemble with the residence and integrates itself into the surroundings. It combines local building tradition with modern technology. It shows consideration for nature.

Usually, our foreign embassies show art from Germany. Yet in this respect as well, the present building is special. It is adorned with Haitian art. Already at the entrance, we are greeted by two symbols cut in iron—the two mythological trees of our two peoples, the German oak and the Mapou tree of Haiti. In the entrance hall we see "The Wedding" by the famous Haitian painter Wilson Bigaud. Our friend Aubelin Jolicoeur acquired this beautiful picture for us.

Germany and Haiti are very different, indeed opposite. But they are opposites that attract. The people of the north dream of the sun of the Caribbean, of the riches of nature. It is the dream of the lost Paradise. The people of the south look to the technological and economic wealth of the north. Both belong to the development of humanity and of humanness. In the architecture and art of this building, these two poles are connected, the technical rationality and discipline of the north with the fantasy, spontaneity, and naturalness of the south.'"

Excerpts from reports in the Haitian newspaper "Le Novelliste" on the topping-out ceremony and inauguration of the German embassy in Port-au-Prince (March 11 and October 8, 1998).

Kolonnadenhalle an
der Südseite des Kanzlei-
gebäudes. Blick auf einen
der erhaltenen Bäume und
die Außenschalter der
Visastelle.
*Colonnaded hall on south
side of embassy. View
of a preserved tree and the
exterior windows of the
visa office.*

Blick entlang der
Ostfassade des Kanzlei-
gebäudes nach Süden.
*View along the east facade
of the embassy toward the
south.*

Blick in das Atrium des
Kanzleigebäudes mit dem
erhaltenen Baum.
*View into the atrium of the
embassy with the preserved
tree.*

Blick durch die
Eingangshalle auf das
zentrale Atrium.
*View through the
entrance hall into the
central atrium.*

Blick in den
Konferenzsaal.
View of conference hall.

„Die Hochzeit". Gemälde
des haitischen Malers
Wilson Bigaud in der
Eingangshalle des
Kanzleigebäudes.
*"The Wedding." Painting
by Haitian artist Wilson
Bigaud in the entrance hall
of the embassy building.*

Hansjörg Bucher
Hans-Peter Gatzweiler

Die Gestaltung der Raum- und Siedlungsentwicklung ist in besonderem Maße auf mittel- und langfristige Vorausschau angewiesen. Dies gilt zumal heute, wo die Geschwindigkeit der wirtschaftlichen und gesellschaftlichen Veränderungen in Deutschland und Europa mit wachsenden Unsicherheiten bei den Zielvorstellungen über langfristig erwünschte Strukturen des Raum- und Siedlungssystems der Bundesrepublik Deutschland einhergeht. Stärker als zuvor sehen sich Raumordnungs-, Städtebau- und Wohnungspolitik mit Fragen konfrontiert, welche Handlungsspielräume offenstehen und welche Modifikationen ihrer bisherigen

Regionalprognosen

Instrumente einer aktiven
Raumordnungs-, Städtebau- und Wohnungspolitik

Strategien, Konzepte und Instrumente möglicherweise erforderlich sind. Regionalprognosen können hier erste Antworten geben.

Die Regionalprognosen des Bundesamtes für Bauwesen und Raumordnung (BBR) setzen die lange Tradition der ehemaligen Bundesforschungsanstalt für Landeskunde und Raumordnung (BfLR) als „Prognoseinstitut" fort. Sie haben zum Ziel, langfristige Entwicklungstendenzen der Bevölkerung, der Erwerbspersonen und Arbeitsplätze, der Haushalte und Wohnungen sowie der Siedlungsflächen in den Teilräumen des Bundesgebietes aufzuzeigen und zu quantifizieren, um sich auch über die Dimension und damit die politische Relevanz von Problemen klar zu werden. Denn eine Zukunftsaussage wie „das Wohnungsdefizit nimmt im Prognosezeitraum um 500.000 Wohnungen zu" dürfte ein weitaus größeres Problembewußtsein schaffen als die Aussage „Das Wohnungsdefizit nimmt noch weiter zu". Die Regionalprognosen des BBR besitzen deshalb gerade in Zeiten zunehmender Verunsicherung einen hohen Politikberatungsnutzen. Sie können dazu dienen, Vorstellungen über die zukünftige Raum- und Siedlungsentwicklung zu konkretisieren sowie Handlungsbedarf und -möglichkeiten rational zu analysieren.

Damit sie diesen Zweck erfüllen können, werden sie als Status-quo-Prognosen durchgeführt, d. h. als Prognosen, die für den Prognosezeitraum von weitgehend konstanten Bedingungen für die räumlich orientierte Politik ausgehen. Auf diese Weise können sie Chancen, aber auch

mögliche Gefährdungen für die Raum- und Siedlungsstruktur des Bundesgebietes aufzeigen. Ihr Politikberatungsnutzen ist um so größer, je frühzeitiger politische Maßnahmen ergriffen werden, die zu der gewünschten räumlichen Entwicklung führen, statt zu der unter Status-quo-Annahmen prognostizierten. Denn die Prognosen zum Ziel zu machen hieße, im Wahrscheinlichen das Wünschbare zu sehen. Der Zweck der Prognosen ist dann erfüllt, wenn die von ihnen aufgezeigten unerwünschten Entwicklungstendenzen vermindert oder zumindest erheblich abgeschwächt werden.

Das Prognosesystem des BBR besteht aus mehreren Teilmodellen: zwei Modelle im demographischen Bereich (Bevölkerung, private Haushalte), zwei für den Arbeitsmarkt (Erwerbspersonen, Arbeitsplätze), eins für den Wohnungsmarkt (Nachfrage nach Wohnfläche / Wohnungen) und eins für die Siedlungsflächenentwicklung. Die räumlichen Ebenen der Prognosemodelle variieren zwischen Raumordnungsregionen und siedlungsstrukturellen Kreis- / Regionstypen. Die einzelnen Modelle sind nur sparsam miteinander verknüpft (siehe Abbildung Seite 121). Gleichwohl erlauben sie die Berücksichtigung von Rückkopplungseffekten. Solche bestehen z. B. zwischen der Wohnungs- und Arbeitsmarktsituation und den Wanderungen oder zwischen der Siedlungsflächenentwicklung und der Wohnungs- und Arbeitsmarktentwicklung. Regionale Entwicklungen hängen zum Großteil von gesamträumlichen, gesamtwirtschaftlichen Entwicklungen ab. Entsprechende Modellrech-

nungen bzw. Szenarien renommierter Wirtschaftsforschungsinstitute geben deshalb den Rahmen für die einzelnen Regionalprognosen vor, die wiederum die Grundlage für Szenarien der Raum- und Siedlungsentwicklung im Bundesgebiet bilden.

Die Methodik der Regionalprognosen stützt sich auf einfache, nachvollziehbare Modelle. Sie basieren auf der Einsicht, daß wissenschaftliche Prognosen „Wenn-dann-Aussagen" sind, deren Qualität entscheidend durch die Wahl und Offenlegung der Annahmen bestimmt wird und deren Wissenschaftlichkeit vor allem in einer logisch nachvollziehbaren Methodik besteht. Als theoretisches Konzept liegt ihnen oft nur die Richtung des Wirkungszusammenhangs der wichtigsten Einflußgrößen zugrunde. Solche einfachen Modelle erbringen nach aller Erfahrung zuverlässigere Ergebnisse und sind anwendungsfreundlicher als wesentlich komplexere Erklärungsmodelle. Um die Modellkomplexität in Grenzen zu halten bzw. zu reduzieren, sind wichtige Verhaltensparameter (z. B. Wanderungsbereitschaft, Erwerbsbeteiligung, Wohnungsnachfrage usw.) in der Regel als exogene Parameter Bestandteil des Modells. In Umsetzung dieser Überlegungen sprechen wir von einer mittleren Modelltechnologie, welche die Nachvollziehbarkeit von Prognosevorgängen gestattet und die versucht, „black boxes" für die Nutzer der Ergebnisse zu vermeiden. Für eine vorausschauende, langfristig orientierte und aktive Politikgestaltung ist die Schaffung eines Informationsvorlaufs notwendig. Denn

Veränderung regionaler
Bevölkerungsanteile in der
Bundesrepublik Deutsch-
land zwischen 1996 und
2015. Angaben in Prozent-
punkten.
*Changes in regional share
of population in the Fed-
eral Republic of Germany
between 1996 and 2015.
Indicated in percentage
points.*

- < - 0,5
- 0,5 - < - 0,1
- 0,1 - < +0,1
+ 0,1 - < +0,3
= > +0,3

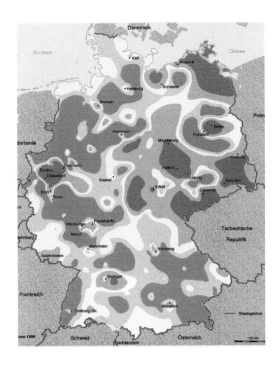

Regional Projections

*An Instrument for Active Regional Planning,
Urban Development, and Housing Policy*

*Hansjörg Bucher
Hans-Peter Gatzweiler*

The influencing of regional and urban development depends largely on quantitative mid- to long-term predictions. This is all the more important as rapid economic and social changes in Germany and Europe give rise to growing uncertainty as to which regional and urban structures in the Federal Republic of Germany are desirable in the long run. More than ever, policymakers in regional planning, urban development, and housing are asking where options still exist and where familiar strategies, concepts, and instruments may need to be modified. Here, regional projections can provide initial answers.

With its regional projections, the Federal Office for Building and Regional Planning (BBR) continues the long tradition of the former Federal Research Institute for Social Geography and Regional Planning (BfLR) as a "projection institute." The goal of such projections is to identify and quantify long-term trends in population, employment, housing, and regional land use in order to gain awareness of the scale and political relevance of particular problems. A prediction such as "in the period of the projection, the housing deficit will increase by 500,000 dwellings," for example, creates a much greater awareness of the problem than the statement "the housing deficit will continue to increase." For this reason, the regional projections of the BBR serve a key political advisory function, particularly in times of increasing uncertainty. They help concretise conceptions of future regional and urban development and assist in the rational analysis of a call for action.

In order to serve this purpose, these studies represent "status quo" projections, assuming fairly constant conditions for regional policy during the period of the projection. In this way, we can identify both opportunities and possible dangers to the regional and urban system of the Federal Republic of Germany. The earlier political action can be

taken to stimulate desirable regional developments instead of those projected under status quo assumptions, the greater the political usefulness of the projection. For to view the projection itself as the goal would be to equate the probable with the desirable. The purpose of the projection is fulfilled when undesirable trends are halted or at least considerably weakened.

The projection system of the BBR consists of a number of partial models: two demographic models (population, private households), two for supply and demand in the labour market (employed persons, jobs), a housing market model (demand side), and a model for land use. The regional levels of these models vary between large-scale planning regions and categories of counties or regions. Although the individual models are only loosely connected with each other (see fig. p. 121), they nonetheless allow feed-backs to be taken into account. Such connections exist, for example, between the housing and job markets in terms of mobility or between land use for settlement and trends in the housing and job markets. Regional developments depend largely on national and macroeconomic developments; accordingly, we use national scenarios by renowned economic research institutes as a framework for individual regional projections, which in turn form the basis for scenarios of regional and settlement development.

The method of regional projection is based on simple, comprehensible models. These models follow the conviction that scientific projections are "if-then statements" whose quality depends on the choice and disclosure of assumptions and whose scientific value consists above all in their logical comprehensibility. As a theoretical concept, such models are often reduced to the most important explanatory factors. Experience has shown that simple models of this type produce more reliable results and are easier to

handle than explanatory models of higher complexity. In order to limit or reduce this complexity, important behavioural parameters (e.g. mobility, job participation, housing demand, etc.) are treated as exogenous elements. In applying these considerations, we speak of a semi-complex model technology, which ensures the comprehensibility of projection procedures and avoids "black boxes" for the users of the results.

In order to shape long-term policy in an active, foresighted manner, a leading lag of information is necessary. For if political awareness and action were defined only by recent problems, it would remain reactive, limited to crisis management and damage control. The regional status quo projections provide this kind of leading information basis. They serve as an early warning system for problems emerging in regional development, even if their Cassandra-like function is often unappreciated or even suppressed in the political realm.

The regional projections of the BBR also provide information for a realistic discussion of goals and assist in decision-making and orientation for the discussion of strategies and goals at the federal level. For example, they make it possible to discuss whether we should recommend a policy that supports the predicted development or whether, instead, we should question the desirability of the development and set political goals that diverge from the predicted trend.

The regional projections of the BBR thus support active regional planning, urban development, and housing policy. By providing a set of future-oriented information, they make it possible identify suitable strategies and measures for channelling and redirecting undesirable trends in regional planning, urban development, and housing policy.

wenn allein die aktuellen Probleme, das plötzliche Erwachen, politisches Handeln bestimmen, bleibt dieses reaktiv und beschränkt sich auf die Strategie des Krisenmanagements und der Schadensbegrenzung. Die nach dem Status-quo-Prinzip durchgeführten Regionalprognosen schaffen einen solchen Informationsvorlauf. Sie können frühzeitig auf sich abzeichnende Probleme in der räumlichen Entwicklung aufmerksam machen, prognostische Warnleuchten setzen, auch wenn ihre Funktion als Kassandra oft von der Politik nicht geschätzt oder verdrängt wird.

Darüber hinaus liefern die Regionalprognosen des BBR Informationen für eine realistische Zieldiskussion und bieten Entscheidungs- und Orientierungshilfen für eine Diskussion von Strategien und Konzepten zur Erreichung dieser Ziele auf bundespolitischer Ebene. Sie ermöglichen z. B. die Diskussion von Fragen wie: Soll eine Politik betrieben werden, die sich der vorausgesagten Entwicklung anpaßt, was hieße, im Wahrscheinlichen das Wünschbare zu sehen? Oder soll man statt dessen die Wünschbarkeit dieser Entwicklung hinterfragen und politische Ziele setzen, die vom vorausgesagten Trend abweichen?

Die Regionalprognosen des BBR fördern somit eine aktive Raumordnungs-, Städtebau- und Wohnungspolitik. Denn sie werden der Aufgabe gerecht, Informationen im Vorlauf bereitzustellen, um unerwünschte Zukunftsperspektiven durch geeignete Strategien und Maßnahmen in raumordnungs-, städtebau- und wohnungspolitisch zielgerechte Bahnen zu lenken.

Aktuelle regionale
Bevölkerungsprognose 2015

Eine zentrale Stellung innerhalb des Prognosesystems nimmt die Bevölkerung ein. Dies hat
- sachliche Gründe, die mit den Menschen als Zielsubjekten politischen Handelns zusammenhängen;
- methodische Gründe, die mit der hohen Prognosefähigkeit der Bevölkerung zu tun haben;
- empirische Gründe, die mit der hohen statistischen Transparenz demographischer Prozesse zusammenhängen.

Der methodische Ansatz der Bevölkerungsprognose fußt auf einem Fortschreibungsmodell: Der (bekannte) Bevölkerungsbestand der jüngsten Vergangenheit wird in die Zukunft fortgeschrieben durch eine Prognose der Bevölkerungsbewegungen; das sind die Geburten, die Sterbefälle, die Zuzüge und die Fortzüge. Diese sogenannten demographischen Ereignisse werden ihrerseits abgeleitet aus den Personen, denen diese Ereignisse widerfahren, und der Eintrittswahrscheinlichkeit.

Um Prognosen durchzuführen, müssen die strategischen Modellparameter mit Werten gefüllt

werden, die die Zukunft betreffen. Dies sind Verhaltensparameter zur Fruchtbarkeit, zur Sterblichkeit und zur Wanderungsbereitschaft. Solche Annahmen sind beispielsweise die Zahl der Kinder, die eine Frau im Laufe ihres Lebens bekommt (Fertilität), die Lebenserwartung der neugeborenen Knaben und Mädchen oder der Anteil der Bevölkerung, der während eines Jahres den Wohnort wechselt. Hinzu kommen Annahmen über den Umfang der internationalen Wanderungen. Wenn alle diese Annahmen getroffen sind, ist das Ergebnis der Bevölkerungsprognose de facto bereits festgelegt.

Die Setzung der Annahmen ist somit die bedeutsamste Aufgabe des Prognostikers. Sie erfordert eine profunde Kenntnis der Vergangenheit und deren Ursachen. Die Annahmendiskussion stützt sich auf Zeitreihenanalysen und Befragungen, Expertengespräche und Delphi-Runden, alles mit dem Ziel, möglichst viel Sachverstand in die Prognose einfließen zu lassen.

Für die aktuelle Regionale Bevölkerungsprognose 2015 des BBR werden folgende Trends erwartet:
- In den neuen Ländern steigt die Fertilitätsrate wieder an. Der schockartige Rückgang um 50 % zwischen 1989 und 1994 wird jedoch nicht voll ausgeglichen. Anpassungen an westdeutsche Muster betreffen auch die steigende Zahl kinderloser Frauen, die Tendenz zu späteren Geburten und die Zunahme regionaler Unterschiede der Fertilitätsmuster.
- Die Lücke in der Lebenserwartung zwischen Ost- und Westdeutschen verringert sich weiter. Dabei zeigen sich räumliche und geschlechtsspezifische Unterschiede in der Dynamik des Aufholprozesses: Die Lebenserwartung ostdeutscher Frauen steigt schneller als die der Männer, in den hochverdichteten Regionen mit guter medizinischer Infrastrukturausstattung werden die Defizite schneller ausgeglichen als in den ländlich geprägten Regionen.
- Die Wanderungsverluste der neuen Länder nehmen ab, weil die Fortzüge in den Westen weniger, die Zuzüge aus dem Westen mehr werden. Ein ausgeglichener Wanderungssaldo wird allerdings noch nicht erreicht. Die Mobilität zwischen den Regionen der neuen Länder steigt.
- Der Suburbanisierungsprozeß zwischen den Städten und deren Umland bleibt im Westen hoch, im Osten wird er stark zunehmen. Getragen wird er vom Wunsch, die Wohnsituation zu verbessern. Im Westen haben Teile der internationalen Wanderungen in Form von Kettenwanderungen einen Einfluß auf die Binnenwanderungsmuster. Ein weiteres jüngeres Phänomen ist das „Hinausschwappen" der Suburbanisierung aus den großen süddeutschen Agglomerationen in deren Nachbarregionen (Desurbanisierung).

- Die internationalen Wanderungen stabilisieren sich auf hohem Niveau. Dies ist bereits eine Folge der restriktiven Zuwanderungspolitik, denn die Rahmenbedingungen der internationalen Mobilität (die Push- und Pullfaktoren) lassen eher einen steigenden Zuwanderungsdruck auf die Industrieländer erwarten. Bei einem internationalen Wanderungsvolumen von jahresdurchschnittlich ca. 1,6 Mio. Personen wird mit Nettowanderungsgewinnen von 300 000 Personen gerechnet. Diese werden sich vorwiegend (zu gut 80 %) im Westen ansiedeln.

Unter all diesen Annahmen ergibt sich folgende demographische Entwicklung: Die Bevölkerung Deutschlands wächst weiterhin, jedoch mit abnehmender Dynamik. Bis zum Jahr 2015 werden knapp 83,5 Mio. Einwohner prognostiziert. Dies ist der Nettoeffekt zweier gegenläufiger Tendenzen: Die natürlichen Bewegungen der Geburten und Sterbefälle führen zu einer Abnahme der Bevölkerung. Die räumlichen Bewegungen, die internationalen Wanderungen werden die Sterbeüberschüsse aber mehr als ausgleichen. Hinter dieser Gesamtentwicklung steht eine Vielzahl von räumlichen Entwicklungsmustern mit Regionen wachsender und abnehmender Bevölkerung. Dahinter läßt sich eine Systematik erkennen, die sich an anderen Merkmalen festmachen läßt. Dazu zählen die Siedlungsstruktur und die ökonomische Leistungskraft der Regionen. Als solitäres Ereignis haben zudem die deutsche Einigung und der eingeleitete Transformationsprozeß demographische Strukturbrüche ausgelöst, deren Folgen die Bevölkerungsentwicklung der neuen Länder noch über Jahrzehnte hinweg prägen werden.

Bevölkerungszu- und -abnahmen erfolgen in Ost und West höchst unterschiedlich: Westdeutschland verzeichnet eine Zunahme der Bevölkerung von 64,4 Mio. (Ende 1996) auf 67,2 Mio. (Ende 2015). Dahinter stehen Sterbeüberschüsse von ca. 2,6 Mio. und Wanderungsgewinne von ca. 5,4 Mio. Personen. Ostdeutschland hat dagegen mit einer Bevölkerungsabnahme zu rechnen, von 17,6 Mio. auf 16,3 Mio. Bedeutendste Ursache sind – trotz wieder steigender Fertilitätsraten – die Sterbeüberschüsse von über 1,6 Mio. Der erwartete Wanderungsgewinn von 0,35 Mio. kann diese Verluste bei weitem nicht aufwiegen. Allerdings zeigen die Wanderungsgewinne steigende und die Sterbeüberschüsse sinkende Tendenzen.

Altersstrukturelle Veränderungen verlaufen in Ost und West ähnlich (siehe Abbildung Seite 121). Im Osten, der bei der Einigung jünger war, verläuft die Alterung jedoch nunmehr aus gleich mehreren Gründen beschleunigt:
- Der Geburtenrückgang führte zu einer schwächeren Besetzung der nachgeborenen Altersjahrgänge.

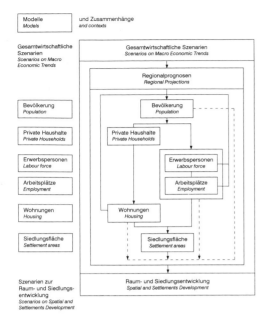

| Modelle / Models | und Zusammenhänge / and contexts |

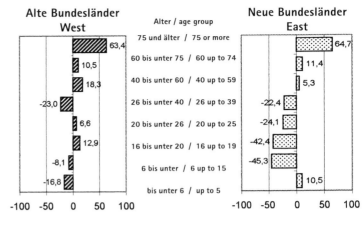

Alte Bundesländer West

Alter / age group

63,4	75 und älter / 75 or more
10,5	60 bis unter 75 / 60 up to 74
18,3	40 bis unter 60 / 40 up to 59
-23,0	26 bis unter 40 / 26 up to 39
6,6	20 bis unter 26 / 20 up to 25
12,9	16 bis unter 20 / 16 up to 19
-8,1	6 bis unter / 6 up to 15
-16,8	bis unter 6 / up to 5

Neue Bundesländer East

64,7	
11,4	
5,3	
-22,4	
-24,1	
-42,4	
-45,3	
10,5	

Regionalprognosesystem des Bundesamtes für Bauwesen und Raumordnung. Szenarien zur Raum- und Siedlungsentwicklung. *Regional projection system of the Federal Office for Building and Regional Planning. Scenarios on spatial and settlements development.*

Veränderung des Bevölkerungsbestandes einer jeweiligen Altersgruppe 1996 bis 2015. Angaben bezogen auf die Ausgangsbevölkerung von 1996 in Prozent. *Changing age structures 1996 to 2015. Increase / decrease of age groups in percent of stock 1996.*

The current Regional Population Projection 2015

Population plays a key role in the projection system. The reasons for this are

- material, associated with the human being as the proper subject of political action;
- methodological, since population can be projected more easily than economic processes;
- and empirical, connected with the high statistical transparency of demographic processes.

The population projection is based on the stock-flow method. The (known) stock of the population in the most recent past is updated into the future through a projection of population developments such as birth and death rates, immigration, and emigration. These so-called demographic events, in turn, are derived from the persons experiencing them and the probability of occurrence.

In order to make a projection, the strategic parameters of the model must be quantified with values applicable to a future time, namely, the behavioural parameters of fertility, mortality, and mobility. The assumptions in this case include the number of children a woman will bear in the course of her life, the life expectancy of new-born boys and girls, and the percentage of the population that will change its place of residence over the course of a year. In addition, assumptions are made concerning the extent of international migration. When values have been assumed for all of these parameters, the result of the population projection has de facto already been determined.

The setting of assumptions thus constitutes the prognosticator's most important task, requiring profound knowledge of the past and its causes. The discussion of assumptions is based on time series analyses and polls, discussions with experts and Delphi sessions, all aimed at incorporating as much expert knowledge as possible into the projection. The current Regional Population Projection 2015 of the BBR predicts the following trends by the year 2015:

- In East Germany, fertility rates will rise again, although this increase will not fully compensate for the sudden 50% drop in fertility between 1989 and 1994. East German fertility patterns will approach those of West Germany with growing numbers of childless women, a tendency toward later births, and an increase in regional differences in fertility.
- The divergence in life expectancy between East and West Germans will continue to decrease. Regional and gender differences play a role in this catching-up process: the life expectancy of East German women will rise more rapidly than that of men, while in regions with high population density and good medical infrastructure the deficits will shrink more rapidly than in rural regions.
- The population drain from East Germany will slow as a result of declining westward migration as well as an increase in the influx of population from the West. A complete balance of migration, however, will not yet be attained. Mobility between regions in the East will increase.
- The suburbanisation process affecting cities and their surrounding areas will remain high in the West and increase dramatically in the East. The impetus behind this development is the desire for an improvement in living conditions. In the West, a special category of international migration (ethnic Germans) in the form of chain migrations will influence the domestic migration pattern. Another recent phenomenon is the "spilling over" of suburbanisation from the large southern German agglomerations into their neighbouring regions (deurbanisation or counterurbanisation).
- International migrations will stabilise at a high level.

This is already a result of the restrictive immigration policy, for the general conditions of international mobility (push and pull factors) suggest an increase in immigration to industrial countries. On the basis of an international migration volume averaging about 1.6 million persons annually, the net immigration is calculated at 300,000 persons, around 80% of which will settle in the West.

These assumptions give rise to the following demographic projection: the population of Germany will continue to grow, though at a decreasing rate. By the year 2015, a population of about 83.5 million is expected. This number represents the net effect of two opposing tendencies: although deaths will outnumber births, leading to a decrease in population, international migration will more than compensate for the surplus number of deaths.

Behind this overall trend stand a number of regional developments with areas of increasing and decreasing population. Here an underlying pattern is discernible that manifests itself in other features as well, including the settlement structure and economic dynamics of the various regions. In addition, the isolated event of German unification and the process of transformation initiated by it has given rise to demographic structural breaks that will continue to shape the population development of East Germany for decades to come.

Population growth and decline differ widely from East to West. In West Germany, the population is expected to increase from 64.4 million (late 1996) to 67.2 million (late 2015), the net result of about 2.6 million more deaths than births and a net migration of about 5.4 million persons. East Germany, on the other hand, will experience a decline in population, dropping from 17.6 to 16.3 million. Despite the renewed rise of fertility rates, deaths will still outnumber births by over 1.6 million. The expected migration gain

- Die steigende Lebenserwartung, bedingt durch einen Rückgang der Sterblichkeit bei den Altersjahrgängen ab fünfzig Jahren, führt zu nunmehr stärkeren Besetzungen der höheren Altersgruppen.
- Die Zahl der Hochbetagten (über Fünfundsiebzigjährigen) nimmt stark zu, und zwar vermehrt im Umland der großen Agglomerationen.
- Die Binnenwanderungen sind altersselektiv. Wanderungsverluste betreffen vornehmlich die jungen Erwerbsfähigen zwischen achtzehn und dreißig Jahren.
- Die internationalen Wanderungen dämpfen dagegen den Alterungsprozeß, weil die Zuziehenden in der Regel jünger sind als die ansässige Bevölkerung.

Siedlungsstrukturelle Veränderungen verlaufen in Ost und West genau entgegengesetzt (siehe Abbildung rechts und Karte Seite 119).

- Die verstädterten Räume erwarten im Westen die höchsten Zuwachsraten, im Osten die stärksten Abnahmen. Die Agglomerationen haben im Westen die geringsten Bevölkerungszuwächse, im Osten die geringsten Verluste. Die ländlichen Räume nehmen in beiden Landesteilen einen Mittelplatz in der Rangskala der Bevölkerungsdynamik ein. Dadurch wird im Westen das großräumige siedlungsstrukturelle Gefälle verringert, im Osten dagegen verstärkt.
- Innerhalb der Agglomerationen sind dagegen gleichgerichtete Dekonzentrationsprozesse zu erwarten: Die Suburbanisierung, einer der westdeutschen Langfristtrends, wird nun auch im Osten die kleinräumige Siedlungsentwicklung prägen. Allerdings muß sich ein hochverdichtetes Umland erst noch herausbilden, so daß die Stadt-Rand-Wanderungen bisher in ländliche – wenn auch kernstadtnahe – Kreise ziehen. Diese Kategorie ist die einzige, die entgegen dem Gesamttrend Ostdeutschlands Bevölkerungszuwächse zu erwarten hat.

Konsequenzen und politische Schlußfolgerungen

Die Prognoseergebnisse machen im Sinne einer Frühwarnfunktion auf drei große politische Aufgabengebiete aufmerksam:

Erstens, die internationalen Zuwanderungen stellen die Gesellschaft vor große Integrationsaufgaben. Dies gilt für alle Regionen, jedoch mit unterschiedlicher Intensität. Internationale Zuwanderungen – seien es Aussiedler, Ausländer mit Aufenthaltsbewilligung oder Asylbewerber – führen vor allem dort zu sozioökonomischen Integrationsproblemen, wo der Anteil der Ausländer bzw. der aus dem Ausland zugewanderten Personen an der Wohnbevölkerung schon heute sehr hoch ist und wo gleichzeitig das Angebot an preiswerten Wohnungen und/oder Erwerbsmöglichkeiten knapp ist. Aufgrund der

starken räumlichen Konzentration der Zuwanderer aus dem Ausland auf die großen Agglomerationen – und dort wiederum auf die Kernstädte – sind hier die Anpassungsleistungen und sozioökonomischen Integrationsaufgaben am größten. Die Raumordnungspolitik kann zwar die Zuwanderungen aus dem Ausland weder nach Umfang noch in ihrer Struktur beeinflussen. Gleichwohl kann ihr aber die Zuwanderung aus dem Ausland nicht gleichgültig sein. Nicht nur aus gesamtgesellschaftlicher und gesamtwirtschaftlicher, auch aus raumordnungspolitischer Sicht spricht einiges dafür, langfristig eine gezielte, an rationalen Kriterien festgemachte Einwanderungspolitik zu betreiben.

Zweitens, die Alterung der Gesellschaft stellt Anforderungen, die zwar nicht neu sind, aber eine neue Größenordnung erreichen werden. Die Generationensolidarität wird stärker gefordert als bisher. Die räumliche Inzidenz der Alterung erfordert eine entsprechende flächendeckende soziale Infrastrukturausstattung z. B. im Bereich der Altenhilfe und -pflege. Um eine bedarfsgerechte Bereitstellung von sozialer Infrastruktur auch künftig sicherzustellen, werden alte Strategien überdacht und neue Vorstellungen entwickelt werden müssen. Dabei setzt sich zunehmend der sozialpolitische Grundsatz „mobil vor stationär" durch, d. h. der Ausbau mobiler Dienste. Sie lassen die Betroffenen in ihrem gewohnten Wohnumfeld / Quartier, fördern die Hilfe zur Selbsthilfe und beziehen familiäre und nachbarschaftliche Kontakte

mit ein. Drittens, die regionale Bevölkerungsdynamik erzeugt in einzelnen Räumen weiterhin Siedlungsdruck, insbesondere im suburbanen Raum der Agglomerationsräume. Diesem muß unter der Vorgabe einer nachhaltigen Siedlungsentwicklung begegnet werden. Die ausufernden Agglomerationen, die Fortsetzung der Sub- und Disurbanisierung entsprechen nicht dem Bild, das allgemein mit ökologischer und sozialer Beständigkeit, mit einer nachhaltigen Siedlungsentwicklung verbunden wird. Sie erzeugen einen enormen Verkehrsaufwand, nutzen und belasten die stadtnahen natürlichen Ressourcen und sind geprägt von Prozessen sozialer Segregation, durch die langfristig auch die gesellschaftlichen Ressourcen aufgezehrt zu werden drohen. Notwendig ist eine differenzierte Diskussion über „Zukünfte" von Siedlungsräumen, ausgehend von den Realitäten der Siedlungsentwicklung, die sich sehr stark in Richtung von dezentralen dispersen Strukturen der Agglomerationen (Zukunft 1) verschoben haben (siehe Abbildung Seite 123). Realitätsnahe alternative Leitbilder der räumlichen Planung für eine nachhaltige Siedlungsentwicklung könnten sein: „Reurbanisierung bzw. dezentrale Konzentration" (Zukunft 2) oder „Die nachhaltige Stadtlandschaft" (Zukunft 3). Konzepte und Instrumente, die diesen Leitbildern jeweils am besten gerecht werden, müssen diskutiert werden.

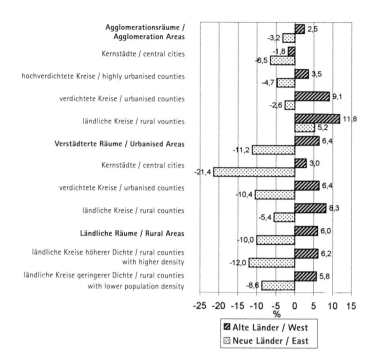

Seite 122
Regionale Bevölkerungs-
dynamik 1997 bis 2015.
Angaben der
Veränderungen in Prozent.
*Regional population
dynamics 1997 to 2015.
Changes indicated in
percent.*

„Zukunft 1":
Fortsetzung der
Desurbanisierung.
*"Future 1":
Urban Sprawl.*

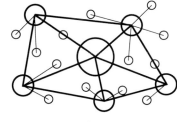

Szenarien zukünftiger
Siedlungsstrukturen und
Interaktionsmuster.
*Scenarios of future
structures and patterns
of interactions.*

„Zukunft 2":
Reurbanisierung
(Dezentrale Konzentration).
*"Future 2":
Reurbanisation
(Decentralised concentration).*

„Zukunft 3":
Die nachhaltige
Stadtlandschaft.
*"Future 3":
Sustainable Townscapes.*

of 0.35 million persons to the East will not begin to compensate for these losses, although net migration will tend to increase and death/birth ratios will tend to equalise.

Analogous changes in the proportion of various age groups are likewise occurring in East and West (see fig. p. 121). In the East, where the average age was younger at the time of reunification, the population is now ageing at an accelerated pace, for a number of reasons:

• The decline in the birth rate means fewer persons in the youngest age groups.

• The increased life expectancy with a decrease in mortality for age groups 50 and above results in a greater proportion of older persons.

• Domestic migrations are age-selective. The loss of population due to westward migration primarily applies to young employable persons between the ages of 18 and 30.

• International migrations, on the other hand, tend to counteract the ageing process, since immigrants are generally younger than the local population.

Changes in settlement structure run exactly opposite in East and West (see fig. p. 122 and map p. 119):

• In the West, urbanised regions can expect the highest growth, while in the East they will experience the greatest decline. The agglomerations in the West will experience the least population growth, those in the East the least population decline. In both parts of the country, rural areas occupy a middle range in the scale of population dynamics. As a result, regional differences in settlement structure will decrease in the West but intensify in the East.

• Within the agglomerations, on the other hand, analogous processes of deconcentration may be expected in both East and West. The long-term West German trend of suburbanisation will now shape local urban development in the East as well. Here, to be sure, high-density suburban

regions have yet to be established; up to this point, migrations from the urban centre to the periphery have led to a population influx into rural areas close to the urban centre. This category is the only one that can expect an increase in population despite the overall East German trend.

Consequences
for Political Action

The results of this projection call attention to three major areas of political responsibility.

First of all, international immigration poses major challenges to social integration, an observation that holds true for all regions, though with differing intensity. International immigration—whether ethnic German repatriates, foreigners with residence permits, or political asylum seekers—will give rise to socio-economic integration problems wherever the proportion of foreign immigrants is already very high and the supply of affordable housing and/or jobs is short. The concentration of foreign immigrants is greatest in the large agglomerations and particularly in the urban centres; accordingly, these areas present the greatest challenges to adaptation and socio-economic integration. While regional planning policy can influence neither the extent nor the structure of foreign immigration, it maintains a vital interest in these developments. Not only from a social and macroeconomic perspective, but from the standpoint of regional planning policy as well, a number of factors suggest the need for a focused, rational immigration policy over the long term.

Second, while the challenges posed by the increasing average age of the population are not new, they will reach unprecedented levels in the future, with greater demands placed on intergenerational solidarity. The regional incidence of ageing necessitates a comprehensive social infra-

structure, for example in the area of care for the elderly. In order to ensure an adequate social infrastructure for the future, old strategies will have to be rethought and new concepts developed. In this process, the social-political axiom of "outpatient rather than inpatient"—i.e. the expansion of mobile services—is gaining increasing influence. Outpatient services allow those affected to remain in their familiar dwelling and urban environment, encourage self-help, and integrate familial and neighbourhood contacts.

Third, in individual regions the population dynamics will continue to produce settlement pressure, particularly in the suburban agglomeration areas. This pressure must be channelled into an acceptable long-term settlement pattern. The sprawling agglomerations with their ongoing sub- and deurbanisation do not match the image generally associated with ecological and social stability and sustained settlement development. Such agglomerations give rise to an enormous increase in traffic, consume and overburden the natural resources in the vicinity of the city, and are marked by processes of social segregation which in the long term threaten to consume social resources as well. What we need is a differentiated discussion of the "futures" of settlement areas, taking as a point of departure the realities of settlement development, which have shifted markedly in the direction of diffuse, decentralised structures of agglomeration (Future 1; see fig. p. 123). Realistic alternative models of regional planning for a sustainable settlement development could be "reurbanisation or decentralised concentration" (Future 2) or "the sustainable urban landscape" (Future 3). In each case, discussion must focus on those concepts and instruments best suited to these models.

Blick auf das Eingangs-
portal an der Nordwest-
seite des Hauses.
*View of entrance portal on
northwest side of house.*

Seite 125
Blick von Süden
auf die Fassade an der
Auhofstraße.
*Page 25
View of Auhofstraße
facade from the south.*

Die deutsche Wiedervereinigung bescherte der Botschaft Wien ein unerwartetes und unverhofftes Geschenk. Seit vielen Jahren galt die Unterbringung der amtlichen Residenz als äußerst problematisch: Als integraler Bestandteil der Kanzlei in der Metternichgasse im 3. Wiener Gemeindebezirk lag die Residenz in

Ursula Seiler-Albring

Botschaftsresidenz in Wien

Das Dornröschen in der Auhofstraße

Bauherr *client*
Bundesrepublik Deutschland
Bundesministerium für Verkehr, Bau- und Wohnungswesen
Bundesamt für Bauwesen und Raumordnung
Klaus Schindler, Karin Winkler
Nutzer *user*
Auswärtiges Amt / Deutsche Botschaft Wien

Architekt *architect*
Helmut Neumayer, Wien
Mitarbeiter *staff* **Lisa Maier, Wolfgang Müller, Monika Riess**
Tragwerksplanung *structural design*
Herbert Brückner, Wien
Mauerwerksanalyse *masonry analysis*
Michael Ballak / Österreichisches Bauinstitut, Wien

Planungstermine *project stages*
Entwurfsbeginn *start of design* **1996**
Baubeginn *start of construction* **1997**
Fertigstellung *completion* **1998**

Blick durch die zur
Auhofstraße liegende
Zimmerflucht im
Hochparterre.
*View through the series
of rooms facing Auhof-
straße on the elevated
ground floor.*

Umbau einer k. u. k. Villa und DDR-Botschaft zur Botschaftsresidenz Helmut Neumayer

Die heutige Residenz der Deutschen Botschaft wurde 1899 vom k. u. k. Architekten Prof. Feldscharek für den Realitätenbesitzer Wilhelm Rodeck im Stil des Historismus als großzügiges Wohnhaus errichtet. Die Fassaden zeigten Gestaltungselemente der Jahrhundertwende – bis zum Dach hochgezogene Eckquaderungen, Fensterumrahmungen mit Gesimsen, verzierte Portale und hölzerne Veranden sowie ein architekturbestimmendes, ziegelgedecktes Mansarddach mit Türmchen, Gaupen und dekorierten Dachaufbauten. Der parkähnliche Garten, eine hölzerne Veranda und der schmiedeeiserne Zaun vervollständigten das Gesamtbild der Villa.

Im Inneren wurde das räumliche Ambiente durch Parkettböden, hölzerne Fensterlaibungen, zweiflügelige Füllungstüren mit geschweiften Aufsätzen sowie Messingbeschläge zu einer gestalterischen Einheit geschlossen. Die besonders reich gestalteten Decken der Herrschaftsräume spiegelten am besten den stilistischen Wandel zur Bauzeit wider. Schwere historistische Holzdecken, helle Decken mit Antragstuck und floralen Darstellungen sowie Jugendstil-Stuckdecken wechselten hier einander ab.

Ursprünglich gliederte sich das Gebäude in zwei Funktionsebenen – das Hochparterre mit straßenseitigen Herrschaftsräumen und gartenseitigem Dienstmädchenzimmer, Speisekammer und Küche sowie das Souterrain mit Hausbesorgerwohnung und Kellerräumen.

1978 erwarb die Deutsche Demokratische Republik das Haus und gestaltete es als Botschaftsgebäude um. Stuckdecken wurden hinter Gipskarton-Hängedecken verborgen, Zwischenwände eingezogen und ein zweites Treppenhaus angefügt. Die hölzerne Veranda wurde abgebrochen und durch einen massiven Zweckbau ersetzt. Das Dach trug man vollständig ab und

stockte das Haus mit Hilfe einer Stahlkonstruktion um eine weitere Büroebene auf. Die Steildachflächen der Aufstockung erhielten eine Deckung aus Asbestzementplatten, Flachdächer aus verzinktem Blech.

1996 wurde entschieden, das Gebäude zu restaurieren und als Residenz der Deutschen Botschaft herzurichten. Grundgedanke des Entwurfes war, die funktionalen Vorgaben einer Residenz unter weitestgehender Schonung der historischen Originalsubstanz mit sparsamem Einsatz finanzieller Mittel in Einklang zu bringen.

Funktional umfaßt die Residenz drei Ebenen von jeweils ca. 350 qm Nutzfläche. Im Obergeschoß befinden sich die privaten Räumlichkeiten des Botschafters, im Hochparterre die Repräsentationsräume, und im Tiefparterre liegen Garderoben, Sanitärräume, Vorratsräume sowie die Küche.

Der Eingang zum Hochparterre mit der geschweiften Wendeltreppe wurde im Originalzustand belassen und durch eine Treppe ins Souterrain ergänzt, die Garderoben und Sanitärbereiche erschließt. Durch das großzügige Öffnen des Treppenbereiches und die Verwendung von Adria-Greggio-Natursteinplatten, die dem Originalzustand der Podeste entsprechen, ließ sich mit geringem Aufwand ein repräsentatives Entrée gestalten. Wand- und Deckenflächen des Garderobenbereichs in dezentem Weiß, kombiniert mit blauem Teppich und einer Garderobeneinrichtung in Eichenholz, prägen das Erscheinungsbild des Foyers.

Besonderes Augenmerk wurde auf die Rückführung der Herrschaftsräume in ihren Originalzustand gelegt. Farblich wurden sie zum Teil nach originalen Befunden gefaßt. Die Stuckdecken wurden restauriert, elfenbeinfar-

bige Decken mit gleichfarbigen, aber kräftiger getönten Wandflächen kombiniert. Eichenparkettböden, weiße Flügeltüren mit Holzfüllungen bzw. Facettenschliffgläsern und originalen Alt-Wiener Messingbeschlägen ergänzen das Bild. Dekorationen in Weinrot und Olivgrün, farblich abgestimmte Teppiche und Möbel sowie passende Kristallüster geben dem Gebäude seinen repräsentativen Charakter. Gartenseitig wurde ein Speisezimmer eingebaut.

Da die Privaträume des Botschafters in dem nach 1978 aufgestockten Obergeschoß untergebracht werden sollten, mußte bei den hier notwendigen Grundrißänderungen keine Rücksicht auf historische Substanz genommen werden. Farblich abgestimmte Boden- und Wandfarben, vor allem in Nuancen von Weinrot und Apricot, verleihen dem Geschoß einen wohnlichen Charakter. Weiße Türen und Rundbogenfenster mit Messingbeschlägen sowie Parkettböden im Wohn- und Eßzimmer vervollständigen das Gestaltungskonzept.

Besonders störend wirkten die Dächer der siebziger Jahre, die weder auf die Form des Hauses noch auf die umgebende Bebauung eingingen. Durch das Aufsetzen eines Ziegeldaches und den hellen steingrauen Fassadenanstrich konnten auch die Außenansichten wieder zu einem harmonischen Gesamtbild gefaßt werden.

Anstelle des Anbaues der siebziger Jahre wurde eine Terrasse mit einer in den Garten führenden Freitreppe angelegt. Eine weitere Terrasse auf Gartenniveau und gepflasterte Wege ermöglichen auch größere Gartenempfänge während der warmen Jahreszeit. Die Gartengestaltung konnte den schönen alten Baumbestand in die Außenanlagen einbeziehen und um das Anlegen neuer Rasenflächen und die Gestaltung des Vorplatzes ergänzen.

Detail in den Räumen
des Hochparterres zur
Auhofstraße mit
restauriertem Stuckdekor
und floraler
Deckenmalerei.
*Detail of rooms
facing Auhofstraße on
the elevated ground floor
with restored stucco
decoration and floral
ceiling painting.*

The Transformation of an Imperial Villa and East German Embassy into an Ambassador's Residence

Helmut Neumayer

The present home of the German embassy was erected in 1899 by the Imperial Architect Professor Feldscharek as a spacious residence in the historicist style for the landowner Wilhelm Rodeck. The facades exhibit elements of design popular around the turn of the century—vertically elongated squared stone corners extending to the roof, window frames with mouldings, decorated portals and wooden verandas as well as a tiled mansard roof with a small tower, dormer windows and decorative roof additions. The park-style garden, a wooden veranda and the cast iron fence complemented the overall image of the mansion.

The interior ambience was designed in a consistent aesthetic approach and featured parquet floors, wooden bay windows and double panelled doors with elegantly curved crests and brass fittings. The elaborately designed ceilings of the family rooms offer the most eloquent expression of the stylistic changes that characterised the period during which the building was under construction. Dark, wooden, historicist-style ceilings alternated with light ceilings with decorative plaster applications and floral images and plaster ceiling in the Art Nouveau style.

The building was originally divided into two functional levels: the elevated ground floor with family rooms facing the street and a maid's room, pantry and kitchen facing the garden and the basement level with the caretaker's quarters and cellar rooms.

The German Democratic Republic acquired the house in 1978 and converted it into an embassy building. The plaster ceilings were concealed by suspended plasterboard ceilings, rooms were partitioned and a second staircase was added. The wooden veranda was torn down and replaced with a solid functional extension. The roof was completely removed, and an additional floor of offices was added with the aid of a steel construction. The steep faces of the roof above the new top storey were covered with asbestos-cement panels, while the flat roof sections were finished in galvanised sheet metal.

The decision to restore the building and refurbish it for use as the home of the German embassy was made in 1996. The guiding principle underlying the design was to achieve a harmonious synthesis of the functional requirements of an embassy building and the original historical substance while keeping funding requirements to a minimum.

In functional terms, the building comprises three levels, each with approximately 350 m² of floor space. The ambassador's private living space occupies the top floor, and the reception rooms are located on the elevated ground floor. The basement accommodates cloakrooms, sanitary facilities, storage rooms and the kitchen.

The entrance to the elevated ground floor, with its curved spiral stairway wall left in its original condition, and a stairway leading to the cloakrooms and sanitary facilities in the basement was added. The generous expansion of the stairway area and the use of Greggio natural stone panels from the Adriatic, which match the original appearance of the bases, made it possible to design an attractive entrance to the building at a minimum expenditure of effort and funds. The walls and ceilings of the cloakroom area, painted in unpretentious white, combine with the blue carpeting and oak wardrobe furnishings to dominate the overall visual impression of the foyer.

Particular attention was devoted to the restoration of the family rooms to their original condition. To a certain extent, they were painted in keeping with the original colour scheme. The plaster ceilings were restored and ivory-coloured ceilings combined with somewhat more intensely tinted walls of the same colour. Oak parquet floors, white double doors with wood panels or bevelled glass insets and original Old-Vienna brass fittings complement the overall picture. Decorations in wine red and olive green, carpets and furniture in matching colours and appropriate crystal chandeliers give the building its showcase character. A dining room was incorporated on the side facing the garden.

As the private quarters for the ambassador were to occupy the top floor added in 1978, there was no need to preserve historical substance in the course of making the necessary changes to the floor plan. Matching floor and wall colours, primarily in nuances of wine red and apricot, give this level a homey character. White doors, arch windows with brass fittings and parquet floors in the living and dining rooms round out the overall design concept.

Among the most unappealing features of the building were the roofs installed during the 1970s, as they corresponded neither to the shape of the building nor to the surrounding architecture. A harmonious overall appearance was achieved by installing a tile roof and painting the facade in light stone grey.

The extension added during the 1970s was replaced with a patio with open steps leading into the garden. The addition of another patio at garden level and paved paths makes it possible to hold even large-scale receptions in the garden during the warm months of the year. The new garden concept incorporated existing trees and included the planting of new lawns and the redesign of the area in front of the building.

Jugendstildekor an einer
der restaurierten Holz-
decken im Hochparterre.
*Jugendstil decoration on a
restored wooden ceiling on
the elevated ground floor.*

Blick in das zum Garten
liegende Speisezimmer.
*View of dining room on
garden side.*

Musiksalon
im Hochparterre mit
restaurierter Wand- und
Deckentäfelung.
*Music salon on the
elevated ground floor
with restored wall
and ceiling paneling.*

130

Gartenfassade.
Blick von Nordosten.
Garden facade.
View from the northeast.

Blick von Westen
auf die Fassade an der
Auhofstraße.
View of Auhofstraße
facade from the west.

Zentrale Halle.
Blick nach Südosten.
*View of central hall
toward the southeast.*

Seite 133
Blick auf die Westfassade
mit dem Eingang zur
Visastelle.
*Page 133
View of west facade with
entrance to visa office.*

Es entspricht der besonderen Qualität der deutsch-estnischen Beziehungen, daß Deutschland zu den ersten Staaten gehörte, die – nur acht Tage nach der Wiederherstellung der Unabhängigkeit Estlands am 28. 8. 1991 – die diplomatischen Beziehungen zu Estland wieder-

Bernd Mützelburg

Deutsche Botschaft Tallinn „Villa im Park" und „Botschaft 2000"

Bauherr *client*
Bundesrepublik Deutschland
Bundesministerium für Verkehr, Bau- und Wohnungswesen
Bundesamt für Bauwesen und Raumordnung
Klaus Schindler, Astrid Marlow
Nutzer *user*
Auswärtiges Amt /
Deutsche Botschaft in Tallinn

Architekten *architects*
Kersten + Martinoff, Braunschweig
Volker Kersten, Erich Martinoff
mit *with* **Martin Opitz**
Ingenieure *engineers*
pbr – Planungsbüro Rohling AG, Osnabrück
Landschaftsarchitekt *landscape architect*
Raimund Herms, Hamburg

Planungstermine *project stages*
Entwurfsbeginn *start of design* **1996**
Baubeginn *start of construction* **1997**
Fertigstellung *completion* **1998**

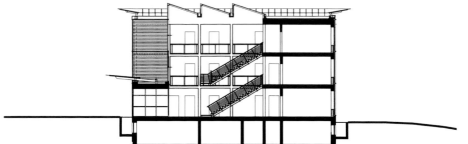

Neubau
der Botschaft
in Tallinn

Erich Martinoff

aufnahmen. Bereits am 2.9.1991 wurde der neue Botschafter nach Tallinn entsandt.

Durch das freundschaftliche Angebot der estnischen Regierung konnte die Deutsche Botschaft vorläufig in den Räumen des siebten Stocks des estnischen Außenministeriums unterkommen. In der Zwischenzeit wurde das Grundstück, auf dem sich die Deutsche Gesandtschaft in Tallinn von 1919 bis Juli 1941 befand, der Bundesrepublik vom estnischen Staat rückübereignet.

Dies war der Anstoß, um über den Bau eines eigenen Botschaftsgebäudes auf dem 6.200 qm großen Grundstück nachzudenken. Im Jahre 1997 wurde die Entscheidung getroffen, auf diesem historischen Boden eine „Villa im Park" zu errrichten, ein Vorhaben durchaus mit Symbolcharakter: ein neues Gebäude auf historischem Grund – wie ließen sich die Kontinuität der estnischen Republik einerseits und die freundschaftlichen deutsch-estnischen Beziehungen andererseits besser dokumentieren? So sollte der Neubau, angepaßt an die Nachbarschaftsbebauung mit Holzhäusern, eine Einheit aus Tradition und Moderne bilden.

Nach nur einem Jahr Bauzeit war ein zweigeschossiges Gebäude in schlichter Eleganz und harmonischer Einbindung in die vorhandene Bebauung entstanden. Bemerkenswert ist die feingegliederte Holzverkleidung der Fassade in einem hellen warmen Ton. Die Stahl-Glaskonstruktion des Daches über der Eingangshalle und der Glasfassade des Haupteingangs setzt Akzente und schafft ein lichtdurchflutetes Gebäude. Die Eingangshalle dient sowohl für

Veranstaltungen im Kollegenkreis als auch für offizielle Anlässe; die zur Halle offenen Galerien des 1. und 2. Obergeschosses werden für Bilderausstellungen genutzt.

Der das Gebäude umgebende Park wurde in seiner Substanz mit einem alten schönen Baumbestand erhalten. Findlinge aus dem Grundstück wurden eingebunden; sie stellen ein Element der estnischen Naturlandschaft dar.

So steht die neue Deutsche Botschaft in Tallinn nicht nur als „Villa im Park", sondern als Beispiel für eine „Botschaft 2000", die in diesem funktionalen attraktiven lichtdurchfluteten Gebäude nicht nur eine angenehme Arbeitsatmosphäre für die Mitarbeiter bietet, sondern auch auf die vielen Gäste aus dem In- und Ausland eine besondere Anziehungskraft ausübt.

Mit der Einrichtung dieses Kanzleigebäudes auf historischem Boden unterstreicht die Bundesrepublik Deutschland nicht zuletzt ihr dauerhaftes diplomatisches Engagement in und für Estland, das als zukünftiger EU-Mitgliedsstaat zum Kreise der engsten Partner Deutschlands gehören wird.

Der Neubau des Kanzleigebäudes der Deutschen Botschaft entstand auf einem Grundstück mit parkähnlichem Charakter, das südwestlich des Stadtzentrums von Tallinn an der Straße Toomkuninga liegt. Die städtebauliche Struktur der Umgebung ist von ein- bis dreigeschossigen Einzelhäusern geprägt, die zum Teil traufständig zur Straße, zum Teil als Solitär im Grünen liegen; als Fassadenmaterial wird überwiegend Holz verwendet.

Daraus leiten sich die bestimmenden Faktoren des Entwurfskonzepts ab: Leitmotiv ist die „Villa im Park", ein repräsentatives Bild für die Nutzung als Botschaft. Die gewählte Solitärform des Gebäudes – der Würfel – wirkt modern und schlicht. Die Materialien der Fassade, Holz und Glas, sowie die helle Farbe nehmen die typischen Materialien und Farben des Quartiers auf.

Ein gebäudehoher Einschnitt in die Würfelform, gebildet durch die zurückgesetzte Glasfassade der zentralen Halle des Gebäudes, definiert den Hauptzugang mit der Vorfahrt. Der davon abgewandte, unabhängige Eingang zur Paß- und Visastelle erhält ein gläsernes Vordach als geschützte Vorzone für die Wartenden. Im Inneren sind die Büros und weitere Räume auf drei Geschossen organisiert. Sie gruppieren sich um die zentrale offene Halle, die das Herz des Gebäudes bildet und in der auch die Haupttreppe und der Aufzug liegen. Hier in der Halle finden die alltäglichen Begegnungen, aber auch besondere Veranstaltungen statt. Das Glasdach und die Glasfront lassen viel Tageslicht in die

134

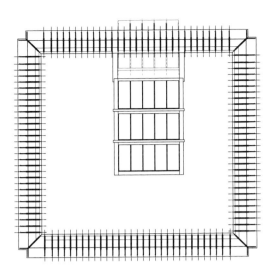

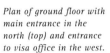

Grundriß Erdgeschoß mit Haupteingang im Norden (oben) und Eingang zur Visastelle im Westen.

Plan of ground floor with main entrance in the north (top) and entrance to visa office in the west.

Grundriß 2. Obergeschoß. *Plan of 2nd upper story.*

Dachaufsicht. *View of roof from above.*

The German Embassy in Tallinn

A "villa in the park" and an "Embassy 2000"   Bernd Mützelburg

In accord with the special character of German-Estonian relations, Germany was one of the first nations to resume diplomatic relations with Estonia only eight days after the reestablishment of Estonian independence on August 28, 1991. As early as September 2, 1991, the new German ambassador was dispatched to Tallinn.

Through a generous offer of the Estonian government, the German embassy was temporarily housed on the seventh floor of the Estonian Foreign Ministry. Meanwhile, the site on which the German embassy had been located in Tallinn from 1919 to July 1941 was once again transferred to the Federal Republic of Germany by the Estonian state.

These events provided the initial impetus for the construction of a new embassy building on the 6,200 m² plot. In 1997, the decision was made to erect a "villa in the park" on this historic site, a project with a thoroughly symbolic character. How better to document the continuity of the Estonian republic on the one hand and the cordiality of German-Estonian relations on the other than with a new building on historic soil? Thus the new structure, adapted to the wooden architecture of the surrounding area, was to unite both tradition and modernity.

A construction period of only one year resulted in a two-story building characterized by simple elegance, harmoniously integrated into the existing architectural setting. A particularly noteworthy feature is the finely articulated facade, covered in light, warm wood. The steel and glass construction of the roof over the entrance hall and the glass facade of the main entrance set accents and create a building flooded with light. The entrance hall accommodates both internal events and official occasions; on the first and second upper stories, galleries open toward the hall are used for picture exhibitions.

The park surrounding the building was preserved along with a number of beautiful old trees. Boulders found on the site were also incorporated, representing an element of the natural Estonian landscape.

The new German embassy in Tallinn thus represents not only a "villa in the park," but also an example of an "Embassy 2000." The functional, attractive, light-flooded building not only provides a pleasant working environment for employees, but also constitutes a center of attraction for many domestic and foreign guests.

The construction of the embassy building on an historic site serves not least of all to underline the continuing diplomatic involvement of the Federal Republic of Germany in and on behalf of Estonia, a country which, as a future member of the European Union, will number among Germany's closest partners.

Mitte des Gebäudes hinein, was gerade während der langen dunklen Jahreszeit von besonderer Bedeutung ist. Die frei auskragende Treppe, der gläserne Aufzug, das helle Parkett und ihre lichte Höhe verleihen der Halle zusätzlich einen leichten und hellen Charakter.

Das Tragsystem des Gebäudes ist eine Mischkonstruktion aus Stahlbeton und Mauerwerk, das Tragwerk des Glasdaches über der zentralen Halle eine Stahl-Aluminium-Konstruktion.

Die Fassadenbekleidung besteht aus horizontal angebrachtem Zedernholz als Nut- und Federschalung. Darauf zeichnen sich die Geschosse durch umlaufende andersfarbige Profile ab. Geschoßhohe Fensterelemente mit Sandwichpaneelen aus farbbeschichtetem Glas im Brüstungsbereich gliedern die Fassade vertikal.

Ein umlaufendes Flugdach aus Glas mit Stahlträgern kragt über den Dachrand hinaus. Es schützt die Holzfassade vor Schlagregen und schließt die durch die Glasfassade der Halle aufgebrochene Würfelform des Gebäudes.

Der helle Ton des Holzes im Zusammenhang mit dem dunklen Anthrazit der Fensterelemente und das Glas der Attikakonstruktion geben der Fassade ein freundliches und lebendiges Gesicht.

Das Grundstück steigt von Norden nach Süden um zirka sechs Meter an und ist von großen Bäumen bewachsen. Diese parkähnliche Atmosphäre wurde durch die Landschaftsplanung belassen und durch Geländemodellierungen in Form von Hügeln noch gesteigert. Die vorhandenen Pflanzen blieben in größtem Umfang erhalten, neue Anpflanzungen erfolgten nur mit ortstypischen Arten. Die neuen Wege, Straßen und Plätze wurden durch ihre Form und Bewegungsführung sowie durch weiche Übergänge der Natürlichkeit des Parks angepaßt.

Das Grundstück wurde durch einen zirka 2,5 m hohen Zaun aus Natursteinpfeilern und vertikalen Flachstählen eingefriedet.

Visastelle.
Blick durch den Warteraum auf die Schalter der Visastelle und Blick in den Schalterraum.
Visa office. View of waiting room toward service windows and view of office spaces behind.

The New Embassy in Tallinn   *Erich Martinoff*

The new German embassy in Tallinn, Estonia, was erected on a park-like site southwest of the city center on the street Toom-kuninga. The urban structure of the surrounding area is characterized by individual houses one to three stories high, some of which adjoin the street along their eaves edge, while others stand isolated amid gardens. Wood predominates as a facade material.

The defining elements of the design are derived from these surroundings: the leitmotiv of a "villa in the park" provides a representative image for the building's function as an embassy. The cubic form chosen for the free-standing structure makes a sleek, modern impression, while the materials and light color of the wood and glass facade recall materials and colors typical of the district.

The recessed glass facade of the central hall forms an incision in the otherwise cubic form, extending the height of the building and marking the main entrance with the driveway. Access to the passport and visa office is provided by a separate entrance facing away from the main hall; here, a glazed porch roof provides shelter for those waiting.

On the interior, the offices and other rooms are arranged on three floors around the open central hall. The latter—which forms the heart of the building and accommodates the main stairway and elevator—provides space for everyday encounters as well as special events. The glass facade and roof permit daylight to penetrate to the center of the building, a feature of particular significance during the long dark season. The cantilevered stairway, glass elevator, light-colored parquet, and open height lend the hall a light, bright character.

The bearing system of the building is a mixed construction of reinforced concrete and masonry; the glass roof over the central hall is supported by a steel/aluminum construction. The facade is covered with cedar wood mounted horizon-

tally in groove-and-tongue formwork. The individual stories stand out against this background with continuous profiles in contrasting color. Window elements extending the height of the story with sandwich panels of color-coated glass in the area of the breast wall serve to vertically articulate the facade.

A continuous monopitch roof of glass with steel girders projects out over the edge of the roof. It protects the wooden facade from pelting rain and completes the cubic form of the building, broken open by the glass facade of the hall.

The light color of the wood in combination with the dark anthracite of the window elements and the glass of the attic construction gives the facade a friendly, lively character.

The plot slopes upward by about six meters from north to south and is planted with large trees. The landscape planning left this park-like atmosphere intact and intensified it by modeling the terrain in the form of hills. The existing plants were largely preserved, while new ones were limited to indigenous species. The new paths, streets, and squares were adapted to the natural character of the park in their form and direction of movement as well as in the creation of soft transitions.

The plot is enclosed by a fence ca. 2.5 meters in height, constructed of natural stone pillars and vertical flat-bar steel.

Blick auf die
Südfassade.
View of south facade.

Blick auf die
Nordfassade mit dem
Haupteingang.
*View of north facade
with main entrance.*

Blick von Südosten
auf den Baukörper der
Botschaftskanzlei.
*View of embassy building
from the southeast.*

Goethe-Institut im
ehemaligen Zeughaus
von Riga. Blick auf
den Haupteingang im
historischen Jungfernturm.
Goethe-Institut in the
former armory in Riga.
View of the main entrance
in the historic tower.

Seite 141
Blick zum Dach
des wieder bis auf seine
historische Höhe
aufgemauerten
Jungfernturmes.
Page 141
View upward toward the
roof of the historic tower,
rebuilt up to
its original height.

Astrid Marlow

Am 21. Mai 1999 wurde das erweiterte Goethe-Institut im lettischen Riga von Bundespräsident Roman Herzog, dem Staatspräsidenten Lettlands, Guntis Ulmanis, und dem Präsidenten des Goethe-Instituts, Hilmar Hoffmann, feierlich eingeweiht. Der Weg dahin war allerdings mit zahllosen Hindernissen gepflastert. Denn es war etwas Neues: Die Erweiterung und der Umbau von gemieteten Institutsräumen, geplant, gebaut und finanziert in öffentlich-privater Partnerschaft.

Nach der wiedergewonnenen Unabhängigkeit Lettlands wurde in der Hauptstadt Riga 1992 ein neues Goethe-Institut gegründet. Im ersten

Goethe-Institut im Zeughaus Riga Ein anderer Weg

Bauherr *client*
Bundesrepublik Deutschland
Bundesministerium für Verkehr, Bau- und Wohnungswesen
Bundesamt für Bauwesen und Raumordnung
Klaus Schindler, Astrid Marlow
Nutzer *user*
Goethe-Institut in Riga

Architekten *architects*
Kersten + Martinoff, Braunschweig
Volker Kersten, Erich Martinoff
Mitarbeiter *staff* **Dagmar Giebel, Thomas Heil, Fred Martin**
Statik *static calculation* **Henris Làcis, Riga**
Fachplaner *specialist planners*
MBN Bau AG, Georgsmarienhütte

Planungstermine *project stages*
Entwurfsbeginn *start of design* **1996**
Baubeginn *start of construction* **1998**
Fertigstellung *completion*
1998 und *and* **1999 (Turm** *tower***)**

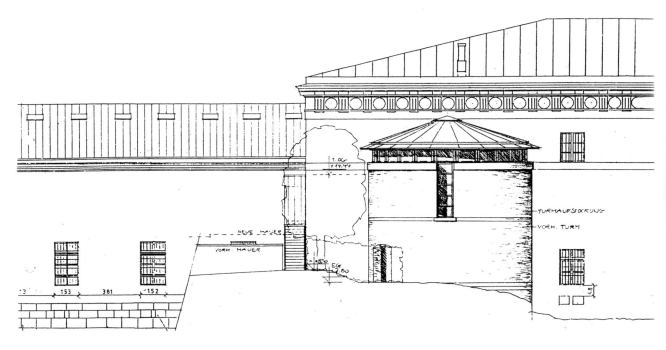

Teilansicht des
Gebäudes von Süden.
*Partial view of
south elevation.*

Obergeschoß des historischen Zeughauses im alten Stadtkern wurden Räume angemietet. Sie waren jedoch bald nicht mehr ausreichend. Das große Interesse der Letten an deutscher Sprache und Literatur zwang dazu, nach neuen Räumen Ausschau zu halten. Vierhundert Quadratmeter zusätzlicher Fläche wurden dringend benötigt. Aber die Mieten in der Rigaer Altstadt waren inzwischen explodiert. Und sollte man die für ein Kulturinstitut wie geschaffenen Räume im alten Zeughaus aufgeben? Die beste Lösung schien dem damaligen Institutsleiter Friedrich Winterscheidt die Erweiterung der Institutsräume im alten Zeughaus durch Ausbau des großen Dachbodens. Eine Bauinvestition in einem fremden Haus?

Zur Eröffnung einer Heinz-Ehrhardt-Festwoche am 16. November 1996 hatte der Institutsleiter auch Gäste geladen, die zum Richtfest der Deutschen Botschaft nach Riga gekommen waren, darunter der Bundesbaupräsident und der Bauunternehmer. Der Abend wurde zum Beginn eines spannenden, ungewöhnlichen Projekts.

Der mittelständische Bauunternehmer aus Osnabrück erklärte sich bereit, das Projekt vorzufinanzieren und den Um- und Erweiterungsbau mit vom Botschaftsbau erfahrenen lettischen Handwerkern durchzuführen. Die Planung war Sache des Bundesamtes für Bauwesen und Raumordnung zusammen mit dem in Riga aufgewachsenen Architekten Erich Martinoff aus Braunschweig.

Mit dem lettischen Kulturministerium, dem Eigentümer des Zeughauses, und der Baufirma wurde ein Investitionsvertrag geschlossen, gültig nur in Verbindung mit dem zwischen dem Kulturministerium und dem Goethe-Institut vereinbarten neuen Mietvertrag für die zusätzlichen Räume. Durch das Goethe-Institut werden die 1,1 Millionen DM Baukosten durch monatliche Mietzahlungen direkt an den Investor über eine Laufzeit von zwölf Jahren getilgt. Während dieser Zeit erhält das Kulturministerium als Vermieter für den ausgebauten Dachboden keine Miete vom Goethe-Institut.

Viel Bürokratie auf deutscher und lettischer Seite, Bedenken, Verzögerungen, unangemessene Forderungen wie die nach Restaurierung des gesamten historischen Zeughausdaches und widersprüchliche Entscheidungen der lettischen Behörden behinderten den geplanten zügigen Ablauf des Projektes. Der ursprünglich für das Frühjahr 1997 geplante Baubeginn mußte wieder und wieder verschoben werden. Geduld und guter Wille aller Beteiligten wurden arg strapaziert. Die Leitung des Goethe-Instituts wechselte, der neue Institutsleiter Ronald Ruprecht aber setzte die Sache mit gleichem Eifer fort.

Als das Projekt doch noch ernsthaft zu scheitern drohte, schaltete sich der deutsche Botschafter Horst Weisel ein und lud alle Beteiligten zum runden Tisch in die Deutsche Botschaft ein. Ein zweiter runder Tisch im Kulturministerium brachte schließlich den Durchbruch zur Baugenehmigung.

Im Frühjahr 1998 konnte endlich mit den Bauarbeiten begonnen werden. In nur zwölf Monaten Bauzeit entstanden bei laufendem Institutsbetrieb die neuen Räume. Die für Besucher bestimmten Bereiche wie die Bibliothek, zwei Klassenräume, ein Veranstaltungssaal und das Foyer befinden sich im alten Institutsteil. Die hohen gewölbten Decken dieser Räume sowie die im Foyer sichtbaren Außenmauern des alten Jungfernturmes zusammen mit den leichten modernen Glaselementen sind Blickfang und schaffen zugleich eine Transparenz, die dem Kulturinstitut Rechnung trägt. Das großzügige Foyer bietet Platz für Ausstellungen und kleinere Veranstaltungen.

Das Büro des Institutsleiters, die Räume der Verwaltung, der Sprachabteilungen und der Techniker sind in dem neu ausgebauten Dachgeschoß untergebracht. Die zweckmäßig gestalteten Büros wurden mit modernster Technik ausgestattet.

Als neuer Hauptzugang wurde der Jungfernturm bis zu seiner historischen Höhe aufgemauert, ein Dach aus Metall und Glas bildet seinen oberen Abschluß. Unterhalb des Daches und über die gesamte Höhe des Turmes an der Südseite sind Fensterbänder angeordnet, die in den alten gemauerten Turm der mittelalterlichen Stadtbefestigung viel Helligkeit bringen. Über eine Treppe aus Stahl und Naturstein oder mit dem mittig in das Treppenauge eingepaßten gläsernen Aufzug gelangt man in das Goethe-Institut. Im Januar 1999 konnten die neuen Büroräume im Dachgeschoß bezogen werden. Die Freude auf den Gesichtern der Mitarbeiter über die Auflösung der räumlichen Enge und das Ende der Bauarbeiten, vor allem aber der ständig wachsende Besucherstrom belohnen alle Anstrengungen.

Die Einweihung durch den lettischen Staatspräsidenten und den deutschen Bundespräsidenten macht Mut zu neuen Taten nach dem Rigaer Modell. In Tallinn, der estnischen Hauptstadt, gibt es in der Altstadt das leerstehende „Drei-Schwestern-Haus". Das Baudenkmal droht zu verfallen und wäre doch so gut geeignet für ein Goethe-Institut. Heinz Ehrhardt – er stammte aus Riga – hätte gesagt: „Noch'n Gedicht!"

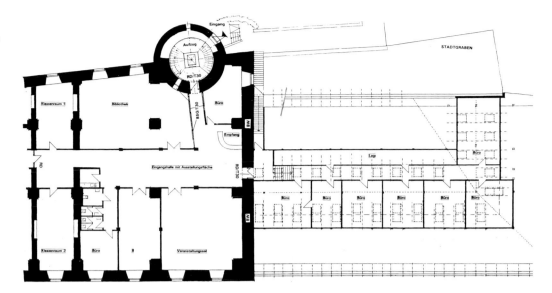

Grundriß
Erdgeschoß.
*Plan of
ground floor.*

The Goethe-Institut in the Armory in Riga: A New Solution

Astrid Marlow

On May 21, 1999, the expanded Goethe-Institut in Riga, Latvia, was inaugurated by German Federal President Roman Herzog, Latvian president Guntis Ulmanis, and the president of the Goethe-Institut, Hilmar Hoffmann. The road to this event, however, was paved with countless obstacles, for the Goethe-Institut in Riga represented a new solution: the expansion and renovation of rented quarters, planned, built, and financed in a public-private partnership. After Latvia regained its independence, a new Goethe-Institut was founded in 1992 in the capital city of Riga, housed in the upper story of the historic armory in the old city center. These premises, however, soon proved inadequate. The Latvians' great interest in German language and literature made it necessary to look for new accommodations. Four hundred square meters of additional space were desperately needed, yet the cost of renting in the old city of Riga had meanwhile exploded. Furthermore, the Goethe-Institut was hesitant to give up its spaces in the old armory, so perfectly suited to a cultural institute. To Friedrich Winterscheidt, director of the institute at that time, the best solution seemed to be to expand the Goethe-Institut within the old armory by renovating the large attic. But would it work—a building investment in rented quarters?

On November 16, 1996, a festival week in honor of Heinz Ehrhardt opened at the Goethe-Institut. For this event, the director of the institute invited guests who had come to Riga for the topping-out ceremony of the new Germany embassy, among them the Federal Building President and the general contractor. The evening was to mark the beginning of an exciting, unusual project.

Ulrich Hagemann, business manager of a midsize construction firm in Osnabrück, expressed willingness to prefinance the project and oversee the expansion and renovation in cooperation with Latvian craftsmen who had worked on the embassy. The planning was conducted by the Federal Office of Building and Regional Planning together with the architect Erich Martinoff from Braunschweig, who had grown up in Riga.

An investment contract was concluded between the Latvian cultural ministry—proprietor of the armory—and the construction firm, valid only in connection with a new lease for the additional spaces signed by the cultural ministry and the Goethe-Institut. The construction costs, amounting to 1.1 million DM, are covered by monthly rent payments made by the Goethe-Institut directly to the investor over a period of twelve years. During this time, the cultural ministry, the actual landlord of the renovated spaces, receives no rent from the Goethe-Institut.

Bureaucratic red tape on both the German and the Latvian sides, scruples, delays, inappropriate demands such as the call for the restoration of the entire roof of the historic armory, and contradictory decisions by the Latvian authorities hindered the planned rapid execution of the project. The beginning of construction, originally scheduled for the spring of 1997, had to be postponed again and again, putting tremendous strain on the patience and good will of all involved. Meanwhile, the Goethe-Institut received a new director, Ronald Ruprecht, who nonetheless continued the efforts of his predecessor with the same energy and zeal.

And still the project appeared in danger of failure. At this point, German ambassador Horst Weisel intervened and invited all the participants to a round table at the German embassy. A second round table in the cultural ministry finally effected the breakthrough to the building permit.

Finally, in the spring of 1998, construction began. The new spaces were completed within a period of only twelve months, during which time the institute was in continuous operation. The areas set aside for visitors such as the library, two classrooms, an auditorium, and the foyer are located in the old part of the institute. Here, the high vaulted ceilings and the exterior walls of the old tower visible in the foyer, as well as the light, modern glass elements, capture the gaze and at the same time create a sense of transparency appropriate for a cultural institute. The spacious foyer offers room for exhibitions and small-scale events. The director's office, administrative areas, language division, and technical facilities are accommodated in the newly renovated attic story. The functionally designed offices are equipped with the most modern technology.

As the new main entrance, the old tower from the medieval city wall was built up again to its historic height and crowned with a roof of metal and glass. Below the roof and over the entire height of the tower on the south side, bands of windows were added, flooding the old masonry structure with light. Access to the Goethe-Institut is provided by a stairway of steel and natural stone with a glass elevator inserted into its center.

The new offices in the attic story were occupied in January 1999. The pleasure of the employees at the sight of their spacious new quarters and the end of construction activities, but above all the constantly growing stream of visitors, is ample reward for all the difficulty and effort.

The inauguration by the president of Latvia and the German Federal President encourages the adoption of the Riga model for other projects as well. In Tallinn, the capital of Estonia, the vacant "Three Sisters House" stands in the old city. The building, a historic monument, is in danger of decay, and yet would be so well suited for a Goethe-Institut. As Heinz Ehrhardt, who came from Riga, would have said: "Another verse!"

Blick auf ein erhaltenes
Vogelstellerhaus.
*View of preserved
bird-trapping house.*

Seite 145
Das Seidenspinner-Haus
am Wald.
*Page 145
Silkworm house
in the forest.*

Als sich Heinrich Mylius, Stammvater der Familie Mylius-Vigoni, im Jahre 1829 im Ort Loveno oberhalb des Städtchens Menaggio am Comer See einkaufte, um dort einen komfortablen Sommersitz einzurichten, erwarb er nicht nur eine seinen Zwecken geeignet erscheinende Villa, sondern auch die dazugehörenden Ländereien. Auf diesen Ländereien befanden sich u. a. weit verstreut liegende kleine Steinhäuser, die im Italienischen als „Rustici" bezeichnet werden. Diese Rustici sind Häuser einfachster Bauart, deren Mauern aus an Ort und Stelle gesammelten und unbehauen

Rolf Reuter

Rustici der Villa Vigoni

Bauherr *client*
Bundesrepublik Deutschland
Bundesministerium für Verkehr, Bau- und Wohnungswesen
Bundesamt für Bauwesen und Raumordnung
Joachim Luge, Siegfried Drache
Nutzer *user*
Verein Villa Vigoni / Deutsch-Italienisches Zentrum in Menaggio

Kontaktarchitekt *intermediary architect*
Rolf Reuter, Milano mit *with*
Benedetta Reuter (Zeichnungen)
Örtliche Bauleitung *site supervision*
Gianfranco Mascalchi, Milano
Bauleitung BBR *project representative* **BBR**
Joachim Luge

Planungstermine *project stages*
Entwurfsbeginn *start of design* **1996**
Baubeginn *start of construction* **1997**
Fertigstellung *completion* **1998**

Rustico auf der Scrimm-Alm. Im Obergeschoß Kochstelle (1) und Heuschober / Aufenthalt (3). Im Erdgeschoß Zisterne (4), Viehstall (5) und Brennholzlager (2).
Rustico on the Scrimm pastureland. In the upper story are the kitchen (1) and hayloft /resting space (3). The ground floor accommodates the cistern (4), stall (5), and firewood storage (2).

übereinandergeschichteten Steinen errichtet wurden. Dabei setzte man sie direkt auf das etwas ausgegrabene Gelände auf, ohne ein besonderes Fundament zu legen. Bei den Häusern handelt es sich im Gegensatz zu den in den Hangbereichen zur Terrassierung angelegten Stützmauern nicht um Trockenmauerwerk, sondern um mit Hilfe von Kalkmörtel aufgeschichtetes Mauerwerk in Wanddicken von 60 cm und mehr. Bautechnisch spricht man von Zyklopenmauerwerk. Nur an den Gebäudeecken und an den Öffnungen für Fenster und Türen erkennt man besonders ausgesuchte oder auch behauene Steine größerer Abmessungen. Steinsichtiges Abstreichen oder mit einem groben Besen auf den Mauerflächen verteilter Mörtel verleihen den Rustici ihr charakteristisches Aussehen. Die Abmessungen der Räume bewegen sich im allgemeinen für die größte Raumseite zwischen 4 und 5 m. Die unteren Ebenen besitzen Gewölbedecken oder offene Balkendecken, die oberen Ebenen gehen bis unter das Dachgebälk. In früheren Zeiten waren die Dächer mit flachen Steinen abgedeckt, später verwendete man gebrannte Ziegel in der Art der Mönch- und Nonnendeckung. In den meisten Fällen sind die Häuser so in den Hang gebaut, daß untere und obere Ebene unabhängig voneinander zugängig sind.

Die Rustici gehörten ursprünglich zu dem am Comer See vorherrschenden kleinbäuerlichen Besitz. Sie waren jedoch nicht die Wohnhäuser der Bauern; diese stehen normalerweise dicht aneinandergebaut in Dörfern entlang enger, krummer und dunkler Gäßchen, deren malerischer Aspekt jedoch nicht über die ehemals kargen Lebensbedingungen hinweg täuschen sollte. Die außerhalb der Dörfer errichteten Rustici hingegen waren der Erwerbstätigkeit der Bauern zugeordnet.

Im gemischten landwirtschaftlichen Anbau wurden Weinstöcke, Obstbäume, Getreide, Mais, Kartoffeln und einige Gemüsepflanzen gezogen. Dazu kamen Viehzucht, Milch- und Käseerzeugung. Die Erträge dieser Bewirtschaftungsweise dienten vorwiegend dem Eigenverbrauch, unter Ausschluß von Kaufen und Verkaufen, was jedoch im Laufe der Zeit zu einer fortschreitenden Verarmung an Waren- und Ideenaustausch führte. Als eine der wenigen Ausnahmen kann die bis in das 19. Jahrhundert hinein betriebene Vogelstellerei genannt werden. Zeugen dieser Zeit sind die „Roccoli", kleine turmartige Gebäude innerhalb eines mit Buschwerk und Hecken umgebenen Areals, in dem die Fangnetzanlagen versteckt wurden. Kurz vor Sonnenaufgang begannen die Vogelfänger unter Einsatz der eigenen Stimme und unter Gebrauch spezieller Trillerpfeifen, die Vögel in die Nähe des Roccolo zu locken und, wenn sich ausreichende Schwärme gebildet hatten, warfen sie aus der Höhe ihres Türmchens Atrappen von Raubvögeln in die Luft, so daß die Singvögel verschreckt Zuflucht am Boden unter den Büschen und Hecken suchten. Dann brauchten sie nur noch die Zuggarne der Fangnetze auszulösen und die lebenden Vögel einzusammeln.

Mit fortschreitender Industrialisierung der Lombardei verbreiteten sich in Italien – von Sizilien ausgehend – die Seidenraupenzucht und Seidenweberei. Mit einer eigenen Spinnerei in Boffalora am Fluß Ticino war die Familie Mylius an diesem Prozeß beteiligt. Für die in Loveno ansässigen Bauern bedeutete dies einen zusätzlichen Erwerbszweig. Sie pflanzten Maulbeerbäume an und zogen Seidenspinnerraupen auf. Die durch die Verpuppung der Raupe entstandenen Kokons wurden nach Reife- und Trockenzeit von der Fabrik in Boffalora aufgekauft. Einer der Rustici am Wald diente den oben beschriebenen Zwecken.

Andere waren der Viehzucht gewidmet. In tieferen Höhenlagen waren sie als ständige Ställe für Milchkühe mit darüberliegendem Heulager genutzt und bei Schweineaufzucht gehörte eine Futterküche dazu. Auf den Almen wurde im Sommer in den Rustici nicht nur nachts das Vieh gehalten, sondern auch die Käseherstellung betrieben. Die Menschen blieben in dieser Zeit auf der Alm und wohnten mehrere Monate dort. In dem abgebildetem Rustico auf der „Scrimm" ist im hinteren Anbau noch deutlich eine Kochstelle zu erkennen. Fast jeder Rustico verfügt über eine Zisterne für das Sammeln von Regenwasser.

Auf dem 42 Hektar großen Gelände der Liegenschaft „Villa Vigoni" befinden sich insgesamt etwa siebzehn Rustici. Im Rahmen der Sanierung und erstmaligen Herrichtung des gesamten Anwesens wurden an den Rustici Maßnahmen zum reinen Erhalt einer unwiederbringlichen Bausubstanz in grundsätzlich nicht mehr bebaubarer geschützter Landschaft durchgeführt.

Stallgruppe. Im Erdgeschoß
Futterküche (1) und Stall
(2). Im Obergeschoß
Futtervorrat (3).

*Stall group. The ground
floor accommodates feed
kitchen (1) and stall (2).
In the upper story feed
storage (3).*

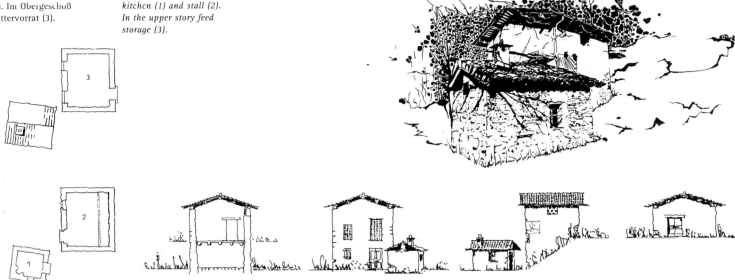

The Rustitci of the Villa Vigoni   *Rolf Reuter*

When Heinrich Mylius, patriarch of the Mylius-Vigoni family, purchased the Villa Vigoni in Loveno, a village located above the small town of Menaggio on Lake Como, as a summer residence in 1829, he acquired not only a mansion that appeared to suit his purposes but the lands that belonged to it as well. Among the buildings located on the estate were a number of isolated, small stone houses known in Italian as rustici.

These rustici are very simple buildings with walls built of rough stones collected in the vicinity and piled one on top of the other. The builders laid the stones directly on a shallow excavated bed without a true foundation. In contrast to the dry masonry of the terrace support walls built on the hillsides, the houses were constructed of limestone-mortared walls with thicknesses of 60 centimetres or more using a technique known as cyclopean masonry. Specially selected or hewn stones of larger dimensions are found in these structures only at the corners and at window and door openings. The rustici were given their characteristic appearance by applying a finishing coat that left the faces of the stones exposed or by brushing on mortar with a coarse broom.

In most cases, the longest walls in the interior rooms measured between four and five metres. The lower floors have vaulted or open beam ceilings, while the upper levels extend upward to the roof beams. The roofs were once covered with flat stones, which later gave way to the use of baked convex and concave tiles. Most of the houses are built into the hillside slope in such a way as to afford separate entrances to the lower and upper levels.

The original owners of the rustici were small farmers who settled around Lake Como. They were not used as living quarters, however. Farmers' houses ordinarily stood in tightly packed rows along narrow, winding, dark streets in the villages whose picturesque appearance should not tempt one to ignore the austere conditions under which their residents lived. Located outside these villages, the rustici were used by the farmers for purely utilitarian purposes.

The area was devoted to mixed cultivation—wine, orchards, grain, corn, potatoes and a few different vegetables—augmented by animal husbandry, dairy farming and cheese production. For the most part, agricultural production served the needs of farmer families only. Markets were virtually non-existent, a circumstance that led over the course of time to a progressive withering of commercial and cultural interaction. One of the few exceptions was bird-trapping, an activity that was still being pursued in the nineteenth century. Historical evidence of this period is found today in the roccoli, small tower-shaped structures positioned in spaces surrounded by bushes and hedges, in which bird nets were concealed. Shortly before sunrise, bird-catchers began luring birds to the roccolo using bird-calls and special whistles. Once sufficiently large flocks had gathered, they would throw decoys of predator birds high into the air, causing the frightened songbirds to seek refuge in the bushes and hedges on the ground. All that remained was to release the drawstrings of the nets to capture the birds alive.

The progressive industrialisation of Lombardy was accompanied by the spread of silkworm breeding and silk weaving from Sicily into many parts of Italy. The Mylius family became involved in this process with a silk mill of its own in Boffalora, a town on the river Ticino. This development opened up a new source of additional income for the farmers of Loveno. They planted mulberry trees and began breeding silkworms themselves. The cocoons left behind by the emerging moths were dried and sold to the mill in Boffalora. One of the rustici on the edge of the forest was used for these purposes.

Others were devoted to animal husbandry. At the lower hillside elevations they were used as permanent stalls for dairy cattle, with haylofts on their upper levels, or by hog farmers, who stored feed in them. During the summer months, the rustici located at higher elevations served the farmers both as night stalls for their animals and as buildings for cheese-making. People lived at these heights during the warm months of the year. A fireplace is clearly visible in the rustico on the Scrimm pastureland shown in the illustration. Nearly every rustico had its own rainwater cistern.

All in all, there are about seventeen rustici on the 42 hectares of land belonging to the Villa Vigoni. In the course of renovation and initial refurbishing of the estate as a whole, measures were taken to preserve the irreplaceable building substance of the rustici in a protected landscape that has now been closed off to further development.

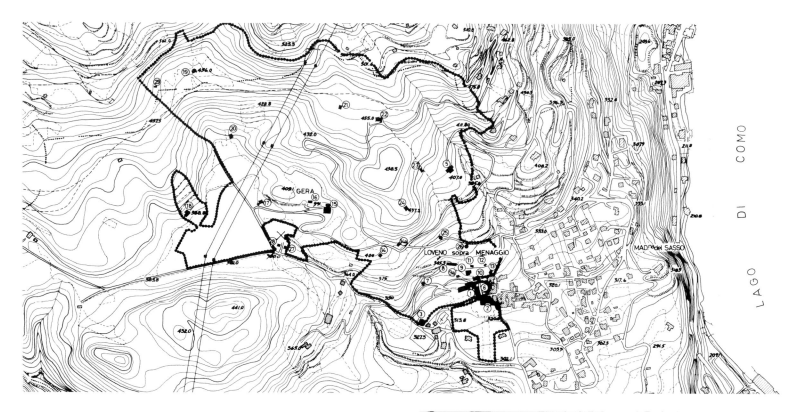

Lageplan der Liegenschaft
mit den Standorten der
Gebäude.
*Site plan of estate with
building locations.*

1 Villa Vigoni
  Villa Vigoni
2 Villa Garovaglio
  Villa Garovaglio
3 ehemaliger Pferdestall
  Former horse stall
4 Villa La Darsena
  Villa La Darsena
5 Villa Casa Bianca
  Villa Casa Bianca
6 Rustici Via Battisti
  Rustici Via Battisti
7 Gartentempel
  Garden temple
8 Gewächshaus
  Greenhouse
9 Stall- und Wirtschafts-
  gebäude
  Stall and farm building
9a Gerätehäuschen
  Equipment shed
10 Stall- und Wirtschaftsgebäude
  Stall and farm building
11 Gerätehäuschen /
  Kleinviehstall
  *Equipment shed / small
  livestock stall*
12 Hühnerstall
  Chicken coop
13 Landwirtschaftsgebäude
  Farm building
14 ehemaliges Vogel-
  fängerhäuschen
  *Former small bird-trap-
  ping house*

14a Seidenspinner-Haus
  *14a Former small bird-trap-
  ping house*

15 Stall- und Wirtschaftsgebäude (mit ehemali-
  ger Käserei)
  *Stall and farm building
  (with former cheese
  dairy)*
16 Stallgebäude
  Stall building
17 Stallgruppe
  Stall group
18 Landwirtschaftliches
  Wohn- und
  Wirtschaftsgebäude
  Farmbulding
19 Rustico auf der
  Scrimm-Alm
  *Rustico on the Scrimm
  pastureland*
20 Stallgebäude
  Stall
21 ehemaliges großes
  Vogelfängerhaus
  *Former large bird-trap-
  ping house*
22 Trinkwasserstation
  Drinking water station
23 ehemaliges Stall-
  gebäude
  Former stall
24 ehemaliges Teehaus
  (Schweizer Häuschen)
  *Former teahouse (Swiss
  hut)*
25 alte Gemeindezisterne
  Old community cistern
26 private Trinkwasser-
  zisterne
  Private cistern

27 Mausoleum
  der Familie Vigoni
  *Vigoni family mau-
  soleum*
28 Mausoleum
  der Familie Mylius
  *Mylius family mau-
  soleum*
29 Steinerne Viehtränke
  Stone watering trough

Traditionelle Mönch-
Nonne-Dacheindeckung
und Schornsteinkopf mit
Steinplatten-Haube.
*Traditional roof with
alternating convex and
concave tiles and
chimneyhead with stone slab*

Traditionelle Details
und Materialien:
Einfache Maueröffnung.
Hölzerne Stalltür im
Bruchsteinmauerwerk.
Abmauerung von
Lüftungsöffnungen aus
Backstein.
Schmiedeeiserne Tür-
verriegelung.
*Traditional details and
materials:*
Simple wall opening.
*Wooden stall door in
rubble masonry.*
*Masonry with brick
ventilation openings.*
Wrought-iron door latch.

Geprägtes Geld ist Kultur. Man bemerkt Rat-
losigkeit überall dort, wo die Tradition, Geld zu
prägen, zwar für den Kommerz erhalten, aber
das Objekt vernachlässigt wurde. Das staatliche
Hoheitssymbol nahm in der neuen Zeit jenen
Platz ein, der früher dem Herrscherportrait
zustand. Bedenkt man, welche künstlerische
Freiheit gegeben und zugelassen war, wie auf

Bernd Göbel

Geprägte Kultur
und Geschichte

Ansichten über Münzgestaltung

Münzen der Zeit römische Kaiser schonungslos
realitätsnah, nahezu charakterlich entlarvt
wurden, wird deutlich, in welch kühlem Ästhe-
tizismus wir uns bewegen. Technischer Einfluß
ist unübersehbar, wenn wir die jüngere Geschichte des Hartgeldes verfolgen. Wehmütig
betrachten Bildhauer jenes Prägegeld, das noch
nicht den Normen von Automatenschlitzen
genügen mußte, dessen Reliefausprägung noch
einem durch Jahrtausende entwickelten drei-
dimensionalen Schichtungsprinzip entsprach.
Es ist festzustellen, daß ein stark an Globalisierung interessiertes Staatengefüge im Bereich
geprägter Zahlungsmittel Vereinheitlichung im
Sinn hat. Weniger als bisher werden individu-
elle, gar national gewachsene Ausprägungen
möglich sein. Die Münze des englischen Sport-
fans, paßt sie nicht in den Cola-Automaten in
der Sportarena von Neapel, wäre zum über-
großen Ärger wertlos. Was wäre ein vereintes
Europa ohne ein gleichgewichtiges kompatibles
Zahlungsmittel? Ein einheitlicher Standard
scheint unumgänglich – Standardisierung?
Der Eindruck könnte entstehen, der Autor würdige nicht technischen Fortschritt, gar Globalisierung. Entgegen dieser Vermutung gestehe ich
freimütig und beeindruckt, selbst gesehen zu
haben, wie eine hochqualifizierte Maschine in
der Minute über 350 Geldstücke des nun schon
fast gängigen Euros ausspuckt – makellos, pro-
blemlos, gleichgewichtig, hochglänzend, technisch brillant. Man bestaunt diese unglaubliche
Entwicklung. Zu denken war daran nicht, als
man etwa 480 v. Chr. in Syrakus eine Deka-

drachme mit dem Portrait der Königin Demarete prägte. Delphine umkreisen das Bild. Man
kann sich des Eindrucks kaum entziehen, es
gäbe gar Mythos zu lesen, oder ist es nur die
Sehnsucht nach der scheinbar heilen Welt –
war sie je heiler als gegenwärtig?
Die mehr oder weniger feinsinnigen kunstlie-
benden, letztlich aber an Repräsentation inter-
essierten Kaiser, Fürsten, Landbesetzer beför-
derten in ihrem Drang nach Besonderheit und
Abgrenzung eine heute objektiv nicht mehr
mögliche Münzvielfalt. Wen wundert es, daß
die hochtechnisierte und an ganz anderer
Besonderheit interessierte Welt Zweckdienlich-
keit und Paßnorm voranstellt, um den Zah-
lungsverkehr möglichst reibungslos zu gestalten.
Betrachtet man die Wertseiten des Euro, meint
man am dekorativen Beiwerk dieselbe Hand-
schrift zu erkennen, die uns aus zahlreichen
Werbeheften, Plakaten oder Verpackungen
bekannt ist. Der Computer entwickelte für alle
am europäischen Geld beteiligten Länder ein
passendes Muster, das niemanden stört, historisch befragt, gar Anlaß zur Identifikation gäbe.
Vielleicht ist die geprägte Münze überhaupt ein
Relikt vergangener Epochen. Sollte man nicht
ebenso rationell die Karte einführen – es läßt
sich sicher technisch bewerkstelligen, daß sie
auch die Wechselgeldfunktion übernimmt.
Keine schweren Geldbörsen mehr, keine über-
beanspruchten Hosentaschen, allerdings auch
keine Glückspfennige mehr – dieser ins 20.
Jahrhundert gerettete Halbmythos entfiele lei-

der. Münzsammler müßten Karten sammeln und
weit wichtiger: Es entfiele die letzte praktische
Aufgabe, die der Staat dem Künstler relativ
regelmäßig überträgt. Einem kleinen, der Technik des Münzschneidens mächtigem Grüppchen
von Künstlern nähme man eine letzte Hoffnung,
sie würden gebraucht. Trotz technischer
Zwänge, die für eine Prägung mit modernen
und rationell arbeitenden Maschinen gegeben
sind, versucht das erwähnte Grüppchen dennoch unverdrossen, im vorgegebenen Rund der
Münze geforderte Randabstände nicht zu miß-
achten und unter Wahrung vorgeschriebener
Maximal- und Minimalhöhen (0,4 bis 0,9 mm
Höhe) Neues zu entwickeln. Wie man feststel-
len kann, geschieht dies mit Erfolg. Obwohl
Jahrhunderte, besser Jahrtausende das kleine
Münzrund traktierten, stellt sich noch heute
Überraschung ein, sicher abhängig vom zu
bearbeitenden Prägeanlaß.
Der Anspruch an das geprägte Münzbild hat
sich kaum gewandelt, obwohl Künstler gern und
dies mit Recht, die These aufstellen, noch nie
seien soviel schlechte Münzen geprägt worden.
Reiht man die allerorts vertriebenen Münzen zu
den absonderlichsten Anlässen den geprägten
Zahlungsmitteln ein, mag es stimmen, aber es
verfälscht, denn den zwei bis drei jährlich entstehenden Sondermünzen zu Fünf- und Zehn-
markstücken stehen Hunderte von häufig sehr
geschwind entworfenen Sammlermünzen gegenüber. So scheint mir auch heute noch der
Anspruch unverzichtbar, Unverwechselbarkeit
in der Münzgestaltung anzustreben, zwischen

Dekadrachme mit dem
Bildnis der Königin
Demarete. Syrakus,
480 v. Chr.
*Dekadrachme with portrait
of Queen Demarete.
Syracuse, 480 BC.*

Sesterz mit dem
Bildnis des römischen
Kaisers Titus,
79-81 n. Chr.
*Sesterce with portrait of
the Roman emperor Titus,
AD 79-81.*

Coined Culture and History:
Reflections on Coin Design

Bernd Göbel

Minted money is an expression of culture. We perceive a sense of helplessness wherever the tradition of minting money has been preserved for the purposes of commerce but the object itself has fallen into neglect. In the modern era, symbols of national sovereignty assumed the position once reserved for portraits of rulers. If we consider the great freedom artists once enjoyed, the merciless realism with which Roman emperors were almost typically depicted, indeed exposed, on coins of the period, we are struck by the cool aestheticism that prevails today.

The influence of technical change cannot be overlooked in an examination of the recent history of coinage. Sculptors grow melancholy at the sight of those old coins that could be produced without concern for the standard dimensions of machine dispenser slots, coins whose reliefs were designed in accordance with a principle of three-dimensional layering developed over thousands of years.

It is evident that a community of nations intent upon globalization is concerned with achieving uniformity with respect to minted forms of legal tender. Individualised and especially nationally oriented forms will soon become a thing of the past. If it doesn't fit the slot in the Coke machine in the stadium in Naples, the coin in the pocket of an English sports fan will be worthless, much to his annoyance. What would a united Europe be without a compatible monetary unit of equivalent weight? A uniform standard appears unavoidable—standardisation?

One might gain the impression that the author is unimpressed by technological progress and globalization. In response to this assumption I admit, freely and with great admiration, that I myself have watched a highly sophisticated machine spit out more than 350 coins in the now almost common Euro currency in a minute—perfect, fault-free, with uniform weights, in high polish and technical brilliance. We are astounded by this incredible development. It would have been inconceivable at the time the dekadrachme was minted in honour of Queen Demarete in Syracuse in about 480 BC. Dolphins encircle the portrait. It is difficult not to give in to a sense of myth, or is this merely the longing for a supposedly intact world was the world ever more intact than it is today?

In their demand for expressions of individuality and superiority, the more or less sensitive, art-loving emperors, princes and conquerors—all of whom were ultimately interested in a show of authority—gave rise to a diversity of coins that would be objectively impossible to match today. It is no surprise to anyone that a technically advanced world concerned with an entirely different kind of individuality now gives priority to function and uniform standards of size in order to facilitate the circulation of money.

A look at the reverse of the Euro reveals decorative adornment that must have originated with the same artist who gave us numerous advertising brochures, posters or packing units. The computer produced a suitable pattern for all of the countries of the Europan currency union that neither disturbs, from a historical point of view, nor gives occasion for identification.

Perhaps the minted coin is merely a relic of past ages. Shouldn't we encourage the efficient introduction of the card? The change-giving function is merely a technical problem that could easily be solved. No more heavy purses, no more stretched trousers pockets, but of course no more lucky pennies, either, as this demi-myth that has survived into our century would quickly disappear. Coin collectors would have to collect cards; and what is more, the last task assigned with any regularity to artists by the state would be eliminated as well. A small group of artists versed in the technique of cutting coins would be robbed of its last hope

Bild- und Wertseite eine glückliche Überein-
kunft zu erzeugen, man kann es auch Bedingt-
heit nennen, eine dem Anlaß würdige, gültige,
nicht in erster Linie nur ungewöhnliche gestalterische Absicht zu verfolgen.

Außerordentlich selten und daher besonders
reizvoll für den Bildhauer sind Serien oder Folgen. Hier kann er, natürlich unter Wahrung von
Vorgaben, ein sich einander ergänzendes, sinn-
fällig aufbauendes Prinzip entwickeln, stärker
„inhaltlich tätig sein". Der Auftrag, eine Hart-
geldserie zu europäischen Persönlichkeiten innerhalb der Euroausschreibung zu entwickeln,
war für mich eine sehr spannende und hoch-
interessante Sache. Die Chance, eine ganze
Relieffolge zu entwerfen, die möglicherweise
Millionen von Menschen täglich bei sich und
dort am Herzen tragen, ist in gewisser Weise
eine Entschädigung für minutiöses Tun, pein-
lichste Arbeitsdisziplin, kurzum für all das, was
dem Künstlerischen gewöhnlich als abträglich
und entgegenstehend bezeichnet wird. Daß die
Staaten Europas sich in ihrer gemeinsamen
Währung vom Bild des Menschen gänzlich ver-
abschiedet haben, spricht nicht für die Wert-
schätzung des Individuums, von Individualität –
eine kritikwürdige globale Betrachtungsweise.

Gemessen an bildhauerischen Aufgaben anderer
Bestimmung besteht der Unterschied zur Münze
allein in ihrer Kleinheit – man übersieht sie
gern, weil ein Kunstwerk ja eigentlich groß ist.
Ein Vorzug der Münze besteht wohl darin, daß
sie, ist sie schlecht geraten, leichter zu überse-
hen ist. Schlechte Münzen entwickeln wesent-

lich weniger aggressives Verhalten als größere
schlecht gemachte Kunstobjekte. Gegenüber
den an Umfang überlegenen künstlerischen
Objekten unterliegt der kleine Gegenstand
nicht einem grundsätzlich anderen gestalterischen Prinzip. Der mögliche gestalterische
Spielraum liegt im Innern einer Kreislinie. Man
erzeugt – nicht anders als in einem städtebaulichen Raum – Langeweile, wenn man Gewich-
te am falschen Ort setzt. Man ist positiv
gestimmt, wenn sich zu einer gegebenen Größe
ein passender neuer Formklang findet, gelegentlich ist ein geforderter Text wenige Buchstaben zu lang, das erdachte Gebäude läßt sich
nicht errichten.

Geprägtes Metall ist in der Tradition menschli-
cher Beziehungen fest verwurzelt, beschreibt
anschaulichst Geschichte, zeigt Aufstieg und
Fall von Kulturen – verantwortlich und profes-
sionell verarbeitet, vermittelt es Gediegenheit.
Persönlich fiele es mir sehr schwer, anstelle
einer Münze ein bedrucktes Stück Kunststoff in
den Brunnen am geliebten Ort zu werfen – die
Wahrscheinlichkeit einer glücklichen Wieder-
kehr schiene mir unter diesem Umstand ausge-
schlossen.

Erste Wettbewerbsphase zur Gestaltung einer Euro-Münzserie. Nationale Münzseiten mit deutschen Bau- und Kunstwerken. Entwurf Bernd Göbel (1. Preis).

First phase of competition for the design of a Euro coin series. Coin faces with works of German art and architecture. Design by Bernd Göbel (1st prize).

of feeling needed. Despite the technical requirements established for minting with modern, efficient machines, the little group in question still strives tirelessly to adhere to edge-interval specifications within the circular form and to develop innovative solutions while complying with pre-scribed maximum and minimum relief heights (0.4–0.9 mm). As we know, they do so with appreciable success. Although centuries, indeed millennia of effort have been focused on the little round coin, we still experience sur-prises, though they surely depend upon the specific occa-sions for which coins are designed.

Requirements affecting the image on the minted coin have not changed significantly, although artists often complain, with good reason, that such quantities of bad coins have never been minted before. If we add the coins distributed all over the world in honour of the most absurd occasions to those minted as legal tender, the theory may appear cor-rect, but it distorts the truth, since it throws the two or three special commemorative five- and ten-mark coins cre-ated every year into the same basket with the hundreds of often hastily designed collectors' coins. Thus it seems to me that today it is as appropriate as ever to demand uniqueness in coin design, to look for an appealing compatibility between face and reverse—one might call it a precondition: the pursuit of a valid aesthetic intent worthy of the occa-sion that is not primarily only unusual.

Extraordinarily rare and therefore of particular interest to sculptors are series or sequences. In such projects the artist can, while adhering to specifications of course, develop an observably cumulative principle of mutually complementary forms and focus more intensely on content. The commission to develop a series of coins honouring noteworthy European figures within the context of the Euro design competition was a very interesting and exciting challenge for me. The opportunity to design an entire series of reliefs that might

possibly be carried by millions of people "close to their hearts" was, in a certain sense, a kind of compensation for painstaking effort and exacting discipline—in short, for everything that is commonly regarded as contradictory and detrimental to the artist's work. The fact that the united nations of Europe have now bid final farewell to the image of the human being does not bear witness to respect for the individual, for individuality—a global view that is certainly worthy of criticism.

Judged with reference to sculptural objectives of other kinds, the unique characteristic of the coin is its small size—it is easily overlooked, because a work of art should really be large. One advantage of the coin is that it is easy to ignore if it has turned out badly. Bad coins prompt much less aggressive behaviour than bad works of art. Compared to objects of superior dimensions, the small object is not subject to a fundamentally different principle of creative design. Creative freedom is confined to the interior of a circle. As is true in urban space, one generates boredom by setting points of emphasis in the wrong place. One is pleased to find a new formal harmony suitable for a pre-scribed space; here and there, a needed text is a few letters too long, and the building cannot be erected as conceived.

Minted metal is firmly anchored in the tradition of human interrelationships; it describes history vividly, depicting the rise and fall of cultures. Treated responsibly and profession-ally, it evokes a sense of sincerity and taste. I myself would find it difficult to throw a piece of printed cloth instead of a coin into a fountain at a beloved site. Under such circum-stances, a happy return would seem out of the question.

Gedenkmünze
„50 Jahre Grundgesetz der
Bundesrepublik Deutsch-
land". Wettbewerbsentwurf
(1. Preis) Heinz Joa Dobler,
Ehekirchen.
Commemorative coin
"Fifty Years of the
German Constitution."
Competition design by
Heinz Joa Dobler,
Ehekirchen (1st prize).

Münzwettbewerbe   Beate Hückelheim-Kaune

Das Bundesamt für Bauwesen und Raumordnung führt im Auftrag des Bundesfinanzministeriums alljährlich drei bis vier Realisierungswettbewerbe für Gedenkmünzen durch, die im Wechsel an den Münzstätten Hamburg, Berlin, Stuttgart / Karlsruhe und München juriert werden. Der Beauftragte der Bundesregierung für die Angelegeheiten der Kultur und der Medien beim Bundeskanzleramt legt in Abstimmung mit diesen beiden Bundesbehörden fest, welche kulturellen und politischen Anlässe durch Sondermünzen gewürdigt und somit Thema der Wettbewerbe werden sollen. Die Gedenkmünzen sind etwa ein Jahr nach Abschluß des Wettbewerbsverfahrens geprägt und im Handel erhältlich.

Der Kreis im Münzhandwerk erfahrener Künstler nimmt stetig ab. An den heutigen Hochschulen wird die Medaillen- und Münzbearbeitung kaum noch unterrichtet. Um die Nachwuchsförderung auf diesem Gebiet aufleben zu lassen, hat das Bundesamt für Bauwesen und Raumordnung Kontakt zu einigen Hochschulen aufgenommen und wird zu den kommenden Wettbewerben jeweils einige junge Künstler und Künstlerinnen einladen. Es bleibt zu hoffen, daß gerade bei aktuellen Themen unserer Zeit weiterhin eine Fülle an Gestaltungsvorschlägen auch künstlerisch hervorragend umgesetzt wird, damit die Gedenkmünze als kleinste Form des öffentlichen Denkmals, als Kunst, die man in die Tasche stecken kann, auch in Zukunft attraktiv bleibt.

Im Jahr 1999 wurden drei besondere Anlässe durch die Herausgabe einer Gedenkmünze

gewürdigt: „Fünfzig Jahre Grundgesetz", „Weimar Kulturstadt Europas – 250. Geburtstag Goethes" und „Fünfzig Jahre SOS-Kinderdörfer". Für das Jahr 2000 stehen weitere bedeutende Themen für die Prägung von Sondermünzen an, z. B. „1200 Jahre Kaiser Karl der Große – Dom zu Aachen", „Zehn Jahre Deutsche Einheit" und die „Expo 2000 in Hannover".

Fünfzig Jahre Grundgesetz
Vor fünfzig Jahren, am 23. Mai 1949 wurde in einem feierlichen Staatsakt durch den Parlamentarischen Rat, die Ministerpräsidenten der Länder und die Vertreter der Militärregierungen das Grundgesetz verkündet. Die als Provisorium bis zur Wiedervereinigung gedachte eigenständige deutsche Verfassung, war in Rückbesinnung auf liberal-demokratische Traditionen nach den Erfahrungen mit der Weimarer Verfassung und dem Nationalsozialismus entstanden. Sie bildet bis heute – auch nach der Wiedervereinigung – die Basis für einen demokratischen und sozialen Rechtsstaat. Fünfzig Jahre später wird mit einer 10-DM-Gedenkmünze das Grundgesetz gewürdigt und gleichzeitig an die „Geburtsstunde der Bundesrepublik" erinnert. Die Jury unter Vorsitz der Bundestagspräsidentin a. D. Annemarie Renger vertrat die Auffassung, daß der Münzentwurf des Künstlers Heinz Joa Dobler aus Ehekirchen die überzeugendste Übereinstimmung zwischen Gestaltung und Inhalt des Themas zum Ausdruck bringt. Auf der Bildseite drehen sich von der Mitte aus lesbar zentrale Textstellen aus dem

Grundgesetz, die die Seite fast vollständig ausfüllen. In spannungsreichem Gegensatz dazu steht ein zentrierter „klassischer" Adler in großzügiger Freifläche auf der Wertseite. Im Text wird sowohl auf den Tag der Verkündung des Grundgesetzes verwiesen, als auch auf das demokratische Prinzip der Forderung nach durchgängiger Legitimation aller staatlichen Gewalt durch das Volk und die dem Grundgesetz vorangestellten einklagbaren Grundrechte, „die Würde des Menschen, die Freiheit der Person und die Gleichheit vor dem Gesetz".

Weimar Kulturstadt Europas
– 250. Geburtstag Goethes
Gleich zwei große Ereignisse in Weimar im Jahr 1999 führten zur Auslobung des Münzwettbewerbes „Weimar Kulturstadt Europas – 250. Geburtstag Goethes." Auf Anregung der ehemaligen griechischen Kultusministerin Melina Mercouri wird von den Kultusministern der Europäischen Union seit 1985 jährlich der Titel „Kulturhauptstadt Europas" verliehen. Für 1999, das Jahr des 250. Geburtstages von Johann Wolfgang von Goethe, fiel die Wahl auf Weimar, das als „Wiege der Deutschen Klassik" bezeichnet wird und auch für die europäische Kultur insgesamt von Einfluß war. Diese beiden Ereignisse galt es in einen Entwurf für eine 10-DM-Gedenkmünze umzusetzen. Hierzu waren fünfundzwanzig Künstler aufgefordert. Die Jury unter dem Vorsitz des Bildhauers Erich Ott und unter Beteiligung des Präsidenten der Stiftung Weimarer Klassik, Jürgen Seifert, ent-

Gedenkmünze
„Weimar Kulturstadt Europas –
250. Geburtstag Goethes".
Wettbewerbsentwurf (1. Preis)
Frantisek Chochola, Hamburg.
*Commemorative coin "European
Cultural Centre Weimar –
250th Anniversary of Goethe's
Birth." Competition design by
Frantisek Chochola, Hamburg
(1st prize).*

Coin Design Competitions   *Beate Hückelheim-Kaune*

On behalf of the Federal Ministry of Finance, the Federal Office for Building and Regional Planning annually sponsors three or four competitions for commemorative coin design adjudicated on a rotating basis in the mint cities of Hamburg, Berlin, Stuttgart/Karlsruhe and Munich. In consultation with these two agencies, the Federal Commissioner of Cultural and Media Affairs at the Office of the Federal President selects the cultural and political occasions to be honoured through the issue of special commemorative coins assigned as themes for the competitions. As a rule, the coins are minted and made available for sale about a year following the end of the competition process.

Artists with experience in coin design are becoming increasingly rare. The art of medal and coin processing has virtually disappeared from the curricula of today's universities and art schools. In order to encourage interest among young artists in this area, the Federal Office for Building and Regional Planning has approached several university-level art schools and plans to invite a number of young artists to participate in upcoming competitions. It can only be hoped that abundant design proposals relating to current themes, in particular, will continue to be realised with a high degree of artistic quality, so that the commemorative coin—as the smallest form of public memorial, as "pocket-sized" art—will retain its appeal in the future as well.

In 1999, three special occasions are to be honoured with commemorative coins: "Fifty Years of the German Constitution," "European Cultural Centre Weimar – 250th Anniversary of Goethe's Birth" and "Fifty Years of SOS Kinderdörfer." Themes for additional commemorative coins have already been selected for the year 2000, including "1200th Anniversary of the Coronation of Charlemagne – The Aachen Cathedral," "Ten Years of German Unity" and "EXPO 2000 in Hanover."

Fifty Years of the German Constitution

Fifty years ago, on May 23, 1949, the German Constitution was proclaimed in a solemn ceremony of state by the Parliamentary Council, the Minister Presidents of the German states and the representatives of the military governments of occupation. Originally conceived as a provisional document that would remain in force only until reunification, the independent German Constitution represented a re-embrace of liberal democratic traditions following the experiences of the Weimar Republic and the National Socialist regime. It was and has remained—even in the years since reunification—the foundation for the rule of law in a democratic, social state. Fifty years after its proclamation, the Constitution is to be honoured in a commemorative 10-mark coin that will also recall the "birth of the Federal Republic." The jury, chaired by Bundestag President Emerita Annemarie Renger, came to the conclusion that the coin design proposed by the artist Heinz Joa Dobler of Ehekirchen exhibited the greatest harmony of form and content in its expression of the theme. Clearly legible key passages from the Constitution spiral out from the centre on the face of the coin, filling its surface almost completely. In bold contrast, the reverse features a "classical" eagle positioned in the centre of an expansive empty field. The text cites the date of proclamation of the Constitution and refers both to the democratic principle of government by and of the people and the fundamental inalienable rights guaranteed by the Constitution—"the dignity, liberty and equality of all people under the law."

European Cultural Centre Weimar – 250th Anniversary of Goethe's Birth

Two major events in Weimar in 1999 prompted the announcement of the coin design competition devoted to the theme "European Cultural Centre Weimar – 250th Anniversary of Goethe's Birth." In response to a suggestion by Melina Mercouri, the former Greek Minister of Culture, the Ministers of Culture of the European Union have awarded the title "European Cultural Capital" to a European city annually since 1985. The award for 1999, the 250th anniversary of the birth of Johann Wolfgang von Goethe, went to Weimar, a city regarded as the "Cradle of German Classicism" which also exerted significant influence upon European culture. These two events were to be commemorated in the design of a 10-mark coin. Twenty-five artists were invited to compete. The jury, chaired by the sculptor Erich Ott and advised by Jürgen Seifert, President of the Stiftung Weimarer Klassik, decided in favour of a design by the artist Frantisek Chochola of Hamburg in April 1998. The face of the coin shows a bust of the young Goethe based upon a relief done by Johann Peter Melchior in 1778 and a field containing the inscribed names of important figures in the cultural life of Weimar—from Cranich to Klee—in a concentric arrangement. The portrait and the inscribed field are encircled by the words "Goethe" and "Weimar – Kulturstadt Europas."

In the words of the jury, "the artist has succeeded in consolidating the two themes in an impressively consistent and contemporary composition. Designed in aesthetic harmony with the face, the reverse features the image of an eagle, whose softly flowing forms evoke a sense of muse-inspired, theatrical pathos."

Fifty Years of SOS Kinderdörfer

The coin commemorating "Fifty Years of SOS Kinderdörfer" was issued on June 10, 1999. The focus of the honour is the idea of the founding father, Hermann Gmeiner, to provide love, affection and recognition to children in need within

Autoren der Textbeiträge

Eva Behérycz ist als Architektin im Bundesamt für Bauwesen und Raumordnung tätig, wo sie seit 1990 das Hochbaureferat Asien, Australien und Ozeanien leitet. Von ihr stammt der Entwurf für den Neubau des Generalkonsulates in Karatschi. Sie begleitete die Ausführungsplanung und koordinierte die Gesamtmaßnahme.

Prof. Walter Belz ist Architekt in Stuttgart und lehrte von 1972–1992 an der Technischen Hochschule Darmstadt Entwerfen und Baukonstruktion. Das Büro Kammerer + Belz, Kucher und Partner war seit 1985 mit den Planungen für den Neubau der Deutschen Botschaft in Peking betraut.

Dr. Hansjörg Bucher ist Volkswirt und Projektleiter für Regionalprognosen im Referat Wirtschaft und Gesellschaft, Abteilung Raumordnung und Städtebau, des Bundesamtes für Bauwesen und Raumordnung in Bonn.

Prof. Dr. Tilmann Buddensieg lehrte Kunstgeschichte ab 1968 an der Freien Universität in Berlin und war seit 1978 Professor an der Rheinischen Friedrich-Wilhelm-Universität in Bonn. Er ist derzeit Honorarprofessor an der Humboldt-Universität zu Berlin. Wichtigste Veröffentlichungen: „Industriekultur. Peter Behrens und die AEG", Berlin 1979; „Berliner Labyrinth. Preußische Raster", Berlin 1993.

Peter Dörrie ist Architekt im Berliner Büro Hilmer & Sattler (München-Berlin). Von 1993 bis 1998 war er als Projektleiter mit Entwurf, Ausführungsplanung und Bauleitung für den Umbau der Neuen Wache zur Zentralen Gedenkstätte Deutschlands und mit der anschließenden Fassadensanierung betraut.

Jürgen Engel und Michael Zimmermann / KSP Engel und Zimmermann Architekten wurden Ende 1995 in einem europaweit ausgeschriebenen Auswahlverfahren mit dem Entwurf für das Presse- und Informationsamt der Bundesregierung in Berlin beauftragt.

Dr. Hans-Peter Gatzweiler ist Geograph und Leiter der Abteilung Raumordnung und Städtebau des Bundesamtes für Bauwesen und Raumordnung in Bonn.

Prof. Meinhard von Gerkan ist Architekt in Hamburg und hat seit 1974 den Lehrstuhl A für Entwerfen an der Technischen Universität Braunschweig inne. Das Büro von Gerkan, Marg und Partner erhielt als 1. Preisträger des 1997/98 durchgeführten Wettbewerbs den Auftrag zum Bau der Deutschen Schule in Peking.

Prof. Bernd Göbel ist Bildhauer in Halle / Saale, wo er an der Hochschule für Kunst und Design / Burg Giebichenstein Bildhauerei lehrt. Im bundesweiten Wettbewerb für Euro-Münzen zum Thema „Europäische Persönlichkeiten" errang er mit seinem Serienentwurf den ersten Preis. Für das Bundesamt für Bauwesen und Raumordnung war er mehrfach als Preisrichter in Münzwettbewerben tätig. Er ist Delegierter der Fédération Internationale de la Médaille (FIDEM) seit 1986 sowie Gründungsmitglied der seit 1990 bestehenden Deutschen Gesellschaft für Medaillenkunst.

Beate Hückelheim-Kaune ist Architektin und leitet das Referat Planung, Gutachten und Wettbewerbe des Bundesamtes für Bauwesen und Raumordnung in Berlin und Bonn.

Aubelin Jolicoeur ist als Journalist für die in Port-au-Prince/Haiti, erscheinende Zeitung „Le Nouvelliste" tätig. Er begleitete den Neubau der Deutschen Botschaftskanzlei publizistisch und unterstützte durch Rat und Vermittlung die künstlerische Ausstattung des Gebäudes. Der Schriftsteller Graham Greene ließ sich durch ihn zu der Figur des Journalisten Petit Pierre in seinem Roman „Die Stunde der Komödianten" inspirieren.

Arne Freiherr von Kittlitz ist Leiter des Liegenschaftsreferates im Auswärtigen Amt.

Prof. Josef Paul Kleihues ist Architekt und Stadtplaner mit Büros in Berlin und Rorup in Westfalen (seit 1996 Kleihues + Kleihues). Seit 1973 ist er Universitätsprofessor, lehrte an der Universität Dortmund, an der Cooper Union New York, an der Yale University und zuletzt an der Kunstakademie in Düsseldorf. Er hat das mit dem Jahrbuch 1999 zur Diskussion gestellte Projekt „Europolis" am Bahnhof Zoo entworfen.

Prof. Klaus-Dieter Lehmann ist seit Anfang 1999 Präsident der Stiftung Preußischer Kulturbesitz in Berlin. Vorher war er Generaldirektor der deutschen Nationalbibliothek (Die Deutsche Bibliothek) in Leipzig und Frankfurt am Main.

Astrid Marlow ist Bauingenieurin im Bundesamt für Bauwesen und Raumordnung in Berlin. Von 1996 bis 1998 leitete sie die örtliche Bauleitung des Bundesamtes für Bauwesen und Raumordnung im Baltikum, wo sie unter anderem mit den Projekten Deutsche Botschaft Tallinn, Deutsche Botschaft Riga und Goethe-Institut Riga betraut war.

Prof. Erich Martinoff ist Architekt und lehrt an der Fachhochschule in Frankfurt / Main Gebäudelehre, Entwerfen und Baukonstruktion. Er ist Partner im Büro Kersten + Martinoff in Braunschweig, das in Riga / Lettland die Deutsche Botschaft sowie das Goethe-Institut und in Tallinn / Estland die Deutsche Botschaft realisiert hat.

Florian Mausbach, Dipl.-Ing. Architektur und Städtebau, war Stadtplaner bei der Stadt Frankfurt am Main und Baudezernent der Stadt Bielefeld. Seit 1995 ist er Präsident der Bundesbaudirektion, seit 1998 Präsident des Bundesamtes für Bauwesen und Raumordnung.

Mathias Metzmacher, Diplom-Geograph, ist Projektleiter im Referat Wohnungsmarkt im Bundesamt für Bauwesen und Raumordnung in Bonn.

Bernd Mützelburg ist seit Oktober 1995 deutscher Botschafter in Tallinn / Estland. Er ist seit 1972 im deutschen Auswärtigen Dienst u. a. in Kingston, New York und Nairobi.

Helmut Neumayer ist seit neun Jahren Vertrauensarchitekt der Deutschen Botschaft in Wien. Seine Arbeitsschwerpunkte sind Altbausanierung, Denkmalpflege, Bürohaus- und Messebau.

Hanno Osenberg ist Raumplaner und leitet das Referat Wohnungsmarkt im Bundesamt für Bauwesen und Raumordnung.

Die Planungsgruppe Museumsinsel setzt sich zusammen aus den Architekturbüros **David Chipperfield** Architects / London, **Hilmer & Sattler** / München – Berlin und **Heinz Tesar** / Wien. Sie wurden 1998 mit der gemeinsamen Planung des Gesamtkonzeptes Museumsinsel betraut.

Rolf Reuter ist nach Studium und anfänglicher beruflicher Tätigkeit in Deutschland seit 1968 als freischaffender Architekt in Mailand ansässig. Seit 1988 ist er als Kontaktarchitekt der Bundesbaudirektion (heute Bundesamt für Bauwesen und Raumordnung) mit der Sanierung und erstmaligen Herrichtung der Liegenschaft Villa Vigoni in Menaggio betraut.

Prof. Joachim Schürmann arbeitet seit 1950 als Architekt in Köln. 1965 erfolgte der Ruf an die Technische Hochschule Darmstadt. Seit 1970, nach Niederlegung des Lehramtes, arbeitete er als selbständiger Architekt in Köln in Zusammenarbeit mit Margot Schürmann. Seit 1977 ist er Mitglied der Akademie der Künste in Berlin, seit 1996 Mitglied der Akademie der Künste in Dresden.

Ursula Seiler-Albring ist deutsche Botschafterin in Wien. Sie hat das Projekt der Botschaftsresidenz in der Auhofstraße seit dem Jahr 1995 begleitet und vorangetrieben.

Matthias Waltersbacher, Diplom-Geograph, ist Projektleiter im Referat Wohnungsmarkt des Bundesamtes für Bauwesen und Raumordnung. Er untersucht Vorgänge auf dem Wohnungsmarkt mit den Schwerpunkten Nachfrageseite und Regionalisierung und bedient sich hierbei der Daten der amtlichen Statistik und eigener Umfragen des Bundesamtes für Bauwesen und Raumordnung.

Dr. Heinrich Wefing promovierte nach dem Studium der Rechtswissenschaften und der Kunstgeschichte zum Thema „Parlamentsarchitektur. Zur Selbstdarstellung der Demokratie in ihren Bauwerken", dem er sich auch im weiteren Verlauf seiner publizistischen Tätigkeit widmete. Seit 1997 ist er für die „Frankfurter Allgemeine Zeitung" als Kulturkorrespondent in Berlin tätig. 1998 erhielt er den Kritikerpreis der Bundesarchitektenkammer.

Gesine Weinmiller ist Architektin in Berlin und hat den Umbau für die Residenz in der Miquelstraße in Berlin-Dahlem geplant und realisiert.

Prof. Hermann Wiesler, Professor für Kunstsoziologie und Ästhetik an der Hochschule der Künste und Lehrbeauftragter an der Freien Universität in Berlin, war mehrfach für die Bundesbaudirektion bzw. das Bundesamt für Bauwesen und Raumordnung beratend tätig. Als Vorsitzender leitete er die Jury „Kunst am Bau" für die Deutsche Botschaft in Peking.

The Authors

Eva Behérycz, architect, works in the Federal Office for Building and Regional Planning, where she has directed the division for Asia, Australia, and Oceania since 1990. She designed the new building for the consulate general in Karachi, supervised the execution planning, and coordinated the entire project.

Prof. Walter Belz, architect, works in Stuttgart. From 1972 to 1992 he taught design and construction at the Technische Hochschule in Darmstadt. In 1985 the office of Kammerer + Belz, Kucher und Partner was commissioned to plan the new German embassy in Peking.

Dr. Hansjörg Bucher is a political economist and project director for regional projections in the division of economics and society, department of regional planning and urbanism of the Federal Office for Building and Regional Planning in Bonn.

Prof. Dr. Tilmann Buddensieg taught art history at the Freie Universität in Berlin beginning in 1968 and was appointed professor at the Rheinische Friedrich-Wilhelm-Universität in Bonn in 1978. He is currently honorary professor at the Humboldt-Universität Berlin. His most important publications include *Industriekultur. Peter Behrens und die AEG* (Berlin 1979) and *Berliner Labyrinth. Preußische Raster* (Berlin 1993).

Peter Dörrie, architect, works in the Berlin office of Hilmer & Sattler (Munich/Berlin). From 1993 to 1998 he served as project director for the design, execution planning, and construction supervision of the transformation of the Neue Wache into the National Memorial for the Federal Republic of Germany, as well as for the subsequent restoration of the facades.

Jürgen Engel and Michael Zimmermann (KSP Engel und Zimmermann Architekten) were commissioned with the design of the Federal Press and Information Office in Berlin in late 1995 in a Europe wide selection process.

Dr. Hans-Peter Gatzweiler is a geographer and director of the department of regional planning and urbanism of the Federal Office for Building and Regional Planning in Bonn.

Prof. Meinhard von Gerkan, architect, works in Hamburg. Since 1974 he has held the chair for design at the Technische Universität in Braunschweig. As first prize winner of the 1997-1998 competition, the office of Gerkan, Marg und Partner received the commission to build the German School in Peking.

Prof. Bernd Göbel, sculptor, works in Halle an der Saale, where he teaches sculpture at the Hochschule für Kunst und Design/Burg Giebichenstein. He received first prize in a nationwide competition for his series of designs for Euro coins on the theme "European personages." He has often served as judge in coin competitions for the Federal Office for Building and Regional Planning. He has been a delegate to the Fédération Internationale de la Médaille (FIDEM) since 1986 and is also a founding member of the German Association of Medallion Art, in existence since 1990.

Beate Hückelheim-Kaune, architect, directs the division for planning, expert review, and competitions of the Federal Office for Building and Regional Planning in Berlin and Bonn.

Aubelin Jolicoeur, journalist, writes for the newspaper *Le Nouvelliste* in Port-au-Prince, Haiti. He reported regularly on the construction of the new German embassy in Port-au-Prince and assisted in the acquisition of art for the new building through advice and contacts. He was the inspiration for the figure of the journalist Petit Pierre in Grahman Greene's novel *The Comedians*.

Arne Freiherr von Kittlitz is director of the real estate division of the Federal Foreign Office.

Prof. Josef Paul Kleihues is an architect and urban planner with offices in Berlin and Rorup, Westphalia (since 1996 Kleihues + Kleihues). He has been a university professor since 1973 and has taught at the Universität Dortmund, Cooper Union in New York, Yale University, and most recently the Kunstakademie in Düsseldorf. He designed of the project "Europolis" at the Zoo railway station, presented for discussion in the 1999 annual.

Prof. Klaus-Dieter Lehmann has been president of the Stiftung Preußischer Kulturbesitz in Berlin since early 1999. Previously, he served as general director of the German National Library (Deutsche Bibliothek) in Leipzig and Frankfurt am Main.

Astrid Marlow, architectural engineer, works in the Federal Office of Building and Regional Planning in Berlin. From 1996 to 1998 she directed local construction supervision for the Federal Office of Building and Regional Planning in the Baltic states, where she supervised projects including the German embassy in Tallinn, Estonia, and the German embassy and Goethe-Institut in Riga, Latvia.

Prof. Erich Martinoff is an architect and professor of building theory, design, and construction at the Fachhochschule in Frankfurt am Main. He is a partner in the office of Kersten + Martinoff in Braunschweig, which realized the German embassy and Goethe-Institut in Riga, Latvia, as well as the German embassy in Tallinn, Estonia.

Florian Mausbach, architect and urban planner, served as urban planner for the city of Frankfurt am Main and as head of the building department of the city of Bielefeld. He has been president of the Federal Building Board since 1995 and president of the Federal Office for Building and Regional Planning since 1998.

Mathias Metzmacher, geographer, is project director in the housing division of the Federal Office for Building and Regional Planning in Bonn.

Bernd Mützelburg has been German ambassador in Tallinn, Estonia, since October 1995. He joined the German foreign service in 1972 and has held posts in locations including Kingston, New York, and Nairobi.

Helmut Neumayer, architect, has worked regularly for the German embassy in Vienna for the past nine years. He is active primarily in the field of restoration, historic preservation, and office and trade fair architecture.

Hanno Osenberg, regional planner, directs the housing division of the Federal Office for Building and Regional Planning in Berlin.

The **Planungsgruppe Museumsinsel**, comprised of the architectural offices of **David Chipperfield Architects** (London), **Hilmer & Sattler** (Munich/Berlin), and **Heinz Tesar** (Vienna), was commissioned in 1998 to create the "Master Plan Museum Island."

Rolf Reuter has worked as an independent architect in Milan since 1968, after pursuing studies and initial professional activity in Germany. As contact architect for the Federal Building Board (now the Federal Office for Building and Regional Planning), he has directed the first-ever restoration and renovation of the Villa Vigoni in Menaggio since 1988.

Prof. Joachim Schürmann has practiced architecture in Cologne since 1950. In 1965 he was appointed professor at the Technische Hochschule Darmstadt. Since retiring from teaching activities in 1970, he has worked as an independent architect in Cologne together with Margot Schürmann. He has been a member of the Akademie der Künste in Berlin since 1977 and of the Akademie der Künste in Dresden since 1996.

Ursula Seiler-Albring is the German ambassador to Vienna. Since 1995, she has participated in and supported the project for the ambassador's residence on Auhofstrasse.

Matthias Waltersbacher, geographer, is project director in the housing division of the Federal Office for Building and Regional Planning. He investigates processes in the housing market, with particular emphasis on demand side and regionalization, using data from official statistics as well as surveys conducted by the Federal Office for Building and Regional Planning.

Dr. Heinrich Wefing studied law and art history and wrote his dissertation on "Parliamentary Architecture. The Self-Representation of Democracy in its Buildings," a subject to which he has also devoted his subsequent journalistic activities. Since 1997 he has worked as cultural correspondent for the *Frankfurter Allgemeine Zeitung*. In 1998 he received the critics' prize from the German Chamber of Architects.

Gesine Weinmiller, architect in Berlin, planned and realized the remodeling of the residence on Miquelstrasse in Berlin.

Prof. Hermann Wiesler, professor of aesthetics and the sociology of art at the Hochschule der Künste and instructor at the Freie Universität in Berlin, has repeatedly acted in an advisory capacity for the Federal Building Board and the Federal Office for Building and Regional Planning. He served as chair of the jury "Kunst am Bau" for the German embassy in Peking.

Abbildungsnachweis
photo credits

Sofern nicht anders angegeben, wurde das abgebildete Planmaterial von den Architekturbüros, den Künstlern und dem Bundesamt für Bauwesen und Raumordnung zur Verfügung gestellt.
Unless otherwise indicated, the planning materials reproduced here were made available by the architectural offices, the artists, and the Federal Office for Building and Regional Planning.

Neue Wache: S. 8, 9: Fotos Stefan Müller, Berlin; S. 10: Carl Friedrich Schinkel: „Sammlung Architektonischer Entwürfe. Neue vollständige Ausgabe in CLXXIV Tafeln." Berlin 1866. (Tafel Nr. 4); S. 11: Deutsches Historisches Museum, Berlin; S. 12, 14, 15 (oben / unten), 19: Landesbildstelle Berlin; S. 13 (oben links): Kunstbibliothek der Staatlichen Museen zu Berlin – Preußischer Kulturbesitz; S. 13 (oben rechts und unten) Landesarchiv Berlin, Kartenabteilung; S. 15 (Mitte): Foto Zastrow, Berlin; S. 20: Fotos Peter Dörrie, Berlin

Generäle: S. 23: Carl Friedrich Schinkel: „Sammlung Architektonischer Entwürfe. Neue vollständige Ausgabe in CLXXIV Tafeln." Berlin 1866. (Tafel Nr. 4, Ausschnitt); S. 25: Landesbildstelle Berlin

Abschied vom Glashaus: S. 27, 28, 30: Foto Hans-Georg Esch, Köln; S. 29: Fotos Nigel Young / Foster and Partners, London; S. 31: Computersimulation Büro Max Dudler, Berlin; S. 32, 33, 34, 35: Fotos Stefan Müller, Berlin

Museumsinsel: S. 38: Foto Lothar Willmann, Berlin; S. 39, 41: Fotos Jörg und Philipp von Bruchhausen, Berlin

Akropolis der Künste: S. 42, 44, 45: Fotos Jörg und Philipp von Bruchhausen, Berlin

German House New York: S. 52, 53, 55: Fotos Edward Hueber, New York

Presse- und Informationsamt der Bundesregierung: S. 56, 57, 60 (oben / unten links): Fotos Frank Springer, Bielefeld; S. 60 (unten rechts): Foto Friedrich Busam / architekturphoto, Düsseldorf; S. 61: Fotos Stephan Klonk, Berlin

Residenz Berlin-Dahlem: S. 62, 63, 66, 67, 68, 69: Fotos Ralph Richter / architekturphoto, Düsseldorf

Deutsche Welle: S. 70, 71, 75: Fotos Helmut Stahl, Köln

Altbauwohnungen in Ostdeutschland: S. 79: Foto Mathias Metzmacher, Bonn; S. 80, 81, 83: Fotos Städtische Wohnungsbau- und Verwaltungsgesellschaft Jena

Deutsche Botschaft Peking: S. 86, S. 87, 90 (oben), 91 (oben), 92, 93: Fotos Hans Schlupp / architekturphoto, Düsseldorf

Zwei Skulpturen und eine Bilderinszenierung: S. 94: Fotos Hans Schlupp / architekturphoto, Düsseldorf; S. 95: Foto Philipp Holzmann AG (Werkfoto), Neu-Isenburg

Deutsche Schule Peking: S. 96, 97, 98, 99, 101 (unten rechts): Fotos Heiner Leiska, Hamburg

Deutsches Generalkonsulat Karatschi: S. 102, 103, 107 (unten), 108, 109: Fotos Friedrich Busam, architekturphoto, Düsseldorf

Deutsche Botschaft in Port-au-Prince / Haiti: S. 110, 111, 116, 117: Fotos Michel Gardere, Port-au-Prince

Botschaftsresidenz in Wien: S. 124, 125, 128, 129, 130, 131: Fotos Manfred Seidl, Wien

Deutsche Botschaft Tallinn: S. 132, 133, 136, 137, 138, 139: Fotos Kaido Haagen, Tallinn

Goethe-Institut im Zeughaus Riga: S. 140, 141: Fotos Johannes Schierenberg, Berlin

Rustici der Villa Vigoni: S. 144, 148 (unten), 149: Fotos Gianfranco Mascalchi, Milano; S. 145, 146, 147: Zeichnungen Benedetta Reuter, Milano

Geprägte Kultur und Geschichte: S. 151: Paris, Cabinet des médailles, Sammlung Luynes. abgebildet in: Babelon, Jean (Text) / Roubier, Jean (Fotografien): „Das Menschenbild auf Münzen und Medaillen von der Antike bis zur Renaissance." E. A. Seemann Verlag. Leipzig 1966, Abb. 3 (links) und Abb. 47 (rechts); S. 152, 153: Fotos Hans-Joachim Wuthenow, Berlin

Münzwettbewerbe: S. 154, 155, 156, 157: Fotos Hans-Joachim Wuthenow, Berlin

Cover: Vorderseite: Fotos H.-G. Esch, Köln (oben), und Stefan Müller, Berlin (unten); Rückseite: Fotos Lothar Willmann, Berlin (oben links), Michel Gardere, Port-au-Prince (unten links), Kaido Haagen, Tallinn (oben rechts), und Heiner Leiska, Hamburg (unten rechts).